大学院文化科学研究科

心理・教育統計法特論

小野寺孝義

臨床心理学プログラム

（改訂新版）心理・教育統計法特論（'21）

装丁・ブックデザイン：畑中　猛

s-26

まえがき

本書は，社会科学や行動科学で利用される統計手法について解説したものである。特色は次の通りである。

1）数学的基礎の章を設けて，基礎から理解ができるようにしたこと
2）基礎の統計から多変量解析までを網羅していること
3）ベイズ統計や一般化線形モデル，効果量，検定力，メタ分析など新しい潮流を取り入れたこと

心理学を含む文科系学問の出身者は数学に抵抗があることが多い。そして数学的な統計学はなるべく避けたいと考えてしまう。結果として統計解析に関しては耳学問だったり，数式なしの統計本を読んで何となくわかった気になったままになってしまう。

実際には論文を読んだり，自分のデータを分析するために統計的な知識は不可欠なので，避けて通れるわけではない。また，心のどこかではきちんと理解しておきたいという欲求があるのである。執筆者らは大学院というレベルを考えれば数学的基礎をやり直して，解析手法を理解していくというのは王道であると考えた。

扱っている内容は基本統計量から因子分析や多変量分散分析，共分散構造分析なども含めて，自らの研究での分析や論文を読むのに支障がないものにしている。実際にはよく利用されるが，あまりテキストでは触れられることのない多変量分散分析も含まれている。

加えて，ほんの数年の間に一気に広まったベイズ統計にも 1 章を割いた。ベイズ統計学という新しい統計の流れは到底無視できるものではないと考えたからである。また，線形モデルについても章を割いている。これもまた新しい流れと言えよう。こうして，今回の改訂では削除した章もあれば，内容を変更した章もある。

ほんの数年でテキストを大きく変更する必要を感じることは通常あま

りない。しかし，今回はその必要に迫られた。時代が大きく変わりつつあるということなのかもしれないし，変化の速度が増しているためなのかもしれない。

もう 1 つ前回の執筆時と変わったこととして統計ソフト jamovi の登場が挙げられる。jamovi は無料でインターネットからダウンロードできる高機能のソフトで Windows, Mac, Linux 版が用意されている。本書のほとんどの内容は jamovi で実際に分析することが可能である[1)]。従来は高価な商用ソフトの使用を前提に解説をしてきたが，それに劣らないソフトがすぐに利用できる時代がきたということである。本書は jamovi の解説書ではないので使用法等には触れないが，是非，実際に自らのデータを用いて分析を実践して結果を数式と対応させてみてほしい。

いずれにせよ，変化に応じて大学院で学ぶ内容も変更されるというのは，刻々と入る情報で結果が更新されていくベイズ更新と呼ばれることのようで不思議な感じがする。とはいえ，テキストの大きなコンセプトは以前と変わらない。数式から逃げずに本書に目を通してもらうことで，数学的で難しい，難解だと思っていた統計学が目から鱗がとれるように急にわかるようになる瞬間を味わってもらいたいのである。

本書がそのために少しでも役立てば幸いである。

2021 年 3 月 1 日
小野寺　孝義

1)　線形モデルやベイズ分析，検定力分析，メタ分析もモジュールを入れることで分析できる。ただし，共分散構造分析だけは現在のところまだ対応していない。

目次

1　心理学における統計学の必要性

岡田　涼

一般的に，心理学と統計学を結び付けて考えている人は，必ずしも多くない。しかし，実際には心理学と統計学には密接な関連があり，科学としての心理学を支えるものとして，統計学に負うところは大きい。本章では，まず，心理学と統計学のつながりを説明し，心理学における統計学の必要性について考える。次に，心理学において統計学が果たす役割をいくつかの側面から説明する。最後に，心理学において統計学が果たす役割についてイメージを広げるために，いくつかの心理学諸領域の例を紹介する。

1. なぜ心理学で統計学が必要か

(1) 心理学と統計学のつながり

心理学と統計学を結び付けて考えている人は少ないかもしれない。心理学と聞いたときに，「心の悩み」や「やる気」などを思い浮かべる人はいても，本書の2章にあるような「行列演算」を思い浮かべる人はおそらく少ない。心理学は「心」を扱う学問だと考えられ，統計学は「数字」を扱う学問だと考えられている。あるいは，心理学は文系の学問，統計学は理系の学問というイメージも根強くあるかもしれない。いずれにしても，心理学と統計学は結び付けて考えにくい。

しかし，実際には心理学と統計学は密接に関連している。心理学の発展は，統計学の考え方や手法のもとに成り立っている部分も少なくない。心理学に関する書籍を開いてみると，統計的な数値情報をもとに解説がなされていることに気づくし，「○○心理学研究」などの学術雑誌に掲載されている論文を読めば，高度な統計処理やデータ分析に紙幅が割かれている。また，心理学の学問体系の中には，「心理統計」として統計学の位置が確立されてもいる。

心理学のなかに統計学が占める比重が大きいことは，学生や院生にとってしばしば障壁となることがある。心理学を学んでいく過程で，心理統計に対して苦手意識をもつ学習者は少なくない。山田・村井 (2004) は，心理統計がわからない原因として，学ぶ側の要因（授業に出ない，遅刻する，など)，教える側の要因（教え方がまずい，わかりやすい教科書がない，など)，学問自体の要因（心理統計がそもそも難しい）の 3 つがあるとしている。心理統計の壁に阻まれて，心理学を学ぶことを断念する学生や大学院生も少なからずいるかもしれない。

(2) 心と数値

心理学において統計学の手法を用いるのは，心の数値化と深くかかわっている。心理学的な研究の対象は，言うまでもなく「心」である。感情であったり，認知であったり，あるいは知能であったり，人によって関心を向ける部分は異なるが，いずれも人がもつ「心」の一側面だとされるものである。ただ,「心」を研究とするといっても，それは直接手に取って見えるようなものではない。心理学が関心をもつ「心」に物理的実体がなく，そのために測定が難しいことは，心理学という学問がもつ宿命的特徴である (市川, 2004)。そのため，心理学の研究では,「心」を反映しているであろう「行動」を直接の対象とする。

あなたは，話している相手が笑顔になっていたとしたら，どのように感じるだろうか。おそらく,「この人は自分との会話を楽しんでくれているな」と感じるのではないかと思う。あるいは，授業後に学生が自分から質問に来たら,「この学生はやる気があるな」と思うかもしれない。いずれの例も真偽のほどは別としても（残念ながら勘違いということはある),「笑顔で話を聞く」や「自分から質問をする」という観察可能な行動の背景に,「楽しい」や「やる気がある」といった心理状態を読み取ったという点で共通している。このように，目に見える「行動」を観察しながら，その背後にある「心」を推測するというのが，心理学が用いる戦略である。

表 1.1　心を数値化する心理学の工夫の例

心	行動	数値
楽しいという気持ち	笑顔を見せる	笑顔の回数や時間
授業に対するやる気	自分から質問に来る	質問に来た回数
大学生活の満足感	「満足している」という質問への回答	質問紙上の評定値

「心」に関心を持ちつつも，「行動」に注目するという戦略をとることによって，「心」を数値化することが可能になった（あるいは，数値化するために行動に注目したということもできる）。「楽しんでいる」や「やる気がある」を数値で表現することは難しいが，笑顔になった回数や時間，あるいは自分から質問してきた回数などは，数値で表すことができる。「あれ，心理学のアンケートで大学生活の満足感を 5 段階で聞かれたことがあるけど」と思った人もいるかもしれない。これは，「満足感」という「心」を直接数値化しているように思える。しかし，その場合には，「“あてはまる＝ 5”という選択肢に丸をつける」という回答行動を通して，その人の「満足感」という心理的側面にアプローチしようとしていることになる。表 1.1 に示すように，ここまでに示した「心→行動→数値」という変換の流れが，心理学研究に特有の工夫である (川端・荘島, 2014)。

(3) 科学としての心理学

行動に注目することで，さまざまな心理現象を数値化することができるようになった。しかし，「なぜ数値化しないといけないんだろう？」と感じた人もいるかもしれない。特に，数学に苦手意識をもつ人は，数値化などしない方がよいと思うだろう。

心理現象を数値化することで，どのような利点があるだろうか。大雑把に言うと，科学的なアプローチができるというのが最大の利点である。「科学的である」ということが何を指すかは，実はかなり難しい。考えだすと哲学における深い議論に迷い込むことになるので，ここではあまり掘り下げない。ただ，「科学的である」の要件とされることが多いのは**「客観性」**である。

客観性とは平たく言えば，誰が見ても納得できるということである。「よく笑っていた」「楽しそうだった」という印象を伝えたとして，必ずしも全員が納得するかどうかはわからない。しかし，「10分間の会話中に8回の笑顔が見られた」ということや，「“満足している”という質問項目に“あてはまる＝5”と回答した」ということは誰にでも確認できる。

もちろん，「数え方によっては，8回ではなく6回ではないか？」とか「“満足している”という質問で本当にその人の満足感を捉えられているのか？」といった疑問は生じ得る。これは，「行動」を介して間接的に「心」にアプローチしているという心理学特有の方法の難しさである。この疑問を解消するためには，5章で説明する信頼性と妥当性の考え方を知る必要がある。この疑問をクリアして，数値化することによって，特定の心理現象を共通理解のもとで扱うことができるようになる。

そして，その数値を研究目的に沿うように扱う方法を提供してくれるのが統計学である。統計学は，種々の心理現象について客観性を保つように数値化したり，自分がもっている仮説や予測を検証するために数値データを処理する方法を与えてくれる。科学的な立場から心理現象にアプローチするために，心理学は統計学を必要としているのである。もちろん，心理学の領域は多様であり，必ずしも数値化するという手続きを用いない立場もある。しかし，さまざまな心理学の考え方や立場を理解するうえで，心理学全般における統計学の役割を学んでおくことは必要である。

(4) 心理学と一般化

科学的なアプローチを考えるときに，「一般化」という視点も重要になる。心理学で対象とするのは，今まさに目の前にいる人だけではない。もちろん，教育や臨床の実践では，直接かかわっている目の前の子どもやクライエントを理解することが第一義である。しかし，ある教育方法や心理療法に効果があったときには，「この方法は一般的にも効果があるのだろうか？」と考えるのが普通だろう。また，ある背景をもつ子どもたちに共通の特徴があったとして，「全国的にも同じような傾向はあるのだろうか？」と考えるのは自然なことである。

多くの学問では，研究結果をもとにどの程度一般化できるかを考える。それを洗練させていったものが理論になる。「心理学で扱うのは心の問題だから，一般化なんてできないんじゃないか？」と感じる人もいるかもしれない。もちろん，心を扱うという点で，確かに心理学では個人差を考慮しないといけない部分は大きい。その一方で，さまざまな心理現象について，個人差を超えた一般的な法則を想定することはできる。例えば，「どうしたらやる気がでるか」や「どういうときに精神的健康が悪化するか」といったことには，ある程度個人差を超えた共通性がある。そういった一般化の方法，あるいはどこまで一般化できるかという範囲を見定める方法を提供してくれるのも統計学である。4章で学ぶように，統計学の考え方や手法を用いることで，心理学においても，目の前の人たちから「一般的には」といったことを推し量ることができるのである。このことは，科学的な心理学の理論を作っていくうえで不可欠である。

2. 心理学における統計学の役割

(1) 思考の枠組みとしての役割

統計学に関する知識は，実際にデータを分析する枠組みとして必要なだけではない。身の回りの出来事について考えたり，研究の枠組みを設定したりするうえでも重要な役割を果たす。統計学の役割は，数値的なデータを操作するというだけにとどまらないのである。

「統計学って数値を扱う技術のことじゃないの？」と思った人もいるかもしれない。1つの例を考えてみよう。それなりに多くの人が自分の体重に関心をもっているだろう。とりわけ，歳を重ねて若いとは言い難い年齢に差し掛かってきたり，人間ドックが迫っている状況では，自分の体重に目が向きがちになる。そんなとき，周りの人たちを見渡してみて，「あいつは痩せているからいいよな」とか「あの人は毎日ジョギングをしていると言ってたからな」と思ったりする。もう一歩進んで，「やっぱりたくさん運動していると，体重は減っていくよな」と考えたりするかもしれない。実は，この時点で既に統計学的な見方が入り込んでいる。「たくさん運動していると，体重は減っていく」という見方は，「運動量が多いほど体重が軽い」というように，「運動量」と「体重」という2つの変数の相関関係を考えていることになる（変数の意味は3章で，相関の意味は6章で学ぶ)。さらに，「毎日1時間運動したら，何キロぐらい痩せるかな？」と考えたとしたら，これは6章や7章で学習する回帰分析につながるし，「運動して体重が減ったら，健康的になれるんじゃないか？」と思いだしたら，これは11章で学ぶ**共分散構造分析**の考え方の一端である。

もう1つ例を考えてみよう。ある中学校の教師が，授業にグループ学習を導入してみようと考えたとする。通常の講義型の授業より，多くの生徒が理解できるようになるのではないかと考えたのである。ただし，この教師が担当している2つの学級は，生徒の様子がかなり違う。A組は全体的に学力は高いもののおとなしい生徒が多く，B組では社交的で明るい生徒が多い一方で，やや学習意欲に欠ける部分がある。「もしかしたら，A組とB組でグループ学習の効果は違うかもしれないな」と考えるかもしれない。この考え方には，(a) 講義型の授業とグループ学習ではどちらが理解を促すか，(b)A組とB組ではどちらが理解度が高いか，(c) グループ学習の効果はA組とB組で異なるのではないか，という3つの疑問が含まれている。この考え方に対応するのが，8章や9章で学ぶ分散分析の考え方である。12章ではそれをさらに拡張している。

いずれの例も，普段の生活で素朴に思うようなことに，統計学的な見方や考え方が含まれていることを示している。実際には，人の思考の仕方を洗練させていくかたちでさまざまな統計分析が生み出されてきた面もある。一方で，統計学の考え方や分析手法を学ぶことで，物事の見方や研究計画の枠組みを獲得できるという部分もある。心理学を学ぶものにとって，このような見方や枠組みを獲得できるという意義は大きい。

(2) 研究のプロセスとしての役割

ここまで，何度か「研究」という言葉を用いてきた。誰しも耳にしたことがある言葉だが，そもそも研究とはどのようなものだろうか。市川(2001) は，研究を進める過程を，(1) 問題の設定，(2) データの収集，(3) 分析と解釈，(4) 研究の発表，という 4 つの段階としてまとめている。ものすごく大雑把に言えば，自分で立てた問いに対して，データを収集して分析をし，その成果を発表するのが研究ということになりそうである。この段階のなかで，「(3) 分析と解釈」がもっとも統計学が活躍する部分である。実験法や調査法，観察法などさまざまな方法を用いて収集したデータを，統計学の手法を用いて分析する。当然ながら，データを集めてきただけでは何もわからない。多くの食材がそのままでは食べられないのと同じである。**リサーチクエスチョン**（研究において明らかにしたい問い）に対して答えを出すかたちで，データをうまく料理することが必要であり，その調理法にあたるのが統計分析の手法である。

また，「(4) 研究の発表」においても，統計学の役割がある。研究の成果として，自分が収集したデータのもつ意味を伝える必要がある。研究の最初に立てたリサーチクエスチョンに対する答えがどうだったのか，そこからどんなことが言えるのかといったことを他者に伝えなければならない。そういったコミュニケーションを効率的に行う上で，統計学の手法は欠かせない。「2 つのグループは違っていました」と述べるよりは，3 章で学ぶように，それぞれのグループの平均値や標準偏差などの情報を提示した方が厳密な議論ができる。

このように，統計学の考え方や手法は心理学の研究を行う過程と深く結びついている。研究を行ううえで，統計学は欠かせない役割をもっているのである。

(3) 実践の根拠としての役割

「研究」と対をなすものとして，「実践」が位置づけられることがある。例えば医学では，疾病に関する仕組みを明らかにしようとするのが「研究」であり，患者の病気を治すために治療や手術を行うのが「実践」である（医療と言う方がしっくりくるかもしれない）。

研究と実践は別々のものであると感じられるかもしれないが，両者は密接につながっている。特に，1990 年代以降に「エビデンスに基づく医療 (Evidence-Based Medicine: EBM)」の重要性が指摘されて以降，より研究と実践のつながりが求められるようになった。EBM とは，経験だけに頼るのではなく，適切な根拠（エビデンス）をもとに妥当性のある医療を行うべきであるという方針である (Sackett et al., 1996)。ここで言うエビデンスにもさまざまなものがあるが，その中心となるのは数量的なデータにもとづく研究結果である。

エビデンスを重視する流れは心理学でも同じである。アメリカ心理学会 (American Psychological Association: APA) は，EBM の動向を受けて，心理学における**エビデンスに基づく実践** (Evidence-Based Practice in Psychology) を指針としてかかげている (APA Presidential Task Force on Evidence-Based Practice, 2006)。これは，「心理学においても，明確なデータやエビデンスをもとに実践活動を行うべきである」というものであり，特に臨床心理学の実践に大きな影響を与えるものであった。同様の流れは教育領域にもあり，エビデンスに基づく教育 (Evidence-Based Education) と言われている (Hammersley, 2007 を参照)。

心理学を含むさまざまな学問領域でエビデンスに基づく実践が重視されている。もちろんその流れに対しては，いくつかの観点から批判もあり，今なお議論が続いている (今井, 2015)。しかし，明確な根拠，すなわちエビデンスをもって心理学の実践を行うべきであるという点はやはり重要である。そして，その根拠を生み出すにあたって，統計学の手法に依拠するところは大きい。

3. 心理学の諸領域における統計学の役割

(1) 教育心理学

教育心理学は，教育に関する問題を心理学的な手法で解決しようとする領域である。教育に関する問題にはさまざまなものがあるが，そのなかで「いかにして学力を高めるか？」という問題は，多くの教育者が関

表 1.2　各要因の効果量の例 (Hattie, 2008 をもとに作成)

要因	効果量
授業改善のための形成的評価	0.90
フィードバック	0.73
メタ認知的方略	0.69
完全習得学習	0.58
協同的な学習	0.41
宿題	0.29
個別指導	0.23
視覚教材の利用	0.22

心を持つものである。

教育心理学において，学力に影響を与える要因については，膨大な研究が行われてきた。Hattie(2008) は，そうした学力に影響を与える要因に関する研究を集めて，それぞれの要因の効果を数量的にまとめた。15 章で解説するように，同一のテーマに関する研究結果について，統計的な手法を用いてまとめる方法をメタ分析という。800 以上のメタ分析研究を集めて，どのような要因がどの程度学力に影響するのかを調べたのである。その結果は，14 章で解説する**効果量**という指標を用いて示された。表 1.2 に比較的身近なものの例をいくつか示す。少し先取りして，効果量の値とともに学習指導に関する要因の効果をみてみよう。学習の成果を伝えるフィードバックの効果量は 0.73，指導を改善するために行う評価（形成的評価）の効果量は 0.90 と，学力に対して大きな効果をもっていた。一方で，一般に学力に影響すると考えられている宿題の効果量は 0.29，個別指導の効果量は 0.23 であり，必ずしも大きな効果をもっていなかったのである。

もちろん，教育に関しては数値化できない側面もある。しかし，少数の人の偏った経験だけを頼りに，指導方法や子どもとのかかわり方を考えるのは心許ない。少なくとも教育方法を考える出発点になるような情報は必要であろう。統計学の手法によって生み出された結果は，教育方法を考える起点として大きな意味をもつ。

(2) 臨床心理学

臨床心理学は，さまざまな悩みや問題を抱える人を支える実践的な領域であるというイメージが強い。そのため，多岐にわたる心理学の領域のなかでも，臨床心理学は統計学との関連が比較的イメージされにくい領域であったかもしれない。心理学を学ぶ学生が,「データの分析をするよりも臨床心理学の方がいい」というような趣旨の発言をするのを耳にすることもある。

しかし，先に述べたように，臨床心理学は医学における EBM の影響を強く受けながら刻々と変わってきている。心理学のさまざまな領域で生み出されている研究知見を踏まえたうえで，根拠のある心理療法やカウンセリング等の臨床活動を行うことが求められるようになったのである。

その動向とは別に，臨床心理学では古くから心理療法に関する効果研究が行われてきた。効果研究とは，文字通り心理療法にどの程度の効果があるのかを明らかにしようとする研究である (南風原, 2011 を参照)。基本的な考え方としては，心理療法を受けた人たちと受けなかった人たち，あるいは心理療法を受ける前と受けた後で，心理的な問題の改善度を比較する。その際，改善度を表すのは数量的なデータであることが多く，先に紹介した効果量が用いられる。

治療の効果に関する研究が蓄積されてくると,「一般的に心理療法には効果があるのか？」とか「どの心理療法がもっとも効果的なのか？」といった疑問も生じてくる。こういった疑問に対して，これも先に紹介したメタ分析を用いて調べられている。古くは，Smith and Glass(1977) が心理療法の効果研究を集めて，一般的に心理療法を受けることに効果があることを明らかにした。その後，複数の心理療法間の比較や症状と心理療法の組み合わせによる効果などが明らかにされている (丹野他, 2015)。その成果として，クライエントが抱える問題に適した効果的な心理療法を行うことができるようになってきている。

(3) 発達心理学

発達心理学では，人の一生涯にわたる心身の変化に注目する。人のどのような側面がどのように変化していくかを明らかにすることが，発達心理学の大きな目的であるといえる。そのため，研究の対象者は乳幼児から高齢者まで幅広いものとなる。

1 つの研究例として，子どもの遊びの発達がある。Parten(1932) は，幼稚園の子どもを観察し，年齢とともに遊び方がどのように変化していくかを調べた。すると，子どもの遊び方は，年少から年長に進むにつれて，「一人遊び」や「並行遊び」から，「傍観」を経て，「連合遊び」や「協同遊び」へと変わっていくことが明らかにされた。ここでも，もちろん観察した際の印象で判断しているわけではない。年齢ごとに遊びの時間や頻度を計測し，適切な統計分析を施したうえで発達の傾向を描く。

人の発達傾向を統計的な指標を用いて描くと，どんなよいことがあるだろうか。最大の利点は，それぞれの発達段階での標準がわかることである。例えば，母子手帳を見ると，身長や体重の発達曲線が載っている。「このぐらいの年齢なら，だいたいこれぐらいの範囲の身長になっていることが多い」ということを示すのが発達曲線である。同じように，発達心理学の研究によって，知能や言語能力，社会性など，さまざまな側面について年齢ごとの標準が示されている。標準が示されていることによって，個々の子どもの発達の状態を把握し，必要に応じて支援につなげることができる。発達的な標準を作るうえで，統計学の手法が活用されているのである。

(4) パーソナリティ心理学

自分や周りの人の性格に関心をもつ人は少なくない。「自分はどんな性格なんだろう？」と一度も考えたことがない人はあまりいないだろう。パーソナリティ心理学は，人それぞれの個性や個人差に注目し，その構造やはたらきを明らかにしようとする領域である。

パーソナリティ心理学の中心的な問いは，「性格をどのように理解すればよいか」というものである。特に，人の性格を包括的に捉えるための

表 1.3　Big Five 尺度の下位尺度と項目例 (和田, 1996 をもとに作成)

性格の次元（下位尺度）	項目例
外向性	話し好き，陽気な，外向的
情緒不安定性	悩みがち，不安になりやすい，心配性
開放性	独創的な，多才の，洞察力のある
誠実性	几帳面な，計画性のある，勤勉な
調和性	温和な，寛大な，協力的な

次元の内容や数を明らかにしようとする試みがなされてきた。古くから行われてきたのは，人の性格を表す言葉を網羅的に収集し，整理していくという方法である (小塩, 2014 を参照)。「積極的」と「話し好き」と「陽気」は，人の性格を表す別々の言葉であるが，何かしら似ている部分があると感じられる。3 つの言葉が示す特徴には共通の要素があり，人の性格を捉える 1 つの中心的な要素が浮かび上がってくる。このようにして，性格を表す膨大な言葉を整理し，共通の要素を取り出していくことで，人の性格を包括的に捉える次元を導出しようというのである。現在では，人の性格はビッグファイブと呼ばれる 5 つの共通次元で捉えることができると考えられている (表 1.3)。

先に「似ている部分がある」と書いたが，似ているかどうかはどのように判断されるのだろうか。もちろん，字面だけで判断しようとすると，人によってその判断は違ってしまい，きっとうまくいかない。実際には，10 章で紹介する因子分析という統計手法を用いて行われる。多くの人に性格を表す言葉について評定を求め，その評定のされ方が似ているものの背後に共通の要素（因子）を想定するという考え方で分析を行う。自分が「積極的」で「話し好き」で,「陽気」だという人は，その背景として共通の「外向性」という性格を強くもっていると考えるのである。

その後も，性格の次元を再検討しようとする研究や，より細かく性格の構造を明らかにしようとする研究が盛んに行われている。そのいずれも因子分析に負うところが大きい。パーソナリティに関する理論は因子分析をはじめとする統計学の分析手法のうえに発展してきたといえる。

4. 必要感をもって統計学を学ぶ

本章では，心理学と統計学との関係についてみてきた。科学的な心理学の特色は，「心を数値化する」というところにある。心理学の研究を進めていくうえでは，統計学が果たす役割は大きく，研究計画を立案したり，実際に研究を行ってその成果を伝えるためにも，統計学の考え方や手法は不可欠である。

「私は主に実践をやりたいから，そんなに統計学は必要ないかな」と思っていた人もいるかもしれない。しかし，本章を読んだ後では，そうではないことを理解してもらえたと思う。成り立ちからして，あらゆる心理学は統計学の考え方や分析手法とは不可分であるし，少なくとも現在の動向では，実践の背景として統計学に基づくエビデンスの重要性が極めて大きくなっている。このことは，公認心理師法において必要な科目に「心理学統計法」が定められていることにも表れている。心理統計を知らなければ，心理学の専門家を名乗ることはできないのである。

次章以降では，統計学の考え方や手法の各側面について詳しく学んでいく。心理学の研究を読み解く，自分で研究を立案する，根拠をもとに実践を行うなど，心理学に習熟していく過程において，統計学の役割は非常に大きい。そうした利点があることを念頭に置きつつ，積極的に学んでいってもらいたいと思う。

演習問題

- 自分が関心をもつ心理学的なテーマについて，それをどのように数値で表せるか考えてみよう。
- 自分が興味をもっている心理学の領域（教育心理学，発達心理学，など）について，いくつかの論文を読み，どのような分析手法がよく用いられているかを調べてみよう。

参考文献

APA Presidential Task Force on Evidence-Based Practice. (2006). Evidence-based practice in psychology. *American Psychologist*, *61*, 271-285.

南風原朝和 (2011). 臨床心理学を学ぶ 7：量的研究法　東京大学出版会.

Hammersley, M. (Ed.) (2007). *Educational research and evidence-based practice.* Thousand Oaks, CA: Sage.

Hattie, J. (2008). *Visible learning: A synthesis of over 800 meta-analyses relating to achievement.* London, England: Routledge. (ハッティ，J.　山森光陽 (監訳) (2018). 教育の効果：メタ分析による学力に影響を与える要因の効果の可視化　図書文化社)

市川伸一 (2001). 心理学の研究とは何か　南風原朝和・市川伸一・下山晴彦 (編) 心理学研究法入門：調査・実験から実践まで　東京大学出版会　pp.1-17.

市川伸一 (2004). 心理学理論の特徴とその生成・検証のプロセス　森正義彦 (編) 科学としての心理学：理論とは何か？なぜ必要か？どう構築するか？　培風館　pp.21-37.

今井康雄 (2015). 教育にとってエビデンスとは何か：エビデンス批判を超えて　教育学研究, *82*, 188-201.

川端一光・荘島宏二郎 (2014). 心理学のための統計学入門：ココロのデータ分析　誠信書房

小塩真司 (2014). パーソナリティ心理学　サイエンス社

Parten, M. B. (1932). Social participation among pre-school children. *The Journal of Abnormal and Social Psychology*, *27*(3), 243-269.

Sackett, D. L., Rosenberg, W. M., Gray, J. M., Haynes, R. B., & Richardson, W. S. (1996). Evidence based medicine: What it is and what it isn't. *British Medical Journal*, *312*, 71-72.

Smith, M. L., & Glass, G. V. (1977). Meta-analysis of psychotherapy outcome studies. *American Psychologist*, *32*, 752-760.

丹野義彦・石垣琢磨・毛利伊吹・佐々木淳・杉山明子 (2015). 臨床心理学　有斐閣.

和田さゆり (1996). 性格特性用語を用いた Big Five 尺度の作成　心理学研究, *67*, 61-67.

山田剛史・村井潤一郎 (2004). よくわかる心理統計　ミネルヴァ書房.

2 数学的基礎

小野寺　孝義

高校に学んだ数学的な内容を復習するとともに，高校では学んでいない行列などについて基礎固めをする。行列は多変量解析などで多用される。

1. はじめに

統計学を学ぶには数学的な基礎知識が必要であるが，心理学のように文科系の学問と位置づけられている分野の学生は，それを避けてついつい数式なしがうたい文句の本に飛びつきがちである。そのような本も数多く読んでいれば心理統計の概要を把握するのには役立つ。しかしながら，どうしても不全感が残り，本当に自分がその解析法の基礎を十分理解しているのだろうかという不安がつきまとう。といっても統計的な専門書の多くは数式だらけで一目手に負えない印象を持ってしまう。

本書では不全感が残らないように数式についても避けない方針なので，この後の章で数式が出ても困惑しないよう，この章で基礎的な数学知識をおさえておく。

幸いなことに専門の数学と違い，統計学で利用する数学はそれほど難しくはない。頻繁に利用するものも限られているので，基本的な概念さえつかめば，その先の応用の理解は，むしろ簡単である。また，実際の計算などはコンピュータまかせになるので，面倒な計算に煩わされることもない。

後の章でよくわからない数式にであったなら，本章に立ち返って見てほしい。

2. ルートの計算

自然数は 1 からはじまり，1, 2, 3, $\cdots$ と続く，いわば物を数える数である。これにインド人が発見したといわれる 0 を加え，さらに負の数を加えると $\cdots$，-3, -2, -1, 0, 1, 2, 3, $\cdots$ となる。このような数は整数と呼ばれる。他には 0.5, -0.2, 0.36 のような小数がある。ただし，小数で $0.3333\cdots$ と無限に続くような数は表現できない。しかし，この $0.3333\cdots$ も 1/3 のように分数なら表現することができる。このような整数と分数を合わせて有理数と呼ぶ。

しかし，有理数だけで全ての数が表現できるわけではない。無理数と呼ばれるものがある。そのような代表的な数が分数で表現できないルートの数である。例えば，$\sqrt{2}$ はどのような数かといえば，$1.41421356\cdots$ である。一見，小数で表現できているように見えるが，$\cdots$ がついていることからわかるように，どこまでも数字が続いてしまう。かといって分数で表現することもできない。$\sqrt{2}$ という数が意味していることは，2 乗したなら 2 になる数が $\sqrt{2}$ であるということである。同様に $\sqrt{3}$ は 2 乗したら 3 になる数を表している。$\sqrt{4}$ や $\sqrt{9}$ なら，2 や 3 と整数で表現できるかもしれないが，$\sqrt{2}$ のように 2 乗して 2 になる数を探そうとすると有限小数や分数で表現できず，$\sqrt{\quad}$ をつけた数として表すのである。

無理数の中にはルートの数の他にも超越数と呼ばれる円周率の π や後で出てくる自然対数の底である e なども含まれる。有理数と無理数をあわせて実数と呼ぶ。さらに実数だけでは表現できない数として 2 乗して -1 になる数を表す虚数なども含めた数もあるが，心理統計学では虚数も加えた複素数はほとんど扱わず実数だけのことが多いので，そこは割愛する。

$\sqrt{\quad}$ は標準偏差，標準誤差の計算に利用される。統計学では分散をはじめとして数値を 2 乗する操作をすることが多い。あとで 2 乗した数値を元の単位に戻すために $\sqrt{\quad}$ が利用されることが多いのである。実際，$\sqrt{\text{分散}} = \text{標準偏差}$ の関係がある。

$a>0,\ b>0$ とした時，次が成り立つ

1)　$\sqrt{a^2}=a$　　2)　$\sqrt{a}\times\sqrt{b}=\sqrt{a\times b}=\sqrt{ab}$

3)　$\dfrac{\sqrt{a}}{\sqrt{b}}=\sqrt{\dfrac{a}{b}}$　　4)　$\dfrac{\sqrt{a}}{\sqrt{b}}=\dfrac{\sqrt{a}\times\sqrt{b}}{\sqrt{b}\times\sqrt{b}}=\dfrac{\sqrt{ab}}{b}$

3. 指数表記

ルートは $\sqrt{2}$ と表現されていたが，指数で表記して $2^{\frac{1}{2}}$ と表すこともできる。統計学では 2 乗がよく用いられる。例えば，$3^2=3\times3=9$ となる。

m，n，x，y は正の数とする。

1)　$x^n=\underbrace{x\times x\times x\times\cdots\times x}_{n\text{ 個}（n\text{：自然数}）}$　　2)　$x^{-n}=\dfrac{1}{x^n}$

3)　$x^n\times x^m=n^{n+m}$　　4)　$\dfrac{x^n}{x^m}=x^{n-m}$

5)　$(x^n)^m=x^{nm}=x^{mn}=(x^m)^n$　　6)　$x^{\frac{n}{m}}=\sqrt[m]{x^n}$

7)　$x^0=1$

0 乗された数は全て 1 となる。これは $\frac{x^n}{x^m}=x^{n-m}$ から考えるとわかりやすい。例えば，$\frac{2^3}{2^3}$ は $2^{3-3}=2^0$ と 0 乗になる。これは元に戻せば，$\frac{2^3}{2^3}=1$ になるのがわかる。

4. 科学的表記

電卓の表示や統計ソフトの出力で微少な数や巨大な数を表現するために科学的表記がなされることがある。これは指数表示の変形であるが，「2.564E+9」とあれば，$2.564\times10^9=2.564\times1000000000=2564000000$

という大きな数を意味する。逆に「2.564E−9」とマイナス記号の場合には $2.564 \times 10^{-9} = 2.564 \times \frac{1}{1000000000} = 0.000000002564$ という小さい数を意味する。ここで E は英語の Exponential(指数) の頭文字のことである。

5. 対数

対数は log で表し，$\log_a b$ なら，a を底（てい），b を真数（しんすう）と呼ぶ。

$a > 0$，$a \neq 1$ で，b，c は正の数とすると次が成り立つ。

$$a^c = b \text{ なら } \log_a b = c$$

1) $\log_a 1 = 0$

2) $\log_a bc = \log_a b + \log_a c$

3) $\log_a \dfrac{b}{c} = \log_a b - \log_a c$

4) $\log_a b^c = c \log_a b$

底 a に 10 が用いられたら常用対数，底に $e = 2.71828\cdots$ が用いられた時は[1] 自然対数と呼ぶ。常用対数は $\log b$ と底を省略されることも多い。自然対数の場合は $\ln b$ と表記されることもある。

対数は対数線形モデルやロジスティック・モデルなどで利用されるが，データが分析の前提条件を満たさない場合に，データを対数に変換して利用することもある。

対数の大きな利点は，かけ算や割り算が足し算や引き算に変換できることである。かけ算により計算上，巨大になる数も足し算に分解できれば扱いやすくなるのである。

6. 連立方程式

複数の方程式を用いて変数の値を求める方法がある。連立方程式と呼ばれる。例えば，A 君がアメを 10 個とチョコを 1 個購入したところ，320 円

1) この底の e は数学における定数の 1 つで，導入した数学者 Euler の名前から e とされ，オイラー数 (Euler's number) とも呼ばれる。

かかったとしよう。アメを x 円，チョコを y 円とすれば式は $10x+y=320$ となる。

しかし，これだけではアメの価格もチョコの価格も決まらない。だが，B 君がアメを 1 個とチョコを 1 個購入したところ，50 円かかったという情報があれば，$x+y=50$ というもう 1 つの式が得られる。

$$\begin{cases} 10x+y=320 \\ x+y=50 \end{cases} \tag{2.1}$$

上の式から下の式を引けば y が消えて

$$9x=270$$

結局，$x=30$ となり，この値を元の式に代入することで $y=20$ が求まる。

方程式の解き方は色々であるが，実際には統計ソフトが計算を行うので計算方法を意識する必要はない。しかし，行っていることの本質は同じであり，未知変数の値を求めるということである。

グラフで考えると，この場合の連立方程式の解とは $10x+y=320$ $(y=-10x+320)$ という直線と $x+y=50$ $(y=-x+50)$ という直線の交点に他ならないことがわかる。

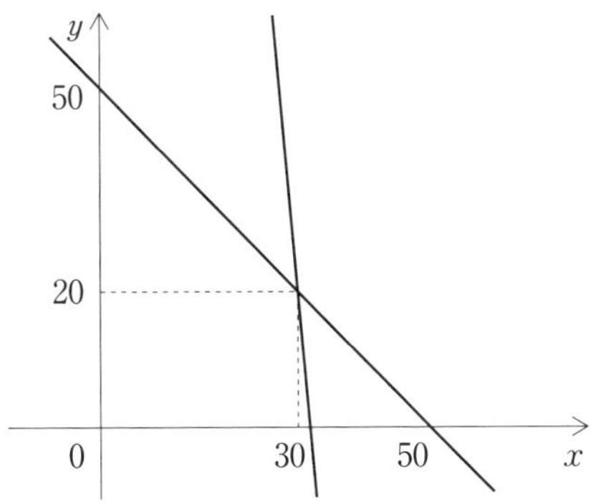

図 2.1　$y=-10x+320$ と $y=-x+50$ のグラフの交点

ここで，B 君の情報がアメを 100 個とチョコを 10 個購入したところ，3200 円かかったという情報だったとしたらどうなるだろうか。式は $100x + 10y = 3200$ となるが，この式は A 君の式 $10x + y = 320$ を 10 倍した式に他ならない。グラフにすれば 2 つの式は 1 本の直線に重なり，解は決まらない。このように式は複数あっても方程式を解くのに十分な情報があるとは限らない。このような場合は**多重共線性**と呼ばれる。**重回帰分析**などでは高い相関を持つ複数の変数を含めると似たような情報を持つ変数を含めたことになり，エラーメッセージが出たり，解が得られても不安定になることがある。多重共線性は英語の multicollinearity の訳なのでマルチコと呼ばれることもある。

7. 確率

$$\text{確率} = \frac{\text{当該現象の頻度}}{\text{全頻度}}$$

サイコロなら起きうる全てというのが 1 から 6 までの 6 通り。そこで，1 が出る確率を求めてみると，1 は 1 つだけだから $1/6 \approx 0.16666\cdots$ がサイコロで 1 が出る確率となる。サイコロで 7 が出る確率はといえば，普通のサイコロに 7 などという目はないから $0/6 = 0$，逆に 1 から 6 のいずれかが出る確率は，必ずどれかが起きるので $6/6 = 1$ で 1。つまり確率は 0〜1 までの値をとる。

確率は英語で probability なので，頭文字 p で表現される。4 章で扱う検定で出てくる $p < .05$ の p などは全て確率の意味である。統計検定では確からしさを確率で表現するので p は頻繁に登場する。

8. $\sum$ の意味と計算

シグマ（$\sum$）は頻繁に数学や統計学のテキストに出てくるが，見慣れない記号なだけで極めて単純なことを表しているに過ぎない。英語では加算の意味で summation，加算することを sum というが，ラテン語で加算の頭文字 S に相当するのが $\sum$ である。シグマは小文字なら σ で標準偏差を表す時に使われるが，ここで説明するシグマは大文字の $\sum$ である。

表 2.1　データ

i	1	2	3	4	5	6	7	行合計
認知心理	6	5	1	4	5	7	6	$\sum_{i=1}^{7} x_i$

表 2.1 が，認知心理学を専攻している 7 名の学生からとったアンケートデータだとしよう。合計は $\sum_{i=1}^{7} x_i$ と表現できる。データは x，添え字は i で表している。i は番号で 1 から 7 まで変化することを意味する。$\sum$ が加算記号なので，これが意味することは $x_1 + x_2 + x_3 + \cdots + x_6 + x_7$ である。データの最初から最後まで加算することが，暗黙に了解されている場合には，添え字 i やデータの最初 1 と最後の 7 を省略して単に $\sum x$ と表現することも多い。

もし，データを 5 番目から 7 番目まで加算した合計なら $\sum_{i=5}^{7} x_i$，3 番目から 7 番目までの合計なら $\sum_{i=3}^{7} x_i$ のように簡単に表現できる。また，特に最後のデータ番号が数値として特定できない場合でも $\sum_{i=1}^{n} x_i$ と表現しておくことができる。

表 2.1 は 1 行に並んだ 1 次元のデータだが，これが表 2.2 のような 2 次元データなら，x_{ij} と表現すれば全てのデータを表すことができる。i は行の番号，j は列の番号である。例えば，x_{32} なら「臨床心理」の 2 番目のデータである 7 を表す。

この場合，加算した合計は $\sum$ を 2 つ使い，$\sum_{i}\sum_{j} x_{ij}$ と表現すればよい。最初の添え字 i が行，次の添え字 j が列を意味する。どちらが行でどちらが列か混乱したら，「行列」という漢字を分解して 2 本の線が水平，垂直に並んでいるのはどちらかを見てみればよい。行の漢字には 2 本の水平線（=）があるので，ヨコの列だとわかるし，列の漢字には 2 本の垂直線（||）があるので縦の列とわかる。

表 2.2　専門別データ

	1	2	3	4	行合計
認知心理 (1)	6	5	1	4	$\sum_{j=1}^{4} x_{1j}$
社会心理 (2)	7	6	1	4	$\sum_{j=1}^{4} x_{2j}$
臨床心理 (3)	1	7	5	5	$\sum_{j=1}^{4} x_{3j}$
列合計	$\sum_{i=1}^{3} x_{i1}$	$\sum_{i=1}^{3} x_{i2}$	$\sum_{i=1}^{3} x_{i3}$	$\sum_{i=1}^{3} x_{i4}$	$\sum_{i=1}^{3}\sum_{j=1}^{4} x_{ij}$

同様に 3 次元データなら，$\sum$ を 3 つ使い，$\sum\sum\sum x_{ijk}$ で表現できる。$\sum$ 記号は統計学の本では必ずといってよいほど出てくる。

9. 点記法とバー表記

表 2.2 で各行と全体の平均値も表記すると表 2.3 のようになる。

表 2.3　専門別データ

	1	2	3	4	行合計	平均値
認知心理 (1)	x_{11}	x_{12}	x_{13}	x_{14}	$\sum_{j=1}^{4} x_{1j}$	$\frac{1}{4}\sum_{j=1}^{4} x_{1j}$
社会心理 (2)	x_{21}	x_{22}	x_{23}	x_{24}	$\sum_{j=1}^{4} x_{2j}$	$\frac{1}{4}\sum_{j=1}^{4} x_{2j}$
臨床心理 (3)	x_{31}	x_{32}	x_{33}	x_{34}	$\sum_{j=1}^{4} x_{3j}$	$\frac{1}{4}\sum_{j=1}^{4} x_{3j}$
列合計	$\sum_{i=1}^{3} x_{i1}$	$\sum_{i=1}^{3} x_{i2}$	$\sum_{i=1}^{3} x_{i3}$	$\sum_{i=1}^{3} x_{i4}$	$\sum_{i=1}^{3}\sum_{j=1}^{4} x_{ij}$	$\frac{1}{12}\sum_{i=1}^{3}\sum_{j=1}^{4} x_{ij}$

これをより簡略化する表記としてドット記号「.」を用いる点記法がある。「.」は添え字の一種で，その添え字について合計されていることを意味する。加算記号は Σ だったが，「.」を用いることで Σ も省略できる。例えば，認知心理の行和は $\sum_{j=1}^{4} x_{1j} = x_{1.}$ となる。

1 列目の縦の合計，つまり列和なら $\sum_{i=1}^{3} x_{i1} = x_{.1}$ となる。総和なら全合計だから $\sum_{i=1}^{3}\sum_{j=1}^{4} x_{ij} = x_{..}$ と表現できる。

「.」は，そこにあるべき添え字についての合計を意味している。

表 2.3 を点記法で表現すると表 2.4 のようになり，すっきりと表現できることがわかる。なお，変数を表す文字の上に棒（バー）を引くことで平均を表現することができ，ここではそれも示している。

表 2.4　表 2.3 の $\sum$ での表記を点による表記に対応させた表

x_{ij}	$j=1$	$j=2$	$j=3$	$j=4$	合計	平均
$i=1$	x_{11}	x_{12}	x_{13}	x_{14}	$x_{1.}$	$\bar{x}_{1.}$
$i=2$	x_{21}	x_{22}	x_{23}	x_{24}	$x_{2.}$	$\bar{x}_{2.}$
$i=3$	x_{31}	x_{32}	x_{33}	x_{34}	$x_{3.}$	$\bar{x}_{3.}$
合計	$x_{.1}$	$x_{.2}$	$x_{.3}$	$x_{.4}$	$x_{..}$	
平均	$\bar{x}_{.1}$	$\bar{x}_{.2}$	$\bar{x}_{.3}$	$\bar{x}_{.4}$		$\bar{x}_{..}$

点記法の表現は分散分析などの説明でよく出てくる。

10. 行列

行列は数値を行と列に並べて矩形の形にして 1 つの数のように扱う。普通の数値とは違って行列は大文字のイタリック体で表現されることが多い。普通の数字ではなく，行列を用いる利点は，計算を簡略化できること，連立方程式を解くことができること，データの変換が可能なことなどがある。

$$\begin{array}{c} \\ 1\text{行目} \\ 2\text{行目} \\ 3\text{行目} \end{array} \begin{array}{c} \begin{array}{ccc} 1\text{列目} & 2\text{列目} & 3\text{列目} \end{array} \\ \begin{pmatrix} 1 & 1 & 1 \\ 2 & 1 & 3 \\ 4 & 0 & 0 \end{pmatrix} \end{array}$$

通常の調査データや実験データは行に回答者や被験者，列に項目や変数からなる行列データと見なすことができる。例えば，ここで示した行列は３人の回答者から５段階尺度で３項目について回答を得たデータと見なすこともできる。大きなデータのかたまりを数値のように扱って計算できれば扱いが簡単になる。加算，減算については行列は通常の数値のように計算が可能である。

(1) 行列の足し算

$$A = \begin{pmatrix} 9 & 7 \\ 4 & 3 \end{pmatrix} \qquad B = \begin{pmatrix} 1 & 5 \\ 2 & 3 \end{pmatrix}$$

同じ行と列の位置にある要素同士を足せばよい。

$$A + B = \begin{pmatrix} 9+1 & 7+5 \\ 4+2 & 3+3 \end{pmatrix} = \begin{pmatrix} 10 & 12 \\ 6 & 6 \end{pmatrix}$$

(2) 行列の引き算

同じ行と列の位置にある要素同士を引くだけである。

$$A - B = \begin{pmatrix} 9-1 & 7-5 \\ 4-2 & 3-3 \end{pmatrix} = \begin{pmatrix} 8 & 2 \\ 2 & 0 \end{pmatrix}$$

(3) 行列のかけ算

最初の行列の１行目と次の行列の１列目の要素をかけて足したものが，計算後の行列の１行１列目の要素になる。同様に，最初の行列の１行目と次の行列の２列目の要素をかけて足したものが，１行２列目の要素になる。以下，同様である。

$$AB = \begin{pmatrix} 9 \times 1 + 7 \times 2 & 9 \times 5 + 7 \times 3 \\ 4 \times 1 + 3 \times 2 & 4 \times 5 + 3 \times 3 \end{pmatrix} = \begin{pmatrix} 23 & 66 \\ 10 & 29 \end{pmatrix}$$

ここで注意が必要なのは，行列同士のかけ算が可能なのは最初の行列の列の数と次の行列の行の数が同じもの同士でなくてはならないということである。例えば，行列 A は 2×2 型の行列なので列の数は２であり，

行列 B も 2×2 型の行列で行の数は 2 である。列と行の数が 2 で，同じなので計算が可能である。

そしてかけ算の計算の結果得られる行列は最初の行列の行の数と，次の行列の列の数からなる行列となる。つまり，$(m\times n)$ 型の行列と積の計算が可能なのは $(n\times l)$ 型の行列であり，計算結果は $(m\times l)$ 型の行列になるということである。

もし，行列 A が 2×3 型の行列だったなら，列の数 3 と行列 B の行の数 2 は一致しないので計算ができない。そのような計算が定義されていないのである。

また，$AB=BA$ が成り立つとは限らない。

(4) 行列の割り算：逆行列 (inverse matrix)

足し算や引き算，かけ算があれば行列の割り算もありそうである。実際に割り算に相当するものが逆行列を用いた計算である。

通常の計算で $5x=15$ を解く場合，両辺を 5 で割れば x は求めることができる。$\dfrac{5x}{5}=\dfrac{15}{5}\Rightarrow x=3$。ここで左辺の 5 は消えたように見えるが，実際には 1 となっている。つまり，$1x=3$ である。言い換えると，5 で割るということは 5 を 1 に変換した作業である。

こう考えると行列の計算でも，$CX=D$ を行列 C で両辺を割れれば，X が求まることになる。その場合，C は 1 に相当するようになっていればよいことになる。行列で 1 に相当するのは単位行列と呼ばれる。対角要素だけが 1 で，他の要素は 0 の行列である。

単位行列は，他の行列にかけても，数字の 1 のようにその行列を変化させない。つまり，行列計算における 1 に相当する。同様に 0 に相当するのは全ての要素が 0 の行列である。

$$\text{単位行列 } I=\begin{pmatrix}1 & 0\\ 0 & 1\end{pmatrix}\qquad\qquad \text{零行列 } O=\begin{pmatrix}0 & 0\\ 0 & 0\end{pmatrix}$$

$5x = 15$ で x を求めるような計算を行列で考えてみる。

$$CX = D$$

ここで X を解くには，通常の数の計算では両辺を C で割って 1 にすればよい。行列の場合にあてはめると単位行列に相当するものができればよいことに気がつく。この割るという操作の代わりに行列では逆行列が利用される。逆行列は $^{-1}$ をつけて C^{-1} のように表現される。

$$C^{-1}CX = C^{-1}D$$

$$X = C^{-1}D$$

2×2 型の行列なら次の式に代入することで逆行列を求めることができるが，一般の行列では基本的には手計算は無理でコンピュータまかせになる。

$C = \begin{pmatrix} a_{11} & a_{12} \\ a_{21} & a_{22} \end{pmatrix}$ の時，

$$逆行列\ C^{-1} = \frac{1}{a_{11} \times a_{22} - a_{21} \times a_{12}} \begin{pmatrix} a_{22} & -a_{12} \\ -a_{21} & a_{11} \end{pmatrix}$$

なお，逆行列は行の数と列の数が等しい正方行列に対してしか定義されていない。つまり，2×2 型の行列なら逆行列はあるが，2×3 型の行列の逆行列はない。逆行列を持つ正方行列を正則行列 (regular matrix) と呼ぶ。

行列を使うことで連立方程式を解くこともできる。式 2.1 の連立方程式について考えてみよう。

$$\begin{cases} 10x + y = 320 \\ x + y = 50 \end{cases}$$

係数だけの行列を作って次のように表現できる。それぞれを順に C, X, D と表現すれば $CX = D$ となっていることがわかる。

$$\begin{pmatrix} 10 & 1 \\ 1 & 1 \end{pmatrix} \begin{pmatrix} x \\ y \end{pmatrix} = \begin{pmatrix} 320 \\ 50 \end{pmatrix}$$

後は C の逆行列を求めて，左からかければよい。

$$C = \begin{pmatrix} 10 & 1 \\ 1 & 1 \end{pmatrix} \quad \Rightarrow \quad \text{逆行列 } C^{-1} = \frac{1}{9}\begin{pmatrix} 1 & -1 \\ -1 & 10 \end{pmatrix}$$

$$CX = D \quad \Rightarrow \quad C^{-1}CX = C^{-1}D \quad \Rightarrow \quad X = C^{-1}D$$

こうして，解を求められる。

$$\begin{pmatrix} x \\ y \end{pmatrix} = \frac{1}{9}\begin{pmatrix} 1 & -1 \\ -1 & 10 \end{pmatrix}\begin{pmatrix} 320 \\ 50 \end{pmatrix} = \begin{pmatrix} 30 \\ 20 \end{pmatrix}$$

正則行列に対してしか逆行列はないが，求める行列が正則ではないことや正方行列でないこともある。そのような場合に逆行列に似た性質を持つ一般化逆行列 (generalized inverse matrix) と呼ばれる行列が利用されることもある。

(5) 行列の種類

零行列，単位行列，逆行列以外にも行列には種類がある。ある行列の行と列を入れ替えた行列のことを**転置行列**(transpose matrix) といい，A' と表現する。

$$A = \begin{pmatrix} 9 & 7 \\ 4 & 3 \end{pmatrix} \quad \Rightarrow \quad \text{転置行列 } A' = \begin{pmatrix} 9 & 4 \\ 7 & 3 \end{pmatrix}$$

行と列が等しい行列は正方行列 (square matrix) と呼ばれるが，行と列が等しくない行列は矩形行列と呼ばれる。正方行列の中でも積が I（例えば，$M'M = I$）になる行列を**直交行列** (orthogonal matrix) と呼ぶ。

また，対角要素以外が 0 の行列は対角行列 (diagonal matrix) と呼ばれる。右下がりの対角成分から見て対称形の行列を対称行列と呼ぶ。分散共分散行列や相関係数からなる行列も対称行列の 1 種である。

対称行列は変換することで対角行列にすることができる。分析する行列を対角行列に変換する操作が主成分分析などで行われる。

Excel など表計算ソフトに実験や調査データをまとめる場合に，行を実験参加者，列を変数として入力していくことが多い。そのような統計データも行列と見なすことができる。

その行列に特定の行列をかけることで，さまざまな数値の変換が可能になる。各数値を座標と見立てて，原点からの拡大や縮小，x・y 軸に対称な変換，直線 $y = x$ に対称な変換，自由な角度に回転させることもできる。特に回転させる行列は回転行列と呼ばれる。例えば，次の行列は回転行列で θ に角度を入れれば，かけた他の行列の数値をその角度で回転させることができる。この場合なら $(x, y) = (2, 4)$ を座標と見なすと，θ が 90 なら 90 度回転する。

$$\begin{pmatrix} \cos\theta & -\sin\theta \\ \sin\theta & \cos\theta \end{pmatrix} \begin{pmatrix} 2 \\ 4 \end{pmatrix}$$

多変量解析では多次元からなるデータを少数の 2 次元や 3 次元に情報を縮約して，人間が理解しやすい図にすることも多い。そこではデータの変換作業が行われる。従って，行列の計算が不可欠になってくるのである。行列は表現の簡素化というメリットもあるが，空間の幾何学的な表現だったり，変換の道具として有用なのである。

(6) 固有値

$$A\boldsymbol{x} = \lambda\boldsymbol{x}$$

と表現できる時，λ(ラムダ) を固有値，$\boldsymbol{x}$を固有ベクトルと呼ぶ。ここで λ は普通の数値（スカラーと呼ぶ）なので行列 A の情報が縮約されたものと見ることもできる。主成分分析や因子分析では，相関行列や分散共分散行列から固有値を求め，各因子の固有値の値や%が出力に表示される。その時の固有値は情報量（因子の大きさ）と解釈することもできる。相関行列や分散共分散行列は対称行列なので，対角化でき，異なる固有値に対する固有ベクトルは直交する。

11. 微分

統計学では微分は関数の極大値や極小値（あるいは最大値や最小値）を求める時に使われることが多い。曲線の方程式を微分すると傾きを表す式が求められる。

$$傾き = \frac{y \text{ の変化量}}{x \text{ の変化量}}$$

微分した記号としてプライム (′) が利用される。例えば，関数 $f(x)$ の微分は $f'(x)$ となる。ここでは微分公式の一部を載せておく。

(1) 種々の公式

1)　$(c)' = 0$　（定数の微分は 0）　2)　$(x^n)' = nx^{n-1}$

3)　$(\sin x)' = \cos x$　4)　$(\cos x)' = -\sin x$

5)　$(e^x)' = e^x$　6)　$(a^x)' = a^x \log a$

7)　$(\log x)' = \dfrac{1}{x}$

8)　$\{f(x)g(x)\}' = f'(x)g(x) + f(x)g'(x)$

9)　$\left\{\dfrac{f(x)}{g(x)}\right\}' = \dfrac{f'(x)g(x) - f(x)g'(x)}{\{g(x)\}^2}$

公式の 2) を利用して簡単な例を考えてみよう。

$$f(x) = 3x^2 - 12x + 13 \qquad \Rightarrow \qquad f'(x) = 6x - 12$$

微分して求まった $6x - 12$ は傾きを表した式となっている。例えば，$x = 3$ の時の傾き，すなわち $x = 3$ での接線の傾きを求めたければ，3 を

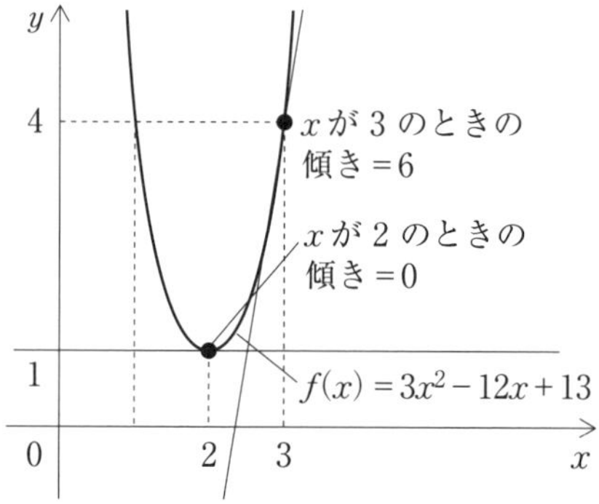

$6x-12$ に代入して 6 と求めることができる。ここで 傾きの式 $=0$ と置くと，この曲線の最小値が求まることがわかる。このように微分して 0 と置くことで極大値や極小値（あるいは最大値や最小値）を求めることができる。従って，統計学では誤差を最小化したい場合などに利用されることが多いのである。

(2) 偏微分

実際には変数が複数の多変数関数について微分することが多い。そのような場合には他の変数を定数と見なして，ある変数についてのみ微分する。これを**偏微分**と呼ぶ。上の 1 変数の例のようにプライム (′) だけではどの変数について微分しているのかわからないので，どの変数について微分しているかわかるようにラウンド記号 ∂ を用いる。例えば，次の関数について x と y について偏微分したなら次のようになる。

$$f(x,y)=x^3-3xy+2y^2$$

$$\begin{cases} \dfrac{\partial f(x,y)}{\partial x}=3x^2-3y \\ \\ \dfrac{\partial f(x,y)}{\partial y}=4y-3x \end{cases}$$

それぞれについて 0 と置いて連立方程式を解くことで極値を求めることができる。

演習問題

$$A = \begin{pmatrix} 9 & 7 \\ 4 & 3 \end{pmatrix} \qquad B = \begin{pmatrix} 1 & 5 \\ 2 & 3 \end{pmatrix}$$

とした時, $(A+B)$, $(A-B)$, (AB) をそれぞれ手計算で求めてみよう（正解は本文中にあり）。

参考文献

朝野熙彦 (1992). 行列・ベクトル入門. 同友館.
小寺平治 (2000). クイックマスター線形代数. 共立出版株式会社.
小野寺孝義・狩野 裕 (2003). 文科系の学生のための数学入門 (1). ナカニシヤ出版.
大村 平 (1985). 行列とベクトルのはなし. 日科技連出版.

3 記述統計

大藤　弘典

得られたデータを要約し，整理するための基礎を説明する。データの特徴を平均値などの指標や図表で示す方法を理解しよう。

表 3.1 のように，私たちが最初に手にする生のデータは数字の羅列にすぎず，このままではデータの特徴をつかみにくい。そこで，データをいくつかの数値や図表にまとめて整理する作業が必要になる。このための技法が記述統計である。

表 3.1　成人男性の心拍数のデータ (20 人分)

57	62	64	65	66
67	68	68	68	68
70	71	72	72	73
73	77	77	78	84
平均：70	中央値：69	最頻値：68		
範囲：27	分散：36(37.9)	標準偏差：6(6.2)		

注）分散, 標準偏差の括弧内は s^2 および s

1. 記述統計と推測統計

統計学では，**記述統計**と**推測統計**を区別する。上述したとおり，記述統計は，データを要約するための手法を指す。表 3.1 のデータの平均値を計算すれば，心拍数の値の大きさは一目瞭然になる。一方で，本当に知りたいことは手元のデータではなく，あらゆる成人男性の心拍数の平均であるかもしれない。このような場面で役立つのが推測統計である。成人全体の心拍数が未知でも，手元のデータからその特徴を推測することはできる。このとき，情報を得たい集団全体を**母集団**，そこから抜き出した一部を**標本**と呼ぶ。推測統計とは，抽出した標本をもとに母集団の特徴を推測するための手法のことをいう。また，母集団から標本を抜き出す作業を**抽出** (**サンプリング**) と呼ぶ。

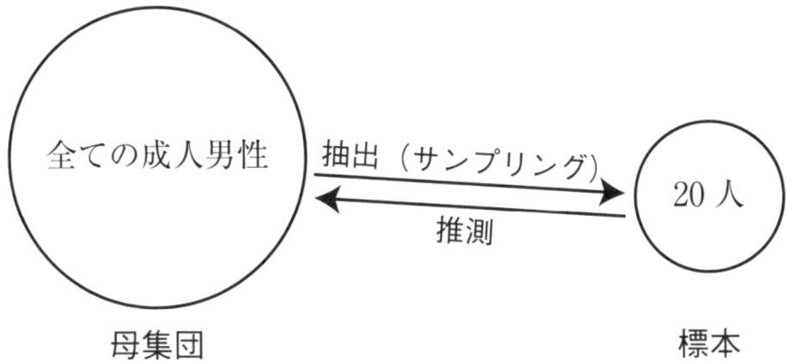

図 3.1　母集団と標本の関係

推測統計については 4 章で詳しく説明するとして，まずは表 3.1 の心拍数のデータを使って，要約の仕方を学んでいこう。

2. 代表値

代表値は，データの中心の値を表す。代表値の指標には，**平均値** (mean)，**中央値** (median)，**最頻値** (mode) があり，それぞれ次の手順で計算できる。

(1) 平均値

一般に平均値というと，以下の式のとおり，データに含まれる値 (x_i) の総和をサンプルサイズ (n) で割った算術平均を指すことが多い。

$$\bar{x} = \frac{x_1 + x_2 + \cdots + x_n}{n} = \frac{\sum_i x_i}{n} \tag{3.1}$$

表 3.1 で示した平均値も算術平均である。平均値には，他にも幾何平均や調和平均があり，例えば平均伸び率の計算には幾何平均，平均速度の計算には調和平均が適している。平均値は，**外れ値** (outlier) と呼ばれ

る極端な値の影響を受けやすい。{3, 6, 7, 9, 100} の標本では，1つだけ桁が違う値が含まれることで平均値が「25」と大きくなり，データを代表した値とはいいがたくなる。

(2) 中央値

中央値は，平均値よりも外れ値に対して頑健な指標である。サンプルサイズが奇数個のデータの場合，小さい順に並べたときの真ん中の値が中央値になる。先ほどの {3, 6, 7, 9, 100} の標本であれば，中央値は3番目の「7」となる。一方，サンプルサイズが偶数個のデータの場合は，同じように並べたデータを中央で二分し，その両側の値の平均値を中央値とする。表 3.1 は偶数個のデータであるため，10 番目に小さな値である 68 と 11 番目に小さな値である 70 を平均した「69」が中央値になる。

(3) 最頻値

最頻値は，データの中で最も多く現れる値を指す。表 3.1 の場合，最も出現した回数が多い「68」が最頻値になる。最頻値は複数の場合もある。{1, 2, 2, 3, 4, 4} の標本では，「2」と「4」がともに最頻値になる。

3. 散布度

散布度は，代表値とは異なるデータの一面を明らかにしてくれる。例えば，{10, 10, 10, 10, 10, 10} と {2, 8, 10, 10, 12, 18} の 2 つの標本では，平均値，中央値，最頻値はいずれも 10 で同じだが，データの散らばりの大きさが異なる。このようなデータの特徴の違いを明確にするための値が散布度である。ここでは散布度の指標として，**範囲** (range)，**分散** (variance)，**標準偏差** (Standard Deviation: SD) の 3 つを紹介する。

(1) 範囲

範囲は，データの中の最大値から最小値を引くことで求められる。表 3.1 では，最大値の 84 から最小値の 57 を引いた「27」が範囲になる。範囲は，計算が簡単な反面，最大値や最小値が外れ値である場合，その影響を強く受けてしまうという弱点がある。

(2) 分散

分散 (σ^2) とは，「データに含まれるそれぞれの値と平均値との距離の 2 乗」を平均した値のことである。データに含まれる値を x_i，平均値を $\bar{x}$，サンプルサイズを n とするとき，分散は以下の式で求められる。

$$\sigma^2 = \frac{\displaystyle\sum_i (x_i - \bar{x})^2}{n} \tag{3.2}$$

分散の式では，各値から平均値を引いた数値をそれぞれ 2 乗してから足し合わせた後に，サンプルサイズで割る。足し合わせる前に差の値を 2 乗する理由は，符号を正に揃えることによって，プラスとマイナスの値が打ち消しあうことを防ぐためである。分散が大きいほど，データの値が平均値から大きく散らばっていることを示す。それでは，表 3.1 のデータを使って実際に分散を計算してみよう。

$$\begin{aligned} \text{心拍データの分散} &= \frac{(57-70)^2 + (62-70)^2 + \cdots + (84-70)^2}{20} \\ &= 36 \end{aligned}$$

(3) 標準偏差

分散が計算できたら，その値の平方根をとることで標準偏差が求まる。

$$\sigma = \sqrt{\frac{\displaystyle\sum_i (x_i - \bar{x})^2}{n}} \tag{3.3}$$

分散の式では，データの値と平均値の差を 2 乗することで単位も 2 乗されてしまう。表 3.1 の心拍数の分散も，このままだと単位が「回^2」とでもいうべき奇妙なものとなってしまい，直観的に理解しにくい。分散の平方根をとって標準偏差にすることで，単位を元のデータと同じ「回」に揃えられる。

$$\text{心拍データの標準偏差} = \sqrt{36[\text{回}^2]} = 6[\text{回}]$$

(4) 不偏分散

統計の教科書では，分散の計算法として，サンプルサイズ n の代わりに $n-1$ で割る式が紹介されていることが多い。

$$\hat{\sigma}^2 = s^2 = \frac{\sum_i (x_i - \bar{x})^2}{n-1} \tag{3.4}$$

これは母集団の分散の推定値 (不偏推定量) であり，**不偏分散**（$\hat{\sigma}^2$ や s^2 の記号で表される）とも呼ばれる。標本の分散 (標本分散) は，母集団の真の分散を推定する参考にはなるが，そこには誤差が含まれる。極端に大きい，もしくは小さい値は標本から抜け落ちやすいため，標本分散は真の分散よりも小さな値をとりやすい。不偏分散は，このような推定の偏りが生じないように調整された値である。また，標準偏差についても，母集団から抜き出された標本と考える場合は，不偏分散の平方根で表される[1)]。

$$\hat{\sigma} = s = \sqrt{\frac{\sum_i (x_i - \bar{x})^2}{n-1}} \tag{3.5}$$

統計ソフトでは，一般的にデータを母集団から抽出された標本とみなした分散や標準偏差を算出する。表 3.1 であれば，次のような値が出力されるはずである。

$$\begin{aligned} \text{心拍データの } s^2 &= \frac{(57-70)^2 + (62-70)^2 + \cdots + (84-70)^2}{20-1} \\ &= 37.895\cdots \\ \text{心拍データの } s &= \sqrt{37.895\cdots} = 6.155\cdots \end{aligned}$$

4. 変数と尺度

表 3.1 のデータは心拍数を測定したもので，その中に 20 人分の値が含まれている。ここでは「心拍数」という単語が，具体的な値が入る入れ

1) 正確には標準偏差の不偏推定値ではないが，統計ソフトでは標準偏差として出力されている。

物の役割を果たしている。このように，さまざまな値を代入できる文字などの記号を**変数**という。変数は，代入される値の種類によって，**質的変数**と**量的変数**に大別される。質的変数には，男女のようなカテゴリや順位が入るのに対して，量的変数には，数値として計算できるものが含まれる。また，量的変数はさらに，心拍数のようにカウントできる**離散的**なものと，身長のように値の間に切れ目がない**連続的**なものに分類できる。

変数に入る値の種類によって，可能な演算は異なる。「170cm」と「154cm」の身長の平均を取ることはできても，性別の「男性」と「女性」の値を足したり引いたりすることには意味がない。そのため，どのような種類の値が変数に入るかによって，要約に使える代表値や散布度の指標は変化する。可能な統計操作の観点から，Stevens は，変数を**名義尺度** (nominal scale)，**順序尺度** (ordinal scale)，**間隔尺度** (interval scale)，**比率尺度** (ratio scale) の 4 つに分類している。各尺度と要約に使用できる指標の関係をまとめたのが表 3.2 である。

表 3.2　尺度の分類および要約に使える指標

質/量	尺度	代表値の指標	散布度の指標
質的	名義尺度	最頻値	散らばり指数
	順序尺度	中央値	範囲
量的	間隔尺度 比率尺度	平均値	分散，標準偏差

注) 水準が高い尺度は，より低い水準の指標も使用できる。

(1) 名義尺度

名義尺度とは，男女や血液型などカテゴリで構成されるデータのことをいう。カテゴリに含まれる値間に大小関係はなく，四則演算はできない。名義尺度のデータでは，出現したケースの個数を数え，その最頻値を代表値とする。散布度には，前述した散布度の指標は使えず，散らばり指数を用いる。ここでは計算法の説明はしない。詳しく知りたい方は，森・吉田 (2000) や山内 (2009) の書籍を参照されたい。

(2) 順序尺度

順序尺度とは，レースの順位や優良可のような順序関係を表すデータのことである。値間には大小関係があるが，その間隔はまちまちであり，四則演算はできない。順序尺度のデータの要約には，名義尺度で挙げた指標に加えて，中央値や範囲の指標が使用できる。

(3) 間隔尺度

間隔尺度は，西暦や温度のように，値の大小関係だけでなく間隔も一定のデータを指す。ただし，何もない状態を表す絶対的 0 点を持たない。例えば，摂氏 0 度という場合，そこには温度（正確には温度を生じさせる分子活動）が存在する。そのため，間隔尺度のデータでは値同士の差をとることはできるが，それらの比率には意味がない。つまり，30 度と 20 度では温度が 10 度違うということはできても，20 度は 10 度の 2 倍温かいということはできない。間隔尺度のデータの要約には，名義尺度や順序尺度で挙げた指標に加えて，平均値や標準偏差も使用できる。

(4) 比率尺度

身長や体重などの比率尺度のデータは，値間の間隔が一定であることに加えて，絶対的 0 点を持つ。仮に身長が 0cm といえば，文字どおり高さが全くないことを意味する。比率尺度のデータでは，差だけではなく比率を求めることもできる。比率尺度のデータの要約には，間隔尺度と同じ指標が使用できる。

(5) 尺度の水準

Stevens の 4 つの尺度のうち，後に述べたものは前に述べたものの特徴を全て備えていることから，より高い水準の尺度といえる。また，尺度の水準を落として低い水準の尺度として扱うことも可能である。例えば，学生の身長のデータを扱う際に，背の順だけに着目して順序尺度と見なしても問題はない。

5. 分布

数値による要約と同じように，データの**分布**を図として描くことも，データの理解に役立つ。

(1) ヒストグラム

分布とは，数値の散らばりのことである。表 3.3 は，心拍数のデータをもとに，値をいくつかの区間に分けて，階級ごとの人数を示したものである。人数は，階級内の値が生じた回数といえる。これを**度数**という。

表 3.3　脈拍データの度数分布表

階級	人数 (度数)
56-60	1
61-65	3
66-70	7
71-75	5
76-80	3
81-85	1

階級を横軸にとり，度数を縦軸の棒の長さで表すと，**ヒストグラム** (histogram) と呼ばれるグラフを描ける。図 3.2(a) は，表 3.3 のヒストグラムである。また，ヒストグラムの棒の代わりに輪郭を線で結ぶと図 3.2(b) のように分布の形状を曲線で表せる。分布の形状を図に描くことで，おおよそのデータの中心や値の散らばりの大きさを視覚的に確認できる。

(2) 正規分布

統計学では，関心がある事象の母集団が図 3.3 のように**正規分布**すると見なすことがよくある。

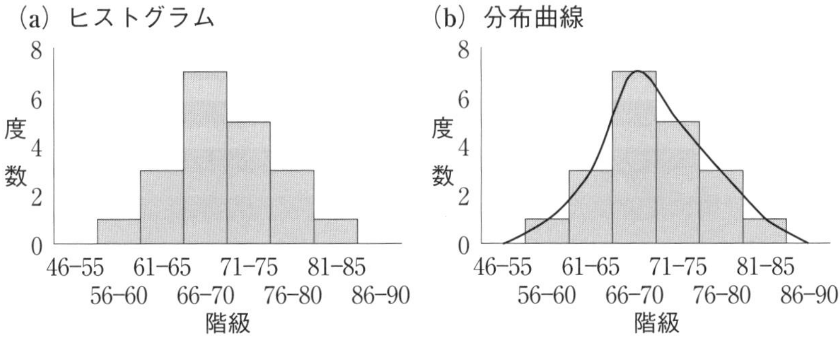

図 **3.2**　度数分布のグラフ

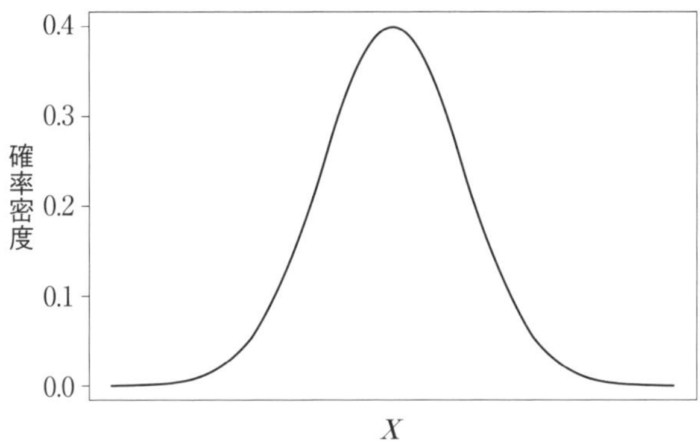

図 **3.3**　正規分布

正規分布とは，左右対称の釣り鐘型の形状を持つ分布のことであり，厳密には，式 (3.6) で表される**確率密度関数**に従って線が描かれる。

$$f(X) = \frac{1}{\sqrt{2\pi\sigma^2}} e^{-\frac{(X-\mu)^2}{2\sigma^2}} \tag{3.6}$$

式の μ と σ は，それぞれ分布の平均と標準偏差，π は円周率，e はネイピア数 (自然対数の底) で約 2.72 の値をとる定数である。分布の高さは度数ではなく確率密度であり，横軸上の任意の値の区間の確率密度を足し合わせると，その区間内の値が生じる確率に等しくなる。正規分布の中でも，平均 0，標準偏差 1 のものは特別な分布であり，**標準正規分布**という。

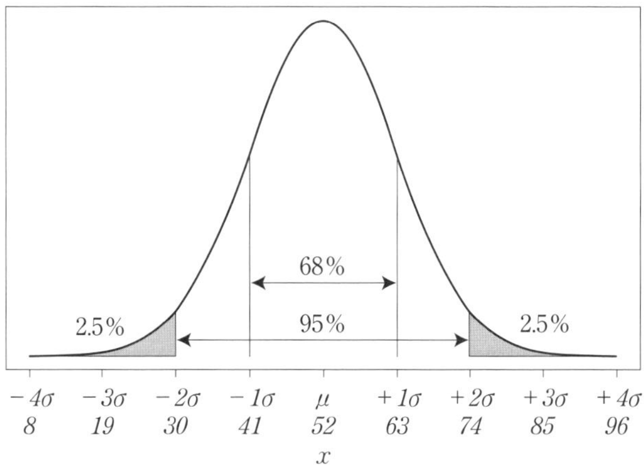

図 3.4　正規分布する試験の得点の分布

ここで，正規分布する試験の得点の分布を考えてみよう。

図 3.4 のとおり，正規分布のピークの値は平均値 (μ) と等しい。この平均値の両側に標準偏差 (σ)1 つ分離れた値を通る垂直線を引くと，データ全体の約 68%がこの区間内に収まる。区間の範囲を「平均 ±2× 標準偏差」まで広げると，データ全体の約 95%がそこに含まれる。「平均+2× 標準偏差」を超える値は全体の約 2.5%しかない。そのため，平均と標準偏差を使うことで，得点が分布上のどの辺にあるかという相対的な位置を知ることができる。仮に試験の平均が 52 点で標準偏差が 11 点，自分の得点が 63 点だったとしよう。図 3.4 を見ると，63 点は「平均+1× 標準偏差」に相当することから，自分よりも得点が高い受験者は全体の 16%であることがわかる。

学生の得点 (x) から平均値 (μ) を引き，標準偏差 (σ) で割ると分布上の相対位置を 1 つの数値で表せる。

$$z = \frac{x - \mu}{\sigma} \tag{3.7}$$

このような操作を**標準化**といい，標準化した得点は ***z* 得点** (**標準化得点**) と呼ばれる。標準化した得点の分布は平均 0，標準偏差が 1 になる。正規分布からとられた値を標準化した場合は，標準正規分布になる。

私たちが目にする**偏差値**も z 得点を使って計算されている。偏差値を求める際は，平均値を 50 に，標準偏差が 10 になるように z 得点の式を変形する。

$$\text{偏差値} = 10 \times z + 50 \tag{3.8}$$

前述したとおり正規分布は，厳密には測定された値の集合ではなく，ある区間内の値が得られる確率を表す理論的な分布 (確率分布) である。未知の母集団が正規分布に従うと仮定することで，「平均 + 2 × 標準偏差」よりも大きな値が得られる確率は 2.5%であるといった予測が可能になる。

(3) 中心極限定理

個々の値の分布の代わりに，標本の平均値などの値の分布を想定することもできる。現実に可能かどうかはともかく，図 3.5 のように，何度も標本をとって平均値を求めるという作業を繰り返せば，標本の平均値の分布を描ける。母集団の分布の形状が何であれ，そこから抜き出した標本の平均値などの分布 (標本分布) は，サンプルサイズが大きくなるにつれて正規分布に近づく。これを**中心極限定理**という。

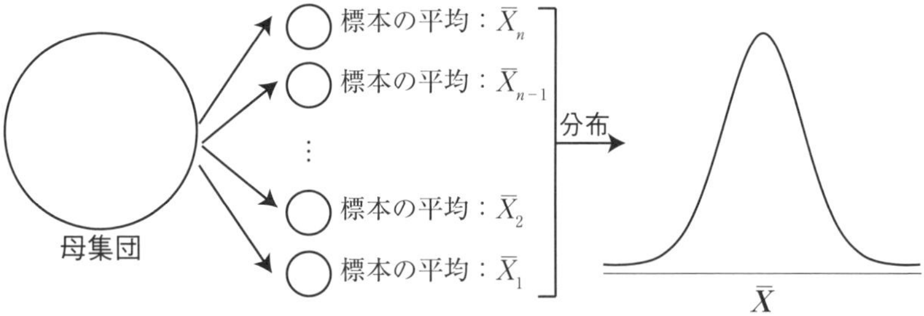

図 3.5　標本分布の模式図

標本分布の平均値は，母集団の平均値と等しくなることが期待できる。標本の平均値と真の平均値のズレは誤差とみなせることから，標本分布の標準偏差は**標準誤差** (Standard Error：SE) と呼ばれる。標準誤差は，母集団の分散を標本のサンプルサイズ (n) で割った値の平方根をとることで求められる。だが，母集団の分散はほとんどの場合は未知のため，標本の不偏分散 (s^2) で代用されることが多い。分散の平方根をとると標準偏差 (s) になることから，最終的な式は標準偏差 (既知なら母集団の標準偏差) をサンプルサイズの平方根で割る形になる。

$$SE = \sqrt{\frac{s^2}{n}} = \frac{s}{\sqrt{n}} \tag{3.9}$$

(4) 分布の歪度と尖度

分布を描くことで，分布の歪みの程度も知ることができる。ここでいう歪みとは，分布の左右対称性が崩れることであり，その程度を**歪度** (skewness) という。図 3.6(a) は右方向に裾野が延びており，これを正の歪み (歪度 >0) という。図 3.6(b) は，歪みがない分布である (歪度 = 0)。図 3.6(c) は左方向に裾野が延びており，負の歪みという (歪度 <0)。歪みによって代表値である平均値，中央値，最頻値の間にはズレが生じる。特に平均値は歪みの方向に最も強く引っ張られる。分布の歪みが大きい場合には，平均値よりも中央値を代表値とする方が，私たちの直感にあった現実的な値となる。

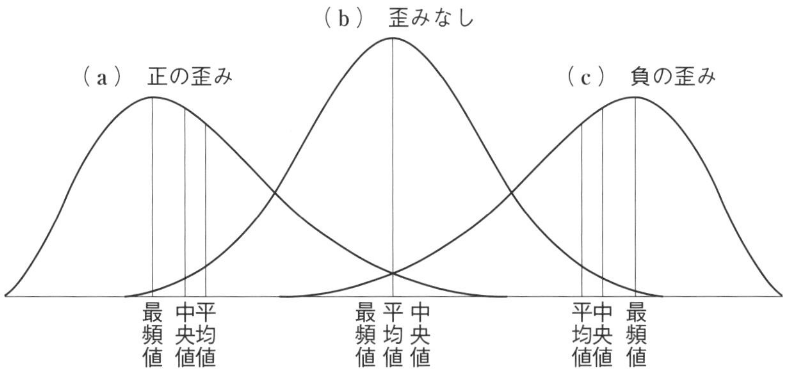

図 3.6　分布の歪み

また，分布が左右対象であっても，ピークの尖り具合や裾の厚さが異なることもあり，この大きさは**尖度** (kurtosis) で表される。図 3.7 のように，尖度が大きいほど，正規分布と比べてピーク付近に値が集中し，裾が厚い分布であることを意味する。

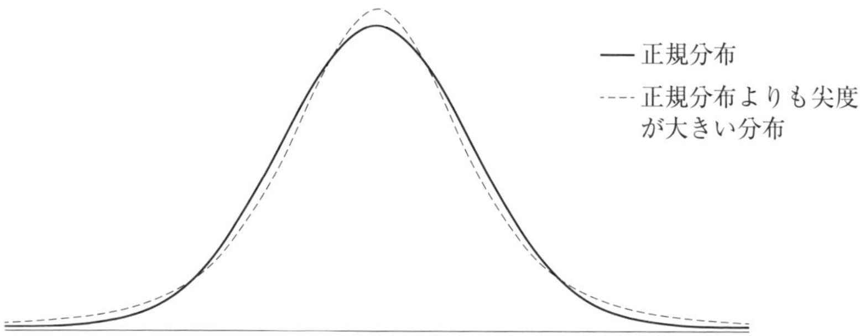

図 **3.7**　分布の歪み

演習問題

- 代表値，中央値，最頻値の求め方とそれぞれの特徴を説明できるだろうか。
- 範囲，分散，標準偏差の求め方とそれぞれの特徴を説明できるだろうか。
- スティーブンスの 4 つの尺度のそれぞれの特徴を説明できるだろうか。
- 分散と不偏分散の違いは何だろうか。
- 図 3.4 で紹介した試験の得点において，41 点を z 得点と偏差値で表すとそれぞれ幾つになるだろうか。

正解：z 得点：-1，偏差値：40

- 中心極限定理の意味を説明できるだろうか。

参考文献

森 敏昭・吉田 寿夫 (2000). 心理学のためのデータ解析テクニカルブック. 北大路書房.

Rowntree, D. (1981). *Statistics without tears: a primer for non-mathematicians.* Boston: Allyn & Bacon. (ロウントリー D. 加納 悟 (訳) (2001). 新・涙なしの統計学. 新世社)

Stevens, S. S. (1946). On the theory of scales of measurement. *Science*, 103, 677-680.

山内 光哉 (2009). 心理・教育のための統計法 (第 3 版). サイエンス社.

4 推測統計

大藤　弘典

4章では，手元にある標本から母集団の特徴を推測する手法を学ぶ。特にここでは，t 検定と χ^2 検定の2つを取り上げて，仮説検定の必要性やその手順について説明する。

1. 統計量と母数

標本で求めた要約の値は，母集団の特徴を推測するために用いられる。標本の要約値と母集団のそれが同じとは限らない。そのため，標本から計算された平均値や標準偏差は**統計量** (statistic)，母集団の特徴を表す値は**母数** (parameter) と呼ばれ，区別される。標本の平均を標本平均，母集団に関する要約値を母平均や母分散，母標準偏差などと言うこともある。また，式の中では，統計量がローマ字 (平均：$\bar{x}$，標準偏差：s) で表記されるのに対し，母数はギリシア文字 (平均：μ，標準偏差：σ) で記される。3章で習った不偏分散 (不偏統計量) の計算は，母分散 (σ^2) を推定していることに他ならない。推測統計の役割には，こうした母数の推定のほかに，異なる標本間の母集団の違いを検証するために用いる**仮説検定** (hypothesis testing) がある。以降では，仮説検定について詳しく述べていく。

2. 仮説検定の必要性

仮説検定では，「A市とB市の市民の健康度に差があるか」，「男女で法案を支持する割合に差があるか」といった問いを扱う。ただし，ここで問われている差とは，手元の標本間で見られる差のことではなく，その背後の母集団の違いであることに注意してほしい。例えば，A 市民と B 市民の健康度の差を調べるため，各市から 200 名ずつ標本を集めて健康度を 100 点満点で数値化したところ，A 市民は平均 84 点，B 市民は平均 83 点だったとしよう。この平均値の違いをもって，A 市民の方が B 市民よりも健康度が高いと結論して良いのだろうか。確かに，2 つの標本の平均値 (標本平均) の間には 1 点の差があるが，これが母集団の違いによるものとは断言できない。仮に同じ母集団から 2 つの標本をとった場合でも，その平均値がぴったり等しくなるとは限らないからである。むしろ，完全に一致する方がまれといって良いだろう。比較する標本平均はどちらも同じ母集団から抽出されたものであり，その差は偶然に過ぎない可能性もある。では，手元の標本平均の差が偶然かどうかをどうやって判断すれば良いのだろうか。主観的な判断では，結論が分析者に都合が良いものに偏る危険がある。こうした恣意的な判断を防ぐためには，客観的な判断基準を設けて，これに従う方が良い。統計学では，このような場合に仮説検定を行う。

3. 仮説検定の基本的な考え方

母集団に関する問いに対して，仮説検定では**帰無仮説** (null hypothesis) と，**対立仮説** (alternative hypothesis) の 2 つの仮説を立てる。帰無仮説とは，「(母集団には) 違いがない」といった否定的な仮説のことであり，対立仮説とは「(母集団には) 違いがある」といった肯定的な仮説のことをいう。分析者は通常，母集団の差があるという対立仮説の正しさを示すために検定を行う。しかし，仮説検定ではあえて，最初は帰無仮説が正しいという前提に立つ。その上で，手元の標本を使って t 値や χ^2 値といった検定のための統計量 (**検定統計量**) を計算する。検定統計量は，帰無仮説が正しい場合に，実際に観測された平均値などの違いがたまたま生じる確率を調べるために用いる。検定統計量の出現確率が基準よりも低い場合は，標本間の差が偶然ではないとみなして帰無仮説を棄却し，対立仮説を受け入れる。

仮説検定において，帰無仮説が棄却できることを，一般に**有意** (significant) という。また，母平均などの母数に差があることを強調して，**有意差**と呼ぶこともある。

4. t 検定

では，2 つの市民の健康度に有意差があるかどうかを実際に検定してみよう。表 4.1 は，各標本のサンプルサイズを 5 人に縮小して取り直したデータであり，平均値も変化している。

表 4.1　A 市と B 市の健康度のデータ

	A 市	B 市
	74	71
	76	75
	82	77
	83	78
	85	84
平均	80	77

2 つの平均値の差の検定に用いられるのが，**t 検定**である。今回のデータのように，2 群の各集団に含まれる参加者が異なるデータを**対応なし** (**独立**) と呼ぶ。一方，同一人物の食前と食後の血糖値を比較する場合のように，同じ参加者に対して繰り返し測定を行ったデータを**対応あり**と呼ぶ。データの対応の有無によって，t 検定に用いる検定統計量の計算法が異なるが，それ以外の検定の流れは同じである。ここでは，対応なしの t 検定の手順について説明する。

(1) t 検定の帰無仮説

t 検定の場合，帰無仮説は「2 つの標本の (母) 平均には差がない」，対立仮説は「2 つの標本の (母) 平均には差がある」となる。

(2) t 値の計算

t 検定では，**t 値**と呼ばれる検定統計量を計算して検定に用いる。A 市の平均値，不偏分散，サンプルサイズをそれぞれ $\bar{X}_A$，s_A^2，n_A，B 市の平均値，不偏分散，サンプルサイズをそれぞれ $\bar{X}_B$，s_B^2，n_B とするとき，t 値は以下の式で求められる。

- サンプルサイズが等しい場合

$$t = \frac{\bar{X}_A - \bar{X}_B}{\sqrt{\frac{s_A^2}{n_A} + \frac{s_B^2}{n_B}}} \tag{4.1}$$

- サンプルサイズが異なる場合

$$t = \frac{\bar{X}_A - \bar{X}_B}{\sqrt{(n_A - 1)s_A^2 + (n_B - 1)s_B^2}} \sqrt{\frac{n_A n_B (n_A + n_B - 2)}{n_A + n_B}} \tag{4.2}$$

サンプルサイズが等しい場合の t 値の計算式を見てみよう。この t 値の式の分子は，厳密には $(\bar{X}_A - \bar{X}_B)$ と $(\mu_1 - \mu_2)$ の差になる。ただし，帰無仮説が正しいという前提があるため，$(\mu_1 - \mu_2)$ は 0 となって消える。一方，式の分母は，標本平均の差 $(\bar{X}_A - \bar{X}_B)$ を 1 つの標本に見立てた，差の標本分布の標準誤差 (SE) を表している。従って，t 値は標本平均の差を標準化した値だといってよい。

$$t = \frac{(\bar{X}_A - \bar{X}_B) - (\mu_1 - \mu_2)}{SE} \tag{4.3}$$

2 つのサンプルサイズが異なる場合は，標本の大きさの違いを考慮した式になっているが，その意味するところは同じである。

3 章で説明したとおり，元の分布が正規分布する限り，そこに含まれる値を標準化した分布は標準正規分布になる。だが，t 値の計算式では，分母の標準誤差の計算に母集団の分散 (σ_A^2，σ_B^2) ではなくその推定値 (s_A^2，s_B^2) を用いているため，実際の分布は標準正規分布ではなく，***t* 分布**で表される。t 分布は，正規分布と形が似ているが，両端の裾野がより厚い。また t 分布の形状は，**自由度** (degree of freedom: *df*) によって変化する。自由度の考え方については枠内の説明を参照して欲しい。t 値の自由度 (*df*) は (標本 A のサンプルサイズ -1)+(標本 B のサンプルサイズ -1) で求められる。自由度が大きくなるにつれて t 分布の形状は標準正規分布に近づく。

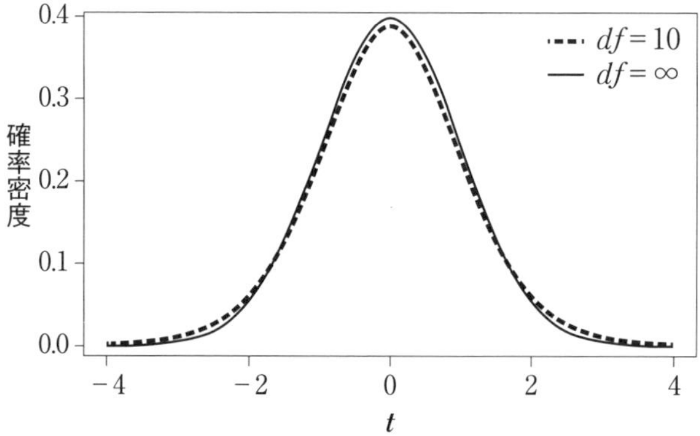

図 **4.1**　t 分布

自由度

自由度とは，自由に値を決められる変数の数のことである。「$x_1 + x_2 + x_3$」の計算式の場合，x_1〜x_3 のいずれの変数も値を自由に決定できるため自由度は 3 になる。では，「$x_1 + x_2 + x_3$」の平均値 $\bar{x}$ を定数（例えば 6）とした場合はどうだろうか。この場合は平均値が明らかであるから，x_1，x_2 の変数の値を決めた時点で x_3 の値は自動的に定まる。従って，自由度は 2 となる。t 値の式では，各標本の不偏分散の計算式の中に平均値が含まれている。そのため，各標本のサンプルサイズから 1 ずつ引いて足し合わせた数が自由度になる。

表 4.1 のデータを使って，実際に t 値を計算してみよう。

$$s_A^2 = \frac{(74-80)^2 + (76-80)^2 + \cdots + (85-80)^2}{5-1} = 22.5 \tag{4.4}$$

$$s_B^2 = \frac{(71-77)^2 + (75-77)^2 + \cdots + (84-77)^2}{5-1} = 22.5 \tag{4.5}$$

$$t = \frac{80-77}{\sqrt{\frac{22.5}{5} + \frac{22.5}{5}}} = 1 \tag{4.6}$$

(3) 有意水準の設定

正規分布と同様に，t 分布もまた確率分布であり，帰無仮説が正しい場合に計算された t 値が得られる確率を知るために使用される。図 4.2 のように，t 分布の平均値 (0) を中心に全体の 95%の割合を占める区間を設定すると，得られる t 値は 0.95 の確率でこの範囲内の値に収まると予測できる。言い換えると，この区間をはみ出るほど 0 から離れた t 値が出現する確率は 0.05 しかない。では，出現確率が幾つ未満であれば帰無仮説を棄却できるのだろうか。この明確な基準はないが，心理学では，5%か 1%を基準にすることが多い。このような帰無仮説を棄却するかどうかを決める確率的な基準を**有意水準**という。また，その基準となる確率 (0.05 や 0.01) は，α の記号で表される。5%水準で検定を行う場合は，出現確率が 5%未満となる値の区間を**棄却域**として t 分布の端に設定し，棄却域に入る t 値が得られた場合に，帰無仮説を棄却する。

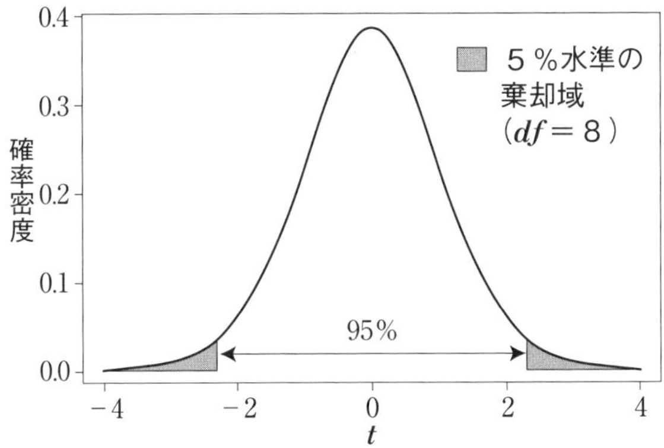

図 4.2　t 分布の棄却域

今回は，2 つの市の (母) 平均には差がないという帰無仮説を立てている。このとき，帰無仮説を棄却できる可能性には，「A 市の (母) 平均の方が高い (t 値がプラスの方向に増加する) 場合」と「B 市の (母) 平均の方が高い (t 値がマイナスの方向に増加する) 場合」の 2 つが考えられる。そのため，両方の可能性を考慮して，t 分布の両側に棄却域を設ける。また，棄却域とそうでない区間の境目の値を**棄却値** (**臨界値**) と呼ぶ。得ら

れた t 値の絶対値が棄却値よりも大きいと，出現確率が 0.05 未満となるため，帰無仮説を棄却し，有意と判断する。

具体的な棄却値の数値は，巻末の t 分布の棄却値表で確認できる。表では，自由度ごとに 5%水準と 1%水準の棄却値が掲載されている。自由度によって棄却値が異なるのは，サンプルサイズが変わることで t 分布の形状が変化するためである。

(4) t 検定の実施

では，A 市と B 市の (母) 平均に差があるといえるかどうかを 5%水準で検定してみよう。自由度 8 の 5%水準の棄却値は約 2.31 である。得られた t 値は 1 であり，棄却値に届かないため，検定結果は有意ではないと判断する。従って，A 市と B 市の健康度に違いがあるとはいえない。検定結果の表は，表 4.2 のとおりである。

表 4.2　t 検定の結果

平均値の差	自由度：*df*	t	p
3	8	1	.35

実際に得られた検定統計量よりも大きな値が出現する確率，つまり観測された平均値間もしくはそれ以上の差がたまたま生じる確率は，p の記号 (probability の頭文字) で表される。今回の結果のように p 値が.35 だった場合は，「絶対値で見たときに，実際に得られた t 値よりも大きな値が出現する確率は.35 である」という見方をする。また，有意な結果だった場合は，有意水準を下回ったことをわかりやすく示すために，「$p < .05$」のように不等号で確率が表記されることもある。

ちなみに，1%水準の棄却値は約 3.36 であり，この基準で検定を行う場合の方が，より大きな t 値が得られないと有意な結果にはならない。これは，1%水準の方が 5%水準よりも有意と判断する基準が厳しいためである。有意水準を分析者に都合よく設定すれば，有意な結果も有意でない結果も得ることができてしまう。だが，これは検定の悪用である。検定を行う際には，分析者の思惑に結果が左右されないように，過去の研究で慣習的に使用されている有意水準に従うことが望ましい。

(5) 信頼区間

表 4.1 のデータから 2 つの母平均の差（$\mu_1 - \mu_2$）を推定することもできる。図 4.2 が示すとおり，標本から計算された t 値の 95%は，「± 自由度 8 の 5%有意水準の棄却値」の間に収まる。

$$-2.31 \leqq t \leqq 2.31 \tag{4.7}$$

式 (4.3) より，

$$-2.306 \leqq \frac{(\bar{X}_A - \bar{X}_B) - (\mu_1 - \mu_2)}{\sqrt{\frac{s_A^2}{n_A} + \frac{s_B^2}{n_B}}} \leqq 2.306$$

$$-2.306 \leqq \frac{(80 - 77) - (\mu_1 - \mu_2)}{3} \leqq 2.306$$

$$-3.918 \leqq \mu_1 - \mu_2 \leqq 9.918 \tag{4.8}$$

式 (4.8) は，2 つの母平均の差分値が含まれる値の幅を示しており，その信頼度は 95%になる。このように，未知の母数が含まれる値の範囲を示したものを**信頼区間**（confidence interval: CI）と呼び，信頼度を頭に添えて 95%CI のように表記する。ここでいう信頼度とは，標本抽出を繰り返したときに，100 回中 95 回（1%水準なら 99 回）は信頼区間内に母数があると期待できることを意味する。式 (4.8) の信頼区間は 0 をまたいでいるため，母平均間の差は 0，つまり $\mu_1 = \mu_2$ の可能性もある。従って，95%CI からも，比較する母平均間に有意差があるとはいえないことが分かる。

(6) 両側検定と片側検定

今回の t 検定では，「A 市の平均値の方が高い場合 (t 値が正の方向に大きい場合)」と「B 市の平均値の方が高い場合 (t 値が負の方向に大きい場合)」の両方の可能性を考慮し，棄却域を両側に設けた。だが，もし理論的な根拠があれば，A 市の平均値の方が B 市の平均値よりも高いだろうという仮説を立てて，この可能性だけを検討することもできる。この場合の帰無仮説は「2つの標本の(母)平均には差がないか，B市の(母)平均の方が高い」となり，検定の際にt値が大きな正の値をとる場合だけこれが棄却されることになる。従って，負の側に棄却域を設定する必要がなくなり，正の側にだけ棄却域を設けたt検定を行うことができる。これを**片側検定**という。これに対し，両側に棄却域を設けるt検定を**両側検定**と呼ぶ。

片側検定では，図4.3に示したように片側に棄却域が広がることで，両側検定と比べて小さなt値でも有意と判断される。分析者が自分に都合が良い結論を得るために後付けで片側検定を行うことは，分析の悪用であり望ましくない。片側検定の使用は，1) 母平均の大小について予測する根拠を明確にした上で，2) データを取る前に決めておくべきである。

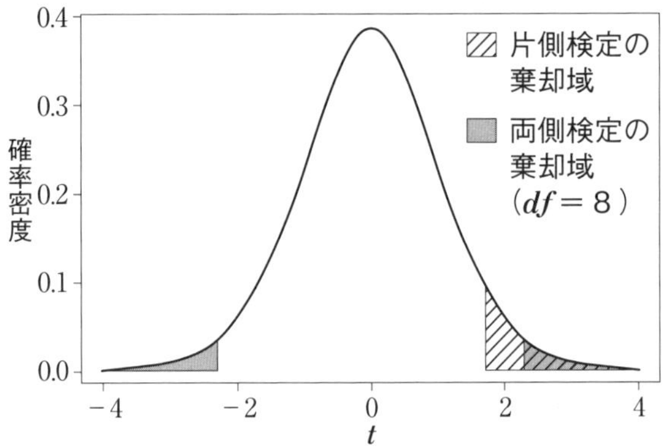

図 4.3　片側検定と両側検定の棄却域の違い

5. 検定の前提条件

これまで説明してきたt検定には，標本の母集団が正規分布していること(**正規性**)，および比較する標本の母集団の分散が等しいこと(**等分散性**)の2つの前提条件がある。このように，母集団に関する前提を設けて行う検定を**パラメトリック**(parametric)**検定**という。一方で，そのような前提を設けずに行う検定法もあり，それらは**ノンパラメトリック**(nonparametric)**検定**と呼ぶ。パラメトリック検定では，平均値を求めるなど間隔尺度以上でなければ不可能な演算が必要なのに対して，ノンパラメトリック検定ではそのようなことがなく，カテゴリや順序のデータに対しても使用できる。次に紹介する χ^2 検定は，ノンパラメトリック検定の 1 つであり，心理学の研究でよく用いられるものである。

6. χ^2 検定

今度は 2 つのカテゴリ間の関連の有無を調べてみよう。例えば，ある法案を支持する人の割合が男女で異なるかを調べるための調査を行い，表 4.3 を得たとしよう。

表 4.3　法案を支持する男女の割合 (観測値表)

性別	法案を支持する	法案を支持しない	合計
男性	42	18	60
女性	24	26	50
合計	66	44	110

この表は，性別ごとに法案を支持すると回答した人と支持しないと回答した人の人数を示したものである。このように，2 つのカテゴリ内の水準を組み合わせて度数を示した表を**クロス集計表**と呼ぶ。一見すると，男性の方が法案を支持する人の割合が高いように見える。だが，この割合の男女差は「偶然でない」と本当に言えるのだろうか。このようなカテゴリ間の関連の有無の検定に用いられるのが，**χ^2 検定** (chi-square test) である。t 検定のときと同様に，χ^2 検定でも帰無仮説が正しいと仮定した上で検定統計量を計算し，その出現確率が有意水準で設定した確率を下回るかどうかを調べる。以下で，手順を詳しく説明する。

(1) χ^2 検定の帰無仮説

χ^2 検定の帰無仮説は，「男女で法案を支持する人の割合には違いがない」となる。一方，実証したい対立仮説は，「男女で法案を支持する人の割合には違いがある」となる。

(2) χ^2 値の計算

χ^2 検定では，手元の標本から χ^2 値と呼ばれる検定統計量を計算して検定に用いる。χ^2 値の計算式は次の通りである。

$$\chi^2 = \sum \frac{(\text{観測値} - \text{期待値})^2}{\text{期待値}} \tag{4.9}$$

この式に含まれる期待値とは，帰無仮説が正しいと仮定した場合に予測される理論値のことを指す。もし帰無仮説が正しいならば，男女で法案を支持する人の割合は等しいはずであり，両者を区別する必要はない。そこで観測値の男女を合わせると，法案を支持する人と支持しない人の比率は 66：44 となる。男女ともこの比率に従うと見なして，人数を振り分けたものが表 4.4 の期待値表である。

表 4.4　法案を支持する男女の割合 (期待値表)

	法案を支持する	法案を支持しない	合計
男性	36	24	60
女性	30	20	50
合計	66	44	110

表 4.3 の観測値表と見比べて見ると，期待値と観測値の度数にはズレがあることがわかる。両者のズレが大きいほど，男女で法案を支持する人の割合が同じとはいいにくくなる。χ^2 値の計算式では，期待値と観測値の 2 つの表の対応するセルごとに度数の差を求めて 2 乗し，期待値で割って足し合わせることで，理論値からのズレの総和を求めている。差の値を 2 乗する理由は，分散の計算のときと同じで，符号を正に揃えて，プラスとマイナスの値が打ち消し合うことを防ぐためである。また，観測値と期待値とのズレが 1 だとしても，期待値が 10 の場合と 100 の場合とでは，その重みが異なる。そのため，期待値で割ることで，ズレの大きさを期待値の比に揃えている。

では，χ^2 値を実際に計算してみよう。

$$\begin{aligned}\chi^2 &= \frac{(42-36)^2}{36}+\frac{(18-24)^2}{24}+\frac{(24-30)^2}{30}+\frac{(26-20)^2}{20}\\ &= 5.5\end{aligned}$$

χ^2 値は，図 4.4 に示した **χ^2 分布**に従う。χ^2 分布の形状は，自由度によって変化する。χ^2 値の自由度は，(カテゴリ 1 の水準数 −1)×(カテゴリ 2 の水準数 −1) の式で求められる。2×2 のクロス集計表に基づく場合，自由度は 1(1×1=1) になる。

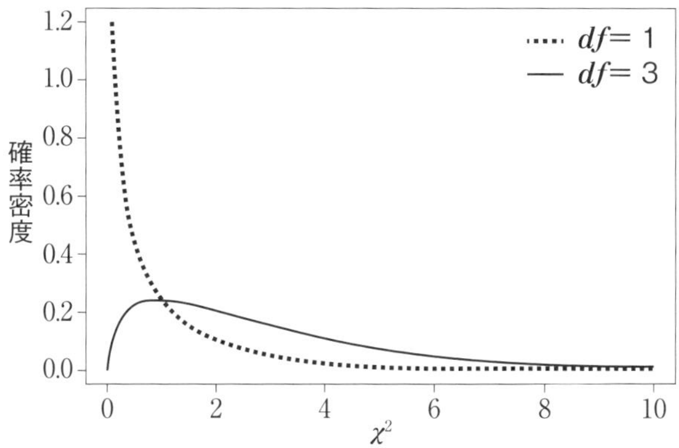

図 4.4　χ^2 分布

(3) 有意水準の設定と χ^2 検定の実施

今回も 5%水準で検定を行うことにする。巻末の χ^2 分布の棄却値表を参照すると，自由度 1 の 5%水準の棄却値は約 3.84 である。計算された χ^2 値は 5.5 で棄却値を上回るため，有意だと判断する。どうやら，男性の方が法案を支持する割合が高いようである。

7. 検定の誤り

仮説検定では，0.05 や 0.01 といった低い確率でしか出現しない検定統計量が得られると，前提とする帰無仮説がおかしいと考えてこれを棄却する。このことは悪い言い方をすると，帰無仮説が本当は正しい場合でも有意だと誤って判断される危険が 5%あることを意味する。このような誤りを，**第一種の過誤** (type I error) と呼ぶ。第一種の誤りを犯す確率は**危険率**と呼ばれ，有意判定の基準と同じく α で表される。一方で，帰無仮説が本当は誤りであるにも関わらず，有意ではないと誤って判断されることもあり，このような誤りを**第二種の過誤** (type II error) と呼ぶ。第二種の誤りを犯す確率は β で表される。$1-\beta$ とすると，有意であることを正しく検出する確率を示す**検出力**が求められる。仮説検定における各確率の関係をまとめると，表 4.5 のとおりになる。

表 4.5　真実と検定結果の組み合わせによる誤りの有無と確率

		真実	
		帰無仮説は誤り	帰無仮説が正しい
検定結果	有意	正しい判断：$1-\beta$	第一種の過誤：α
	有意でない	第二種の過誤：β	正しい判断：$1-\alpha$

このように，仮説検定は便利だが万能ではない。仮説検定で得られた結論だからといって過信しないように気をつけよう。

演習問題

- 仮説検定が必要とされる理由は何だろうか。
- t 検定と χ^2 検定は，それぞれどのようなデータの分析に使用されるかを説明できるだろうか。
- 帰無仮説と対立仮説の違いを説明できるだろうか。
- パラメトリック検定とノンパラメトリック検定の違いは何だろうか。
- 第一種，第二種の過誤は，それぞれどのような検定の問題を指しているかを説明できるだろうか。
- $\{0, 2, 3, 3\}$，$\{0, 0, 1, 3\}$ の 2 つの標本を用いて t 検定を行い，表 4.2 を参考にして p 値を除く結果の表を作成せよ。また，5%水準で有意差があるどうかを答えよ。

正解

平均値の差	自由度：*df*	*t*
1	6	1 (−1 でも可)

5%水準の検定結果は有意差なし

- A 社の社員 60 名と B 社の社員 60 名の喫煙の有無を調べたところ，A 社の喫煙者は 40 名，B 社の喫煙者数は 20 名だった。この割合の差が偶然かどうかを χ^2 検定を使って調べたいとする。この場合の期待値表と χ^2 値，また 5%水準で有意といえるかどうかを答えよ。

正解

期待値表

会社	喫煙者	禁煙者	合計
A 社	30	30	60
B 社	30	30	60
合計	60	60	120

$\chi^2 = 13.3\cdots$　5%水準の検定結果は有意

参考文献

森 敏昭・吉田 寿夫 (2000). 心理学のためのデータ解析テクニカルブック. 北大路書房.

Rowntree, D. (1981). *Statistics without tears: a primer for non-mathematicians.* Boston: Allyn & Bacon. (ロウントリー D. 加納 悟 (訳) (2001). 新・涙なしの統計学. 新世社)

山内 光哉 (2009). 心理・教育のための統計法 (第 3 版). サイエンス社.

5 信頼性と妥当性

小野寺　孝義

研究において基本となる尺度の信頼性と妥当性についての考え方を学ぶ。

1. 伝統的な信頼性と妥当性の考え方

心理学などの社会科学では，分析の対象とするものが構成概念 (construct) であることが多い。例えば，性格や知能，さらには心といったものも構成概念である。直接に観測できないが，確かにありそうだと思われる対象であり，複数の測定指標でなんとかそれを捉えようとするしかない。

こうして構成概念を扱う心理学では知能や性格を考えてたくさんの理論が出て，測定尺度もさまざまである。この時，心理尺度やアンケート尺度は単純に反応や回答を数値で表したからといって，そのまま使えるとは限らない。

そこで重要とされてきたのが信頼性と妥当性である。なお，村上 (2007) はこれらに加えて，効率性を挙げて「よい心理テストの条件は，妥当性，信頼性，効率性がすべて高いことである」(p.1) と述べている。例えば，500 項目もある心理テストでは回答に時間も労力もかかるので広く使われるためには実用的とは言えないだろう。つまり，効率性が低いのである。ただ，ここでは信頼性と妥当性だけに絞って話を進める。

現在の信頼性と妥当性の概念は伝統的な考え方とは異なってきている。ここではまず伝統的な考え方を最初に示し，最後に新たな考え方を示すことにする。

伝統的な考え方では信頼性とは測定結果が一貫しており，安定していることを意味する概念とする。測定するごとに結果が変わる尺度は信頼できないのは当然である。繰り返す，つまり時間的に隔たっていても安定している，また，環境や測定対象が変わっても安定した結果が得られれば信頼性は高いと言える。ただ，いつも一貫した結果を出す尺度だからといって有用とは限らない。

例えば，握力を考えたとき，人の握力はそうそう変わらないので信頼性は高いであろう。だが，握力をもって知能を測定しようとすればおかしいと気がつくはずである。この場合，信頼性は高いが，妥当性がないと言える。

このように信頼性は安定性，妥当性は測定したい対象を正しく捉えているかどうかを意味する概念とされてきた。

この概念をわかりやすく表す表現としてダーツの図が取り上げられることが多い。●がダーツが当たったところで，中心の的が測定したい対象だとして図 5.1 を見て欲しい。繰り返し投げて，同じ場所に当たるなら信頼性は高いし，投げるたびに安定しないのであれば信頼性は低い。妥当性に関しては中心が測定対象なのであるから，そこから外れていれば妥当性は低い。文字通り，的外れということである[1]。

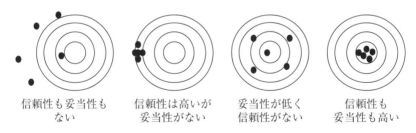

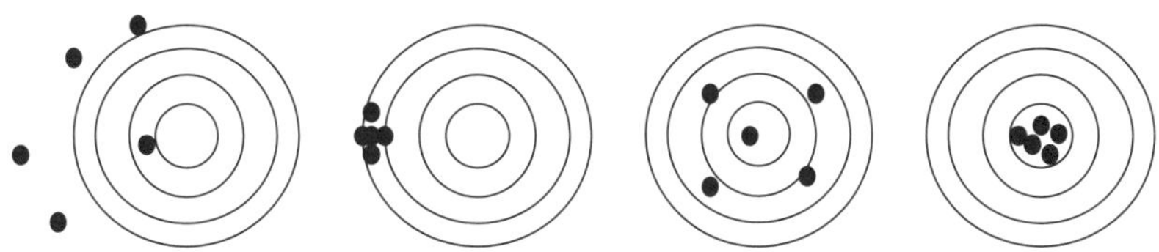

図 5.1　信頼性と妥当性

図をみると明快に思えるが，実際にはさまざまな議論がある。例えば，妥当性は対象を正しく捉えているかどうかを意味する概念と述べたが，「正しく捉えている」ということの意味や捉える方法，結果の解釈まで考

1）図 5.1 の「妥当性が低く，信頼性がない場合」を「妥当性が高く，信頼性がない」とするテキストもあるが，妥当性という言葉の意味を考えれば「妥当性が高い」とするのは適切ではないだろう。

えていくと，話は簡単ではなくなる。それについては後で述べる。

2. 古典的信頼性理論

古典的信頼性理論の考え方では観測値 x は真値 t と誤差 e からなるとする。

$$x = t + e \tag{5.1}$$

真値は知りようがない値だが，無限回試行ができたとしたら期待される試行の平均値である。誤差はランダムに生じる。ランダムなのでプラスの値もマイナスの値も同じくらい生じ，相殺されて期待される平均値は 0 となる。誤差は真値とは相関がないと仮定される。また，測定が繰り返されたと仮定した場合の誤差間の相関も 0 と仮定する。

ここで，x という得点は 1 回限りの値を表しているのではなく，無限回試行したらという繰り返しから得られる値を代表しているので，分散として書き直した方が便利である。x の分散を $var(x)$ とすると，それは $var(t+e)$ なので変数の和の分散になる。その場合，分散 $var(t)$ と分散 $var(e)$ の単純加算にはならず，$2cov(t,e)$ という t と e の共分散の要素が出てくる。式 (5.1) は次のようになる。

$$var(x) = var(t+e) = var(t) + 2cov(t,e) + var(e) \tag{5.2}$$

ここで $2cov(t,e)$ は真値と誤差の共分散であるが，誤差は真値とは相関がないと仮定しているので 0 になる。結局，式 (5.3) となり，分散で表現しても式 (5.1) のように観測値の分散は真値の分散と誤差の分散の加算と表現できる。

$$var(x) = var(t) + var(e) \tag{5.3}$$

ここで，観測値の分散と真値の分散の比を信頼性係数 ρ と定義する。

$$\rho = \frac{var(t)}{var(x)} = \frac{var(t)}{var(t) + var(e)} \tag{5.4}$$

もし，誤差分散 $var(e)$ が 0 なら，観測値の分散は真値の分散と同じになり，式 (5.4) は 1 になる。一方，真値の分散 $var(t)$ が 0 で誤差分散だけなら，式 (5.4) は 0 になる。こうして信頼性係数は 0 から 1 までの値をとることがわかる。

3. 信頼性の測定方法

信頼性を測定するとき，いくつかの方法が提案されている。

(1) 再テスト法

再テスト法 (test-retest method) は，同じテストを時間をおいて繰り返す方法である。信頼性が安定性を意味するなら，測定を繰り返しても同じ結果が得られるはずである。こうして最初のテストと再テストの得点の相関係数を信頼性係数と見なすということである。これは最も簡単で信頼性の概念とも合致するよい方法に思える。

しかし，残念ながらそう簡単ではない。まったく同じテストを繰り返すと前のテストを記憶していたり，慣れが生じたり，学習効果が生じる。こうなると同じ反応が繰り返されて信頼性が過大評価されてしまう。

他には 1 回目にテストを受けたという経験自体が，態度や知覚に影響して回答者に変化を及ぼすこともありうる。こうなるとテストの信頼性は逆に過小評価されてしまう。こうした時間間隔の影響でテストと再テストの時間間隔が短ければ記憶の効果が生じ，時間間隔が長ければ回答者自身の変容が生じているかもしれない。

(2) 平行テスト法

平行テスト法 (pararell test method) は再テスト法と似ているが，同じテストではなく，内容が同等と見なせるテストを繰り返す方法である。代替形式法 (alternative-form method) と呼ばれることもある。この方法では最初のテストについての記憶の問題を回避できる。しかし，内容が同等ということを確証することがそもそも難しいという問題がある。

(3) 折半法

折半法(split-half method) は全項目を半分に分けて，2 つの項目群の相関から信頼性を求めようとする方法である。例えば，12 項目のテスト項目があるなら，6 項目ずつ半分の 2 つに分けて，ケースごとの合計を求める。こうすることで，2 つの尺度合計得点が求まる。最後に両者の相関係数を求めるのである。

ここでは具体的な計算例を示そう。

表 5.1　データ

No.	Q1	Q2	Q3	Q4
1	5	6	4	5
2	3	5	5	3
3	1	6	5	1
4	3	6	6	5
5	1	7	5	1
6	3	6	5	4
7	2	6	5	2
8	5	4	4	5
9	4	6	6	5
10	4	7	7	6

ここで項目を奇数番目と偶数番目の 2 つに分割したとしよう。

このように (Q1+Q3) と (Q2+Q4) の得点の相関係数を求めると，$r = .9018$ になる。

この方法は再テスト法や平行テストと比べて，2 回テストを行う必要がない利点がある。それにより記憶や学習の効果，2 回実施の時間的隔たりによる変動要素を取り除ける。しかし，欠点もある。それはテスト項目が半分になってしまうことである。信頼性は項目数が多ければ一般に高くなるので，項目数が少なくなれば信頼性が低く見積もられてしまう。これに対しては Spearman-Brown の修正式が提唱されている。

$$\textbf{信頼性係数} \quad \rho = \frac{kr}{(1+(k-1)r)} \tag{5.5}$$

ここで k は分割数，r は分割した項目群の合計の相関係数を意味して

表 5.2　折半法の計算

NO.	Q1	Q3		Q1+Q3	相関係数 r	Q2+Q4		Q2	Q4
1	5	4		9		11		6	5
2	3	5		8		8		5	3
3	1	5		6	$r = .9018$	7		6	1
4	3	6		9		11		6	5
5	1	5	$\Longrightarrow$	6	$\Leftrightarrow$	8	$\Longleftarrow$	7	1
6	3	5		8		10		6	4
7	2	5		7		8		6	2
8	5	4		9		9		4	5
9	4	6		10		11		6	5
10	4	7		11		13		7	6
不偏分散	2.100	0.844		2.678		3.600		0.767	3.344

いる。もし，通常行う折半，つまり 2 分割なら $k = 2$ なので，式は簡単に式 (5.6) となる。

$$2\text{分割の信頼性係数}\quad \rho = \frac{2r}{1+r} \tag{5.6}$$

この例では，得られた相関が 0.9018 で 2 分割しているので，$(2 \times 0.9018)/(1 + 0.9018) = 0.948$ が修正後の信頼性係数となる。

折半法のもう 1 つの問題は，どう項目を折半するのかが決まっていないので，分け方次第で結果が変わると言うことである。偶数番目の項目と奇数番目の項目に分ける場合と前半の半分の項目と後半の半分に分ける場合では結果が全く同じにはならないであろう。この問題を解決するには，全ての組み合わせの折半を行って，その相関の平均値を用いるというアイデアが出てくる。これが次の Cronbach の α 係数につながる。

(4) Cronbach の α 係数

$$\text{Cronbach の } \alpha = \frac{p}{p-1}\left(1 - \frac{\sum var(x_j)}{var(x)}\right) \tag{5.7}$$

ここで，p は項目数，$var(x_j)$ は各項目の不偏分散，$var(x)$ は各項目をケースごとに合計した加算得点の不偏分散である。

具体的に表 5.1 を用いて計算を示そう。

表 5.3　データ

No.	Q1	Q2	Q3	Q4	合計 (Q1+Q2+Q3+Q4)
1	5	6	4	5	20
2	3	5	5	3	16
3	1	6	5	1	13
4	3	6	6	5	20
5	1	7	5	1	14
6	3	6	5	4	18
7	2	6	5	2	15
8	5	4	4	5	18
9	4	6	6	5	21
10	4	7	7	6	24
不偏分散	2.100	0.767	0.844	3.344	11.878

$$\begin{aligned}\text{Cronbach の } \alpha &= \frac{4}{4-1}\left(1 - \frac{2.100 + 0.767 + 0.844 + 3.344}{11.878}\right) \\ &= 0.541 \qquad (5.8)\end{aligned}$$

同じデータなのに折半法とはずいぶん違う値になると思うかもしれない。折半法では奇数番目と偶数番目に項目を分割した。しかし，折半法の欠点の 1 つとして分け方次第で値が 1 つに定まらないということがあった。もし，全ての分け方で相関を求め，その平均値を利用したならよいのではないかというアイデアが湧く。ここでは実際に求めた結果を示す。

よく Cronbach の α は折半法の全ての組み合わせの平均値であると言われるが，Spearman-Brown の修正結果の平均は折半法の結果と一致していないことがわかる。単純な相関係数は一致しているように見えるが，これは偶然である。実際には両者が一致するためにはある前提条件が必

表 5.4　全ての組み合わせでの相関係数と修正結果

組み合わせ	相関係数	Spearman-Brown の修正
(Q1,Q2) vs. (Q3,Q4)	0.803	0.891
(Q1,Q3) vs. (Q2,Q4)	0.902	0.948
(Q1,Q4) vs. (Q2,Q3)	−0.083	−0.181
平均値	0.541	0.554

要になる。それは折半した項目群の分散が等しいというという条件である。それが満たされていない場合には，単純平均値にはならない。分散が異なる場合には代わりに次の Flanagan-Rulon の公式を用いる。

$$\text{Flanagan-Rulon の公式} = \frac{4Cov(x_1, x_2)}{var(x_{12})} = \frac{4r\sqrt{var(x_1)var(x_2)}}{var(x_{12})} \tag{5.9}$$

ここで $Cov(x_1, x_2)$ は折半した項目群同士の共分散である。$var(x_{12})$ は全項目の不偏分散を意味する。式は共分散を使わない不偏分散だけの式に変形でき，$var(x_1)$ は折半した一方の項目群の不偏分散，$var(x_2)$ は折半した他方の項目群の不偏分散である。ここでは表 5.2 には (Q1+Q3) の不偏分散が 2.678，(Q2+Q4) の不偏分散が 3.600 と与えられており，表 5.3 には全項目の不偏分散が 11.878 と求められているので，それを使って求めてみることにする。

$$(Q1 + Q3)vs.(Q2 + Q4)\ \text{信頼性係数} = \frac{4r\sqrt{2.678 \times 3.600}}{11.878} = 0.943 \tag{5.10}$$

同様に (Q1+Q2)vs.(Q3+Q4) を求めると 0.823，(Q1+Q4)vs.(Q2+Q3) は −0.142 となる。3 つの平均値を求めると $(0.943 + 0.823 - 0.142)/3 = 0.541$ となり，Cronbach の α 係数に一致することが確認できる。

折半法と α 係数は再テスト法や平行テスト法とは意味が異なる面がある。再テスト法は時間をおいて測定を行うため，時間間隔の間の変容が生じる可能性があったが，そもそも信頼性という概念の中には時間を隔てても測定結果が安定しているということが含まれていた。ただ，これは回答者が変わっていないという前提である。この前提が守られていて，測定結果が時間を経ても変わらないなら，そのテストは信頼性が高いと言えるだろう。そういう意味では，再テスト法は時間的な一貫性，安定性を調べることができる方法であった。ところが，折半法や α 係数は一度しか測定はされていない。従って，時間的な一貫性や安定性は知ることができない。言えるのは，同じ対象を測定している項目なら，お互いに似ているはずだという考え方である。このことを内的整合性，あるいは内的一貫性 (internal consistency) と呼ぶ。α 係数は内的整合性の指標であると言われることが多い。

(5) Cronbach の α 係数への批判

α 係数は信頼性の指標として最もよく使われてきた。また，当分はそれは変わらないであろう。しかし，その解釈への批判や，α 係数自体への批判もある (岡田, 2015; 高木・服部, 2015)。

1 つ目は α 係数が信頼性の下限を保証する値ではないということである[2)]。そのため，α 係数は信頼性を過小評価する傾向がある。実際には，他により最小値が高い推定値をもたらす可能性のある統計量が存在しているにも関わらず，α 係数が報告されることが多い。

2 つ目は α 係数が高ければ，内的整合性が保証されているのだから，それは 1 因子，つまり 1 次元性が保証されたという解釈が出てくることである。しかし，これは正しくない。岡田 (2015) は具体的な数値例を挙げながら，それについて論じている。第 1 に項目数が増えると α 係数は大きな値をとること，第 2 に α 係数は項目間の共分散に影響されるので仮に整合性が低い項目があっても平均されたときに，それが見えなくなってしまうということである。1 次元性の確認は α 係数ではなく，因子分析などの方法によって行うべきであろう。

3 つ目に α 係数が高いことがよい尺度を示すとは限らないケースがあるということである。それは本質的に同じことを訊いている項目だけになっている場合である。当たり前のことだが，全く同じ項目だけからな

2） 岡田 (2015) は下限という用語は数学的に厳密ではなく，下界という用語を使うべきと議論しているが，ここでは一般的になじみのない下界の代わりに下限を用いている。

る尺度を作れば α 係数は極めて高くなるだろう。しかし，構成概念を調べようとするなら，1 つのことだけを訊く尺度がよいわけはない。

他に α 係数の解釈への批判として，内的整合性という概念のあいまいさも挙げられるが，ここでは詳細には触れない (cf. 岡田,2015)。

4. Cronbach の α 係数以外の考え方と方法

Cronbach の α 係数以外にもいろいろな指標や理論が提唱されており，それが唯一の選択肢というわけではない。ここでは，それらを簡単に紹介しておこう。

(1) Guttman の λ_2 と McDonald の ω

α 係数が信頼性を過小推定することを欠点として挙げたが，α 係数よりも保証される信頼性の最小推定値が高いものとして，Guttman の λ_2 がある。もともと α 係数は Guttman が提唱した 6 つの信頼性係数の λ_3 に等しいもので，Guttman は λ_2 の方が $\lambda_3(=\alpha)$ よりも過小推定しないことを示していたという (岡田, 2015, p.76)。この Guttman の 6 つの信頼性は統計ソフトの SPSS で出力することができる。従って，α 係数の代わりに Guttman の λ_2 を報告した方が，過小推定バイアスを避けられる。

他の信頼性基準として McDonald の ω が提唱されている。ω には ω_h と ω_t の 2 種類があるが，因子分析の結果を利用して計算するので求めるのは簡単ではない。しかし，無料の統計ソフト jamovi では ω_t が出力できるので手軽に利用できる指標である。

(2) 一般化可能性理論

一般化可能性理論 (Generalizability theory) は G 理論と呼ばれることもあり，α 係数で有名な Cronbach が，Rajaratnam と Gleser と共に 1963 年に発表した論文のタイトルに理論の名前が現れている。

分散分析では全体の変動を処理の効果と誤差に分解していく。それと同じように項目反応の分散を分解していく。ただし，古典的理論のように真値の分散と誤差分散という分け方ではない。誤差とされていたものの中に尺度得点に影響する要因[3)]を取り込み，考慮の対象とする。

例えば，試験を考えたときに，学生の違い，性別の違い，繰り返しの違い，問題の違い，採点官の違い，試験場所の違いなど得点に影響するであろう要因はさまざまに考えられる。それぞれの要因がもたらす影響，さらには要因間の交互作用的な影響について分散成分を計算する。それらの分散成分から信頼性係数に相当する G 係数を求める。

G 理論では分散そのものを扱う。これは分散分析の平方和とも平均平方和，平均平方和の期待値とも異なるもので通常の分散分析では出力されない。

分散成分を求めて信頼性係数を算出するまでの段階を G 研究，それを元に，必要な項目数や実施回数，実施方法などを検討する段階を D 研究と呼ぶ。

一般化可能性理論は古典的な真値・誤差理論に分散分析の手法を組み込み，拡張しているものの，特別な専門用語を創り出して理論を記述するので，馴染みにくい面がある。また，計算が複雑でありながら主な統計ソフトに入っていないため，発表から 50 年以上たつ今日でもあまり普及していない。ただ，これは理論に問題があるということではない。むしろ G 理論に対する専門家の評価は高い。

G 理論について解説した日本語の書籍は少ないが，Steiner, Norman and Cairney(2015) の邦訳が参考になる。

ソフトウェアとしては G_String やスイスで開発された EduG と呼ばれる無料のプログラムが公開されている。

(3) 項目反応理論

項目反応理論 (Item Response Theory) は項目応答理論とも呼ばれることがあり，しばしば IRT と略記される。IRT は，TOEFL などで利用されていることでも有名で，心理学の分野よりも英語検定をはじめとする各種検定，入試や模試などの学力測定で利用が進んでいる。結果として

3) G 理論ではファセットと呼ぶ。

G 理論とは違い，多くの書籍が出版されており，情報も豊富である。

IRT は反応が真値と誤差からなるという古典的な考え方とは全く異なる発想を基にしている。回答者の回答パターンから構成概念を確率的に推定する。その際に回答の累積分布を基に数学的に扱いやすい**ロジスティック曲線**などを仮定する。

例えば，学力を測る問題を考えてみよう[4)]。普通のテストなら，事前に出題者が難易度を考えて問題を作成し，それにより配点も決めるかもしれない。そして，合計点をテスト得点とする。

IRT ではテストを実施してみないと何も決まらない。問題の難易度もわからない。どう決めるかと言えば，結果としてわずかな人しか正解を得られなかった問題は難しい問題と見なせるし，ほとんどの人が答えられた問題なら簡単な問題だと判断するのである。

ある問題に学生が正解するか，不正解かという二値反応で捉えたとする。その場合，いくつかの要因を想定できる。1 つは難易度，もう 1 つは識別力，そして当て推量の可能性などである。難易度はわかりやすい。同じ学生でも，問題が易しかったり，難しければ得点は変わってくるのは当然だからである。識別力とは，その問題が学力の低い学生と高い学生を弁別する能力である。ある問題の回答を知ることで，その学生の学力が高いか低いかがすぐに判断できる問題があるとすれば，それは識別力が高いといえる。3 つ目の当て推量は，その問題に正解できる能力がないにもかかわらず，でたらめに答えた結果，たまたま正解する可能性のことである。3 つ全てを組み込んだモデルは 3 パラメータ・ロジスティックモデル（3 母数ロジスティックモデル），当て推量を除いたモデルは 2 パラメータ・ロジスティックモデル，項目の難易度だけを考えるモデルをは 1 パラメータ・ロジスティックモデル，あるいは研究者の名前からラッシュモデルと呼ぶ。

数式で表現すると 3 パラメータ・ロジスティックモデルは次のように

4）IRT や心理尺度では「項目」という用語を使うが，ここでは学力試験という脈絡なので，この文脈でのみ馴染み深い「問題」という言葉を使うことにする。実際には「問題=項目」である。

なる。

$$p_j(\theta) = c_j + \frac{1 - c_j}{1 + e^{(-Da_j(\theta - b_j))}} \tag{5.11}$$

e は自然対数の底としても使われる値で 2.718⋯ と続く定数である。$p_j(\theta)$ は j 番目の項目に正解する確率，c_j は j 番目の項目の当て推量のパラメータ，a_j は j 番目の項目の識別力のパラメータ，b_j は j 番目の項目の難易度のパラメータ，D は 1.7 という定数にすることが普通である。1.7 の時に標準正規分布を仮定した累積分布と近似がよくなり，ロジスティックの結果と比較しやすくなる。

ロジスティック曲線という視点でみれば，b_j の難易度は位置パラメータであり，曲線の左右の位置が変わる。a_j の識別力は曲線の傾きを決め，なだらかな曲線か，急激に上昇する曲線かを決める。c_j の項目の当て推量のパラメータは下限値の切片に相当する。当て推量が効果的な項目なら，最小値はより大きな値を持つことになる。

式から c_j を除けば 2 パラメータ・ロジスティックモデル，a_j と c_j を除けば 1 パラメータ・ロジスティックモデルとなる。

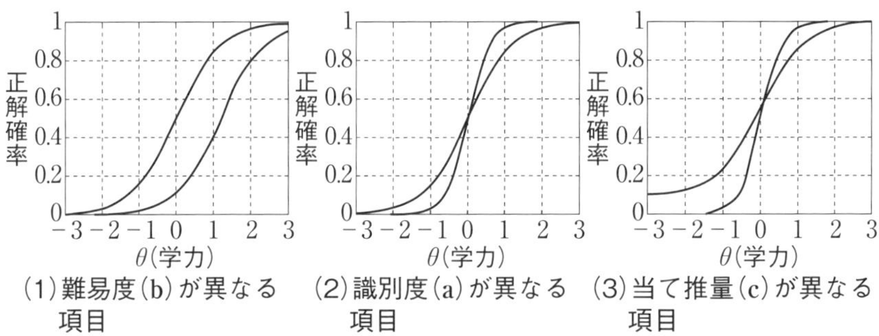

図 5.2　パラメータによる曲線の違い

図 5.2 は式 (5.11) に数値を当てはめて描いたもので項目特性曲線と呼ばれる。縦軸は学生が繰り返しその問題を解いたと仮定したときに正解できる確率，横軸は潜在変数としての学力である。図 5.2(1) の 2 つの曲線は難易度が異なる。右にある曲線は難易度が高いので正解できる学生が減るのが見て取れる。図 5.2(2) の 2 つの曲線は識別力が異なる。急激

に上がる曲線の方が識別力が高く，なだらかな方は低い。図 5.2(3) の 2 つの曲線は当て推量のパラメータの有無の違いである。パラメータがある方は学力が低くても，正解確率は 0 に近くならず，0.1 程度のまぐれ当たりがあることがわかる。

このような正解・不正解の二値反応以外にも多値反応を扱うモデルもある。

どのモデルを採用するかを決めたら，パラメータを推定することになる。推定するには実際の回答パターンから確率を計算し，尤も可能性の高いパラメータの値を推定する最尤法やベイズ統計を利用した推定法がある。パラメータ推定や次に述べる等化の詳細については光永 (2017) などを参考にするとよい。

次に項目がお互いに比較できるよう等化と呼ばれる作業を行う。単純な例で考えると 2 つのテストで全く同じ問題が含まれていれば，異なるテストを比較するための比較基準が存在することになる。それをもとに両者を基準化できれば比較が可能になる。等化によって異なる問題を使用しても，異なる回答者集団であっても比較が可能になる。これは IRT の大きな利点である。しかし，利点と同時に，利用する際の制約となる前提条件もある。それは尺度の 1 次元性（1 因子性）と局所独立である。尺度の 1 次元性とは，その尺度が 1 つの潜在変数（概念）を測定しており，複数の次元が含まれていないということである。この確認には因子分析が利用できる。

局所独立の仮定とはある項目に対する反応は他の項目から影響されず，独立であるということである。例えば，Q2 を解くには Q1 の答えを利用しないと解けないような場合は使えない。

最後に IRT で最も大きな問題となるのはデータ数である。野口・渡辺 (2015) はデータ数として経験的には 500 名程度でも実用的な精度があるとしつつも，「多値型 IRT を用いる際には，一般的に 1000 名を超えるデータ数が望ましいと考えられる」(p.453) とも述べている。また，村上 (2007) も 2 パラメータ・ロジスティックモデルで 500 名程度，3 パラメータロジスティックモデルで 1000 名程度が必要と書いている (p.88)。いずれにせよ，IRT ではかなり大きなデータが必要ということである。

入試や模試などの学力測定の分野，大きなデータを得ることができる産業界で利用が進む理由はここにあるのであろう。しかし，同時に心理学の分野で適用例が増えないのはまさにこの理由からといえる。α 係数のように 1 回限りの実施で尺度を検討するものではなく，複数回の実施で大きな項目プールを作成して繰り返し利用する試験や尺度，検査を作成することを目指すものであり，かなりの労力と費用を必要とする。

実際に分析を行う際には専用のソフトウェアとして BILOG や MULTILOG などが販売されているが，全て英語版である。日本語化されているものとしては汎用の統計ソフトウェアである Stata には項目応答理論として IRT が組み込まれている。また，国内で開発された専用フリーソフトとして熊谷 (2009) の EasyEstimation や荘島宏二郎のエグザメトリカ (exametrika) が利用できる。

5. 妥当性とは

妥当性の種類としてかつて挙げられてきた 3 つの主な妥当性は**基準関連妥当性** (Criterion validity) と**構成概念妥当性** (Construct validity)，**内容的妥当性** (Content varidity) である。これらが主な妥当性として取り上げられたのはアメリカ心理学会 (APA: American Psychological Association) とアメリカ教育研究協会 (AERA: American Educational Research Association)，教育測定全国評議会 (NCME: National Council on Measurement in Education) が協同で出版・改訂している書籍「The Standards for Educational and Psychological Testing」によるところが大きい。これは文字通り，教育・心理学のテストの標準とされており，村上 (2007) によれば 1966 年版で妥当性の 3 つのタイプが確立されたとされる (p.52)。これらの妥当性は頭文字をとって 3C とか 3 位 1 体と呼ばれることもある。しかし，「The Standards for Educational and Psychological Testing」の 1999 年版では，もはやそのような立場はとっていない。その後に出た 2014 年版でも 1999 年版と変わらない妥当性の定義となっている。また，心理測定で影響力の大きな書籍「Educational Measurement」の第 3 版でも，3C を独立した並列的なものとして扱ってはいない。

現在の妥当性の定義は後で述べるが，ここではとりあえず，歴史的な経緯を知る上で 3C の内容を理解しておこう。

(1) 3C（3 位 1 体）とは

基準関連妥当性　その尺度が外的な基準と比較して，どの程度適切かを評価する。例えば，模試の結果に対しては，入学試験の成績を外的基準と見なすなど。

内容的妥当性　その尺度が測定対象を十分にカバーしているかを評価する。例えば，英語力を測定する場合にスピーキングだけでは英語力の内容をカバーできないだろう。

構成概念妥当性　その尺度を構成概念から理論的に導き出される結果と比較して評価する。

6. 信頼性と妥当性についての現在の考え方

信頼性の概念も妥当性の概念も時代とともに変遷してきた。その詳細については村山 (2012) や Steiner, Norman and Cairney(2015; 木原他訳, 2016) が参考になる。

伝統的な 3C には問題があった。そもそも心理学など社会科学の分野では基準関連妥当性で使えるような外的基準がないことが多い。むしろ，構成概念という直接に測定できないものを扱うことが多い。逆に明確な基準があるなら，新たな尺度を作る意味も問われる。内容的妥当性については，何をどう測定すれば内容的に妥当と言えるのかは不明のままであり，むしろ個別の妥当性と言うよりも構成概念妥当性を満たすための一側面とも見なせる。他の問題として妥当性と言えば，3C の 3 種類であり，それを満たせばよいのだという誤解を招いたことが挙げられる。

その後，3C の下位概念のような扱いで，表面的妥当性，因子的妥当性，臨床的妥当性，収束的妥当性，弁別的妥当性，特性妥当性，予測妥当性，併存的妥当性などさまざまな妥当性の種類が現れて，ある意味，収拾が付かないような状況が現れてきた。しかし，Messick(1989, Linn(Ed.); 池田他監訳, 1992) は「妥当性の概念そのものは統合化された単一の概念である」(p.21) と主張し，すべての妥当性は構成概念妥当性という 1 つに収束されるという考え方が現在では主流である。つまり，基準関連妥当性も内容的妥当性も構成概念妥当性と独立・並列的なものではなく，構成概念妥当性を評価する 1 側面という捉え方になってきたのである。また，信頼性や妥当性の焦点は尺度自体から，その尺度から推論される対象の評価へと移行した。例えば，古い考え方では尺度自体に信頼性や妥当性があるかのような解釈がなされてしまっていた。そのため，「過去研究で A 尺度は信頼性係数が 0.8 と報告されており，信頼性が保証されている」というようなことを人は言いがちであった。こう言うと，その尺度に信頼性や妥当性が内在化されており，絶対的な信頼性や妥当性があるというような誤解を引き起こすかもしれない。しかし，正確に言えば「A 尺度は・・・の回答者に・・・の時に・・・の状況で・・・を測定した場合に信頼性係数が 0.8 であった」が正しい。回答者や状況，測定時期が異なれば信頼性も妥当性も変わってしまうからである。

現在の妥当性の考え方では証拠や理論が尺度得点の解釈を支持する程度を妥当性としている。ここで重要なのは「程度」という表現で，もはや信頼性も妥当性も相対的な比較はできても「完全に満たされた」とは言えないということである。信頼性も妥当性も連続体上にあり，それをより向上させるための不断の努力のプロセスに焦点が移ったのである。

統計検定が帰無仮説の棄却か採択かという 0 か 1 の判断から，効果量という連続的な評価を取り入れつつあることと，この間には類似性が見られるように思える。「有意水準 5%で」とか，「信頼性係数 0.8 で」という表現で間違いのない判断がなされているかのように思い違いしていた時代から，より現実的だが主観的で相対的な判断の時代に移りつつあると言えるのかもしれない。妥当性の考え方は多くの変遷を経てきた。今後もそれは続くだろう。将来的には信頼性も妥当性の一部として捉えるようになるかもしれない。

演習問題

表 5.3 で Q1 がなく，Q2 から Q4 の 3 変数の時の α 係数を計算してみよう。また，尺度として 適切と言えるか，またその理由を考えてみよう。

正解：$\alpha = 0.339$：適切ではない。α の値も低く，項目間相関を調べると負の値が含まれるので同じ概念を測定しているとは言えない。

参考文献

American Educational Research Association, American Psychological Association, & National Council on Measurement in Education (1999; 2014). *Standards for Educational and Psychological Testing.* American Educational Research Association, Washington, DC.

Cronbach, L. J., Rajaratnam, N., & Gleser, G. C. (1963). Theory of generalizability: A liberalization of reliability theory. *British Journal of Statistical Psychology, 16*, 137-163.

熊谷 龍一 (2009). 初学者向けの項目反応理論分析プログラム EasyEstimation シリーズの開発　日本テスト学会誌, 5, 107-118.

ロバート L. リン (編著)　池田 央・藤井 恵璽・柳井 晴夫・繁桝 算男 (編訳) (1992). 教育測定学　原著第 3 版（上・下巻）みくに出版.

光永 悠彦 (2017). テストは何を測るのか–項目反応理論の考え方–　ナカニシヤ出版.

村上 宣寛 (2007). 心理尺度のつくり方. 第 2 版　北大路書房.

村山 航 (2012). 妥当性–概念の歴史的変遷と心理測定学的観点からの考察– 教育心理学年報　第 51 集, 118-130.

野口 裕之・渡辺 直登 (2015). 組織。心理テスティングの科学 –項目反応理論による組織行動の探求–　白桃書房.

岡田 謙介 (2011). クロンバックの α に代わる信頼性の推定法について–構造方程式モデリングによる方法・McDonald の ω の比較– 日本テスト学会誌　Vol.7, No.1, 37-50.

岡田 謙介 (2015). 心理学と心理測定における信頼性について–Cronbach の α 係数とは何なのか，何でないのか– 教育心理学年報　第 54 集, 71-83.

Steiner, D. L., Norman, G. R., & Cairney, J.(著) 木原 雅子・加治 正行・木原 正

博 (訳)(2016). 医学的測定尺度の理論と応用 –妥当性, 信頼性から G 理論, 項目反応理論まで– メディカル・サイエンス・インターナショナル.
高木 真寛・服部 環 (2015). 国内の心理尺度作成論文における信頼性係数の利用動向 心理学評論, Vol.58, No.2, 220-235.

6 相関・回帰分析

小野寺　孝義

散布図から相関，回帰分析へと理解を深めていく。相関の解釈の注意点と回帰分析の中でも基本にあたる単回帰分析を理解し，次章の重回帰分析へ進むための基礎知識を得る。

1. 散布図

散布図とは2変数を縦軸と横軸にとってケースを図示したものである。簡単に作成できるが，変数の数が多くなると2つの変数の組み合わせも膨大になり，面倒さが増す。そのため，散布図を描かずに相関係数を求めて変数間の関連を知った気になったり，すぐに多変量解析などの分析に進んで重要な情報を見逃してしまうことがある。

しかし，後で見るように相関係数は2つの変数間の関連を示す指標ではない。あくまで2つの変数間の直線的な関連を示す指標に過ぎない。変数間の関連は直線だけではなく，2次曲線，つまりU字曲線や逆U字曲線，あるいは3次曲線など複雑な曲線関連もありうる。

散布図を見ることでどのようにケースが分布しているか，変数間の関連はどのようなものかを直接的に知ることができるのである。

2. 相関係数

相関係数は2つの変数間の直線的な関連を示す指標である。最小値は-1，最大値は1である。通常，相関係数というと量的データを対象とする Pearson の**積率相関係数** (Pearson product-moment correlation coefficient) を指すことが多い。他にも順序データの相関係数として Spearman の順位相関係数 (Spearman rank correlation coefficient)，Kendall の順位相関係数 (Kendall rank correlation coefficient) などがあるが，基本的な考え方は Pearson の積率相関係数にあり，また最も一般的であるので Pearson の積率相関係数について説明していく。

ここでは相関係数の式をゼロから再構築していく作業で相関係数を理解していこう。仮に相関係数という統計量が存在しなかったとして 2 変数の関連を示すような指標をどうすれば作成できるだろうか。

まずは基本に立ち返って散布図を描くことになるだろう。ここでは 2 変数をそれぞれ勉強時間と成績の仮想データとしてみよう。

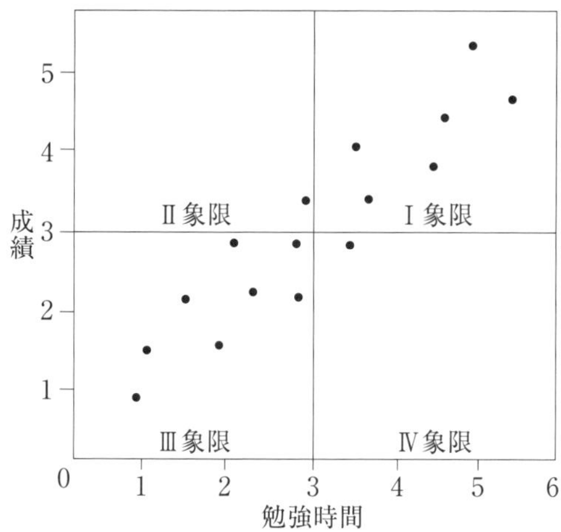

図 6.1　勉強時間と成績の仮想データ

明らかに勉強時間が長い方が成績が高くなりそうだということがわかる。しかし，それをどう 1 つの指標，すなわち数値として表すかである。

その前に変数をそのまま扱うのは少々問題があるので，それを解決しておこう。変数によっては単位を持っている。この例では勉強時間は時間で表示されているが，これを分で表示するか秒で表示するかは任意である。しかし，単位次第で指標の値が変わるのは問題である。また，変数の平均値と分散の問題もある。変数次第で平均値と分散はさまざまである。そのままで変数を扱おうとすると全く土俵が異なる変数同士の関連をみようとする話になってしまう。言い換えると柔道と空手の異種格闘技のような話になってしまう。

実際の異種格闘技ではルールを決めて（例えばリング上で戦う，特殊なグローブをつける等々），同じ土俵で戦う。同様にここでも異なる変数を同じ土俵に載せる工夫が必要になる。まず，平均を揃える。そのためには，個々のデータ x_i から平均値を引く。

$$X_i = x_i - \bar{x} \tag{6.1}$$

この操作で得られた X_i の平均は 0 になる。元の変数の平均が何であっても全て平均が 0 に変換されるということである。次に散らばりの違いを揃える。そのためには散らばりの指標である標準偏差 SD でデータを割る。この SD は元々のデータ x_i で求めた標準偏差である。こうして標準化得点 z_i を得ることができる。

$$z_i = \frac{X_i}{SD} \tag{6.2}$$

この一連の操作で図 6.2 にあるように，元々のデータは平均が 0 の位置に平行移動し，散らばり加減も標準偏差で 1 になったことになる。

平均が 0 なので，それを境にデータはプラスとマイナスに散らばっていることになる。図 6.3 の (a) で明らかなように，右上がりの直線上になるようなデータの場合はⅠ象限とⅢ象限にほとんどのデータが集まる。Ⅰ象限は縦軸と横軸のいずれもプラスであり，Ⅲ象限は縦軸，横軸いずれもマイナスである。もし，縦軸の成績の標準化得点と横軸の勉強時間の標準化得点をかけ合わせることを考えてみると，Ⅰ象限はプラス得点 × プラス得点でプラスの得点になる。Ⅲ象限もマイナス得点 × マイナス得点でプラスの得点になる。こうして，2 つの得点をかけた値をつくり，その多くの値がプラス得点になるならデータはⅠ象限とⅢ象限にあるという指標が得られる。

一方，データが右下がりの直線上に散らばっているなら，図 6.3 の (b)

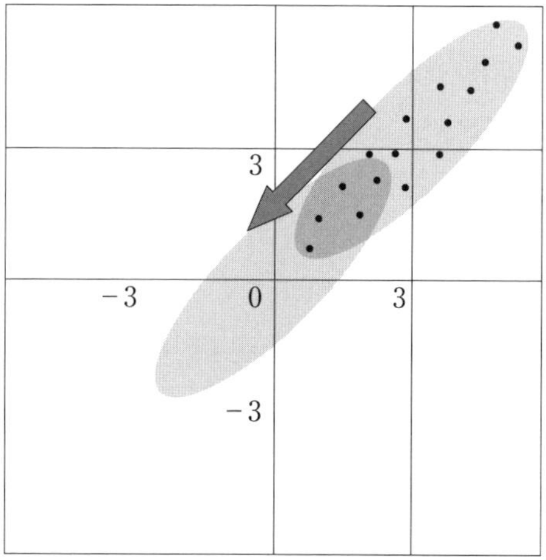

図 6.2　元のデータを標準化したイメージ

のようにデータはⅡ象限とⅣ象限に多く集まっていることになる。同じように，縦軸の成績の標準化得点と横軸の勉強時間の標準化得点をかけ合わせてみる。今度はⅡ象限はプラス得点 × マイナス得点でマイナスの得点になる。Ⅳ象限もマイナス得点 × プラス得点でマイナスの得点にな

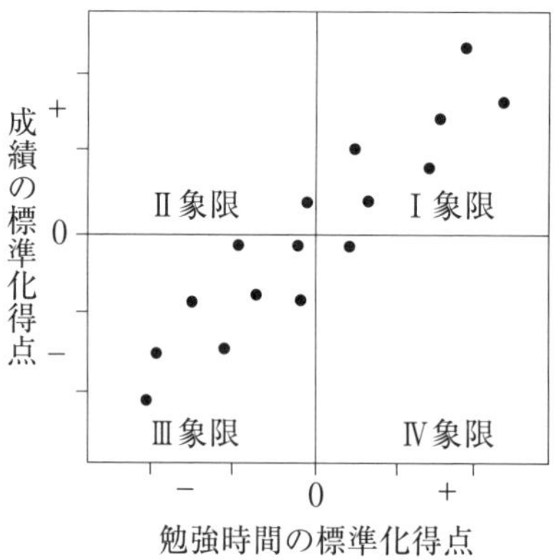

(a)　右上がりのデータ分布

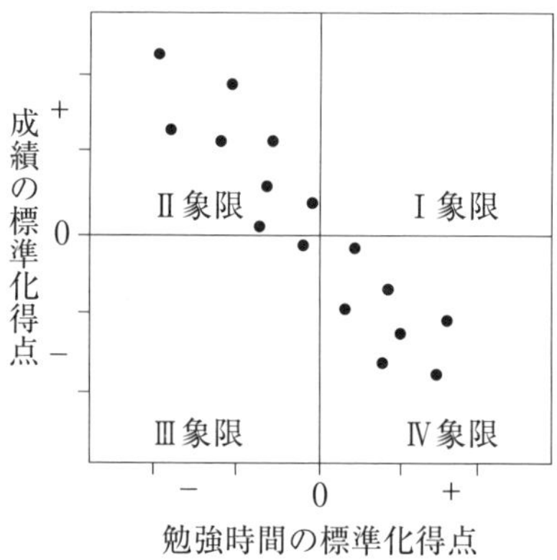

(b)　右下がりのデータ分布

図 6.3　右下がりと右上がりのデータ分布

る。つまり，右下がりに直線的に散らばっているデータなら多くのかけ合わせた値はマイナス得点になることになる。

このことを数式で表現してみると次のようになる。勉強時間は X，成績は Y で示している。全てのデータについて積を求めて加算していることを示すため $\sum$ 記号を用いている。**標準偏差得点**はそれぞれ SD_x，SD_y で表している。

$$\begin{aligned}\sum_{i=1}^{n}(\text{勉強時間 } z_i \times \text{成績 } z_i) &= \sum_{i=1}^{n}\frac{(x_i-\bar{x})}{SD_x}\cdot\frac{(y_i-\bar{y})}{SD_y}\\ &= \sum_{i=1}^{n}\frac{(x_i-\bar{x})(y_i-\bar{y})}{SD_x\cdot SD_y}\end{aligned} \tag{6.3}$$

これでデータが右下がりの直線上なのか右上がりの直線上なのかの指標が得られた。最後に，データ数の影響を受けないように平均化したものが次に示す相関係数の式に他ならない。

(1) 相関係数の式

$$r=\frac{1}{n}\sum_{i=1}^{n}\frac{(x_i-\bar{x})(y_i-\bar{y})}{SD_x\cdot SD_y} \tag{6.4}$$

ここでは $1/n$ を用いているが，$1/(n-1)$ を用いている式も見かけるかもしれない。これは標準偏差 SD を求める際に $1/n$ を用いているか $1/(n-1)$ を用いているかに対応して変わる。対応している限り，いずれでも相関係数の値は同じになる。この相関係数は最小値は -1 で，最大値は $+1$ である。-1 の時は右下がりの直線上にデータが全てあてはまる場合で，$+1$ は右上がりの直線上にデータが全てあてはまる場合である。相関係数が 0 ならばデータに直線的な関連が見られないことを意味する。

ここで相関係数の仕組みを説明した。そこから，「相関係数は 2 つの変数間の関連を示す指標だ」というのは，かなり誤解を招くいい方だということがわかる。2 つの変数間の関連はたくさんある。相関係数はその中で直線的な関連についての指標なのである。従って，2 つの変数間に明らかな関連があっても，相関係数は 0 に近い値になることもありうるのである。

例えば，図 6.4 にあるような U 次曲線の関係や逆 U 次曲線，高次の曲線関係が変数間にあっても相関係数だけを見ていては見落としてしまうかもしれない。

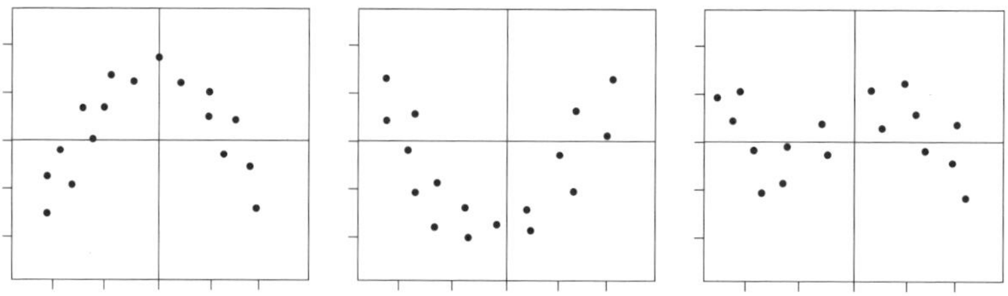

(a)　逆 U 次曲線　(b)　U 次曲線　(c)　高次の曲線

図 6.4　相関係数では捉えにくい変数間の関連

もちろん，散布図を描けば，図 6.4 のように変数間の関連はすぐに見てとれる。従って，いきなり相関係数を求めて関連を議論するのではなく，散布図を描くということが基本で重要なことなのである。

(2) 相関係数の検定

相関係数について t 検定を行うことができる。ここで注意が必要なのは，この検定の**帰無仮説**である。仮説は相関係数が有意に 0 と異なるかということである。従って，この検定が有意であることが相関係数が大きいとか小さいということを意味しない。例えば，相関係数が 0.1 という小さな値でも検定結果は有意になりうるのである。なぜ，このようなことになるかといえば，検定結果はデータ数に影響を受けるからである。データ数が多くなれば検定結果は有意になりやすい。言い換えれば，わずかな違いも検出してしまうようになる。逆に相関係数が 0.9 のように大きな値でもデータ数が少ないなら有意にはならないかもしれない。このような問題は 14 章で詳細に取り上げるが，検定結果だけで判断をすることの危うさがここにある。

相関係数の検定結果は相関係数の値とデータ数とを総合的に判断して

はじめて意味を持つ。相関係数自体が低いのであれば，検定結果が有意であってもそれはあまり意味がないということに注意が必要である。

(3) 相関係数の解釈の注意点

相関係数は因果関係を示しているわけではない。例えば，暑い日に暴力犯罪が多いとして，その日の温度と犯罪件数の相関係数を求めてみると高い値になるかもしれない。しかし，高い温度という原因が暴力という結果につながったと結論づけることはできない。別な変数，例えば飲酒量が暴力の原因という可能性もある。なぜなら暑い日にはビールを飲みたくなるかもしれない。その結果，酔って抑制が効かなくなった人が暴力を振るっている可能性も考えられる。その場合，暑いと暴力には何の関係もなく，第3の変数「飲酒」が原因になっている。このように相関が高いことがただちに因果関係ではないということに注意を払う必要がある。

逆に相関が低いことが，2つの変数間に何の関連もないことを意味するわけではないことにも注意が必要である。

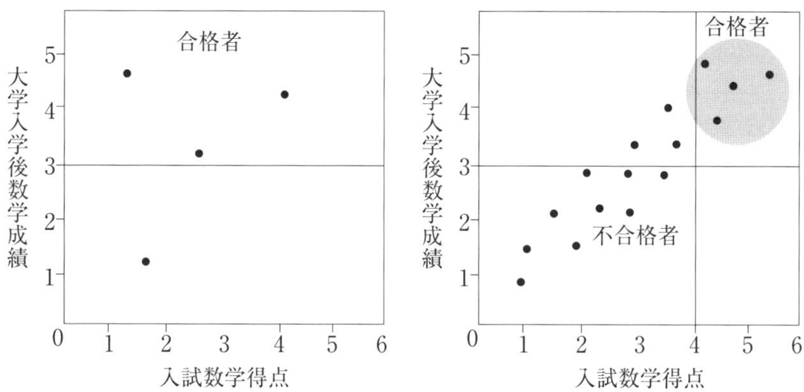

(a)　打ち切り1　　(b)　打ち切り2

図 6.5　打ち切り散布図

図6.5(a)で相関を求めれば，小さい値しか得られないであろう。そうすると入試の数学の成績は入学後の数学の成績と関連していないと判断

してしまうかもしれない。しかし，図 6.5(b) のように不合格者も入れた散布図からは明らかに入試成績と入学後の成績に右上がりの関連があることがわかる。言い換えれば正の相関がある。もちろん，不合格者は入学していないので入学後の成績は得られないけれども，ここでは仮に得られたとしたらという想定で図を示している。

このような例は，実験や調査の途中で参加者が抜けてしまうとか，退学や死亡でデータがとれなくなるなどさまざまなケースが考えられる。自分の得たデータが打ち切りデータなのかどうか，その影響を受けていないかを考えてみる必要がある。

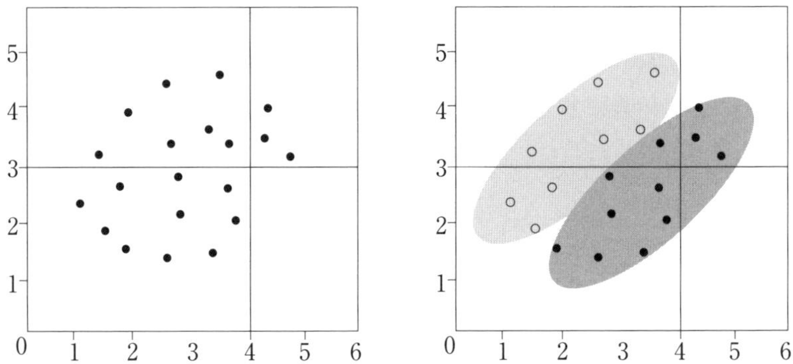

(a)　条件分け 1　　(b)　条件分け 2

図 6.6　条件分け散布図

図 6.6(a) では，相関を求めても高い値は得られない。直線的な関係が見られないからである。しかし，図 6.6(b) で 2 つの条件，例えば男女（ここでは ◦ と •）で分けると，線形的な関係が明らかになる。つまり高い相関が得られるということである。

相関が低くても，何らかの条件が高い相関を抑制している可能性を考えてみることが必要である。

3. 回帰分析

(1) 回帰分析の効用

散布図を描き，そこに直線的な関係が見てとれたならば，次にその直線的な関係というのを実際の直線式として表せないかという疑問が湧く。直線式で表すことにはいくつかの利点がある。第 1 の利点は予測である。データは全ての範囲を網羅しているわけではないので，その範囲を超えた場合，あるいはその範囲より下の場合ではどうなるかという予測が可能になる。また，データ範囲内であっても，該当データがない箇所もある。その場合の予測値を得ることができる。

第 2 の利点は外れ値の検出である。もし，直線が描ければ，そこから外れたデータを検出し，その原因を追究することができる。

第 3 にはその直線式にデータがあてはまっているといえるのかどうか，言い換えれば直線モデルが適切か否かという検定が行えるということが挙げられる。

(2) 回帰直線

データが図 6.1 のように散布しているとして，どのように直線を引けばよいだろうか。1 つの考え方は各データと直線の間の差を考え，その差 e_i を考慮することである。その差が全体として最も小さくなるように直線を引けばよい。ここでは図 6.7 のようにデータ数を 5 つだけにして考えてみる。

単純にデータと直線の差 e_i を加算すると不都合が生じる。e_1 に対応するデータは直線より上にあるので差 (y_1 − 直線) はプラスの値になる。一方，e_3 の場合には直線より下にあるのでマイナスの値になる。仮にプラスとマイナスが相殺しあって 0 になったとするとデータと直線の差，つまり両者の偏差が 0 ということになってしまう。明らかにデータは直線上に載っていないのにデータと直線に食い違いがないという判断になってしまう。

そこでマイナスの値が生じないように e_i を 2 乗することを考える。こ

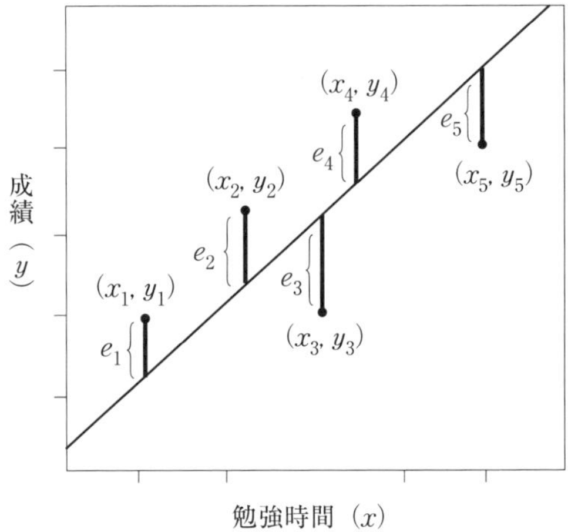

図 6.7　データと直線との垂線

の値を加算すればデータと直線の食い違いを示す指標ができたことになる。この指標が最小になるような直線を求めれば，データとの食い違いが最も小さい直線が得られたことになる。このような直線を回帰直線と呼ぶ。また，このような考え方の求め方を**最小 2 乗法**と呼ぶ。

$$\text{指標} = e_1^2 + e_2^2 + e_3^2 + e_4^2 + e_5^2 = \sum_{i=1}^{5} e_i^2 \tag{6.5}$$

ここでは回帰直線が事前に決まっているという前提で最小 2 乗法の考え方を解説した。では，そもそも回帰直線はどう決めればよいのだろうか。何本も直線を引いて，そのたびごとに $\sum e_i^2$ を計算して，最も小さい値を試行錯誤して探していくというわけにはいかない。

得られた回帰直線はいわゆる 1 次直線に過ぎないから，中学・高校で習った $y = ax + b$ の式と同じである。a は傾き，b は y 切片であった。傾きとは x の増分に対する y の増分の比であり，y 切片とは y 軸との交点の y 座標である。統計学では傾きを β_1，y 切片を β_0 で表現する。こうして個々のデータを表現すると次のようになる。

$$y_i = \beta_0 + \beta_1 x_i + e_i \tag{6.6}$$

y 切片 β_0 の他に e_i があるのは，個々のデータと回帰直線との間に差があるからである。この差 e_i は**残差** (residual) を構成する。残差がないモデルを考えると，それはデータが全て回帰直線で説明できるとするモデルということになる。この場合には，回帰直線はデータの標本回帰直線に対して母回帰直線と呼ばれ，得られる y の値はモデルの値，あるいはモデルから予測される値であることを明確にするために ^ 記号をつける。

$$\hat{y}_i = \hat{\beta}_0 + \hat{\beta}_1 x_i \tag{6.7}$$

元の式に戻り，並べ替えて e_i の式を作る。

$$e_i = y_i - \beta_0 - \beta_1 x_i \tag{6.8}$$

両辺を 2 乗して合計を求めると次のようになる。

$$\sum_{i=1}^{n} e_i^2 = \sum_{i=1}^{n} (y_i - \beta_0 - \beta_1 x_i)^2 \tag{6.9}$$

この $\sum e_i^2$ が最小化される β_0 や β_1 が求まれば，回帰直線が決まることになる。この式を関数式として最小値を求めるためには微分をして傾きが 0 の場合を検討すればよい。2 章でみたように微分は最小値や最大値を求めるために使えるからである。ただし，求めたい変数は β_0 と β_1 の 2 つがあるので，それぞれについて偏微分を行い，0 とおく。

$$\frac{\partial}{\partial \beta_0} \sum_{i=1}^{n} e_i^2 = -2 \sum_{i=1}^{n} (y_i - \beta_0 - \beta_1 x_i) = 0$$
$$\frac{\partial}{\partial \beta_1} \sum_{i=1}^{n} e_i^2 = -2 \sum_{i=1}^{n} (y_i - \beta_0 - \beta_1 x_i)\, x_i = 0$$

未知数は β_0 と β_1 の 2 つなので，上記の 2 つの連立方程式を解くことで解を求めることができる。求めると次の式を得ることができる。

$$\beta_0 = \bar{y} - \beta_1 \bar{x}$$
$$\beta_1 = \frac{\displaystyle\sum_{i=1}^{n} (x_i - \bar{x})(y_i - \bar{y})}{\displaystyle\sum_{i=1}^{n} (x_i - \bar{x})(x_i - \bar{x})} = \frac{S_{xy}}{S_{xx}}$$

これにより，回帰直線が求まる。しかし，得られた回帰直線が十分にデータを説明しているかどうかは検討してみなくてはわからない。

(3) 回帰直線のあてはまりの検討

回帰直線がどれほどデータにあてはまっているかを検討するためには重寄与率と分散分析が利用される。分散分析は平均からの個々のデータの変動を要因や誤差に分解する手法である。回帰分析でも**変動の分解**が行われる。[1]

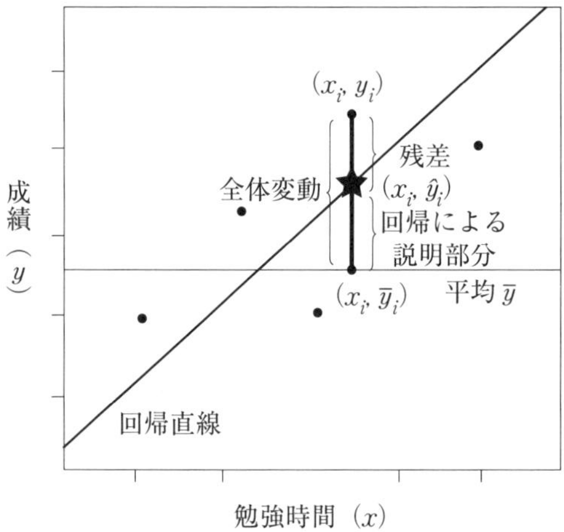

図 6.8　変動の分解

図 6.8 では水平線で平均値 $\bar{y}$ を表している。分散分析では平均値から個々のデータ y_i との変動の 2 乗和，つまり平方和を求めて分解するが，ここでは単純に差で表現している。1 つのデータだけについて表しているが，平均値とこのデータとの偏差は全体変動の部分になる。全体変動はさらに回帰直線では説明できない部分（残差）と回帰直線で説明できる部分に分解できる。もし，回帰直線で説明できる部分が，残差の部分よりも十分に大きければ回帰直線によってデータが説明される，言い換えれば回帰直線がデータにあてはまっていることになる。

1） 分散分析の章でみたように分散分析ではデータを x と表すことが多いが，回帰分析では y で表現する。そこで，ここでは y を使うが基本的には同じである。

平均値 $\bar{y}$，個々のデータ y_i に対して回帰直線で予測されたデータは $\hat{y}_i$ と表現される。図 6.8 では星形で回帰直線の座標 $\hat{y}_i$ を描いている。

それぞれの差を 2 乗和とすると次の式になる。分散分析では全体平方和 SS_T を群間平方和 SS_A と誤差平方和 SS_E に分解するが，回帰では同じ全体平方和 SS_T を回帰の平方和 SS_R と残差 SS_e に分解している。

$$\sum_i^n (y_i - \bar{y})^2 = \sum_i^n (\hat{y}_i - \bar{y})^2 + \sum_i^n (y_i - \hat{y}_i)^2 \tag{6.10}$$

$$SS_T \quad = \quad SS_R \quad + \quad SS_e \tag{6.11}$$

検定統計量は，それぞれを自由度 ϕ で割った F 値となる。あとは通常の分散分析と同様に有意性を判断すればよい。$\phi_e = n-p-1$ で n はケース数，p は変数の数である。回帰の自由度 ϕ_R は p であり，単回帰の場合は 1 である。自由度で割った平均平方を V と添え字で示している。

$$F = \frac{\frac{SS_R}{\phi_R}}{\frac{SS_e}{\phi_e}} = \frac{V_R}{V_e} \tag{6.12}$$

分散分析表は表 6.1 のようになる。

表 6.1　回帰の分散分析表

ソース	平方和 (*SS*)	自由度 (*df*)	平均平方 (*MS*)	*F*
回帰	SS_R	p	$V_R = SS_R/p$	V_R/V_e
残差	SS_e	$n-p-1$	$V_e = SS_e/(n-p-1)$	
全体	SS_T	$n-1$		

回帰モデルの評価として重寄与率 R^2 がある。これは決定係数とも呼ばれ，全体平方和に対する回帰の平方和である。

$$R^2 = \frac{SS_R}{SS_T} \tag{6.13}$$

重寄与率 R^2 の平方根をとった値は重相関係数と呼ばれ，相関係数の小文字の r に対して大文字で R と表される。r が -1〜$+1$ の値をとるのに対して R は 0〜1 までをとり，数値が大きいほど回帰のあてはまりがよいことを意味する。

(4) 繰り返しのある回帰

図 6.1 にあるように，ここまでのデータはある x_i の点に対して繰り返しがなかった。しかし，同じ x_i に対して繰り返し測定値が得られたデータもある。例えば図 6.9 の (a) のような場合である。これでは縦に 3 つのデータが x_i の特定の値に対して繰り返し得られている。

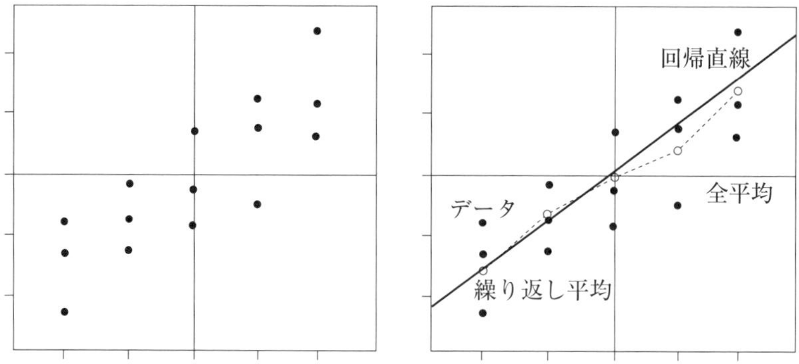

(a) 繰り返し 1　　(b) 繰り返し 2

図 6.9　繰り返しのあるデータの散布図と回帰直線

このようなデータの場合には回帰分析と分散分析の類似性がより明らかになる。図 6.9 の (b) には回帰直線を示している。他に各繰り返しの平均値を白丸で示している。説明のために一部を拡大して，図 6.8 のように示してみたのが図 6.10 である。実際には偏差を 2 乗した平方和の分解なのであるが，ここではあるデータ (x_1, y_1) からの変動を距離のように示して分解を表現している。

繰り返しがない場合には図 6.8 のように全体の変動は回帰による変動と残差の部分の 2 つに分解された。しかし，繰り返しがある場合には繰り返しの平均値が得られるので，全体の変動は回帰による変動と回帰直線から繰り返しの平均値までの偏差（これを**あてはまりの悪さ** (Lack of Fit) と呼ぶ)，そして残差という 3 つに分解できる。

通常の**一元配置分散分析**では全体変動を各群の平均値から全体平均までの変動 (処理効果) と各データと各群の平均値 (誤差) に分解する。回帰の分解も分散分析の分解も同じ全体平方和を分解していることがわか

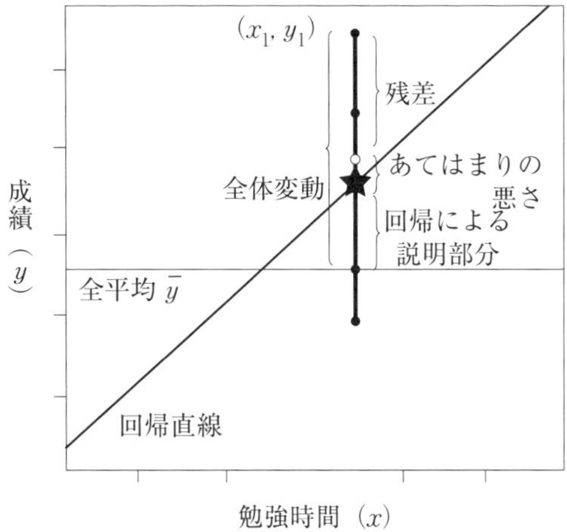

図 6.10　繰り返しのある場合の変動の分解

る。違いはどう分解するかだけである。

分散分析表は表6.2のようになる。自由度は群の数を a として，$\phi_R = 1$，$\phi_A = a - 1$(群の数 − 1)，$\phi_{lof} = \phi_A - \phi_R$，$\phi_e = n - a$ である。

表 6.2　繰り返しのある回帰の分散分析表

ソース	平方和 (SS)	自由度 (df)	平均平方 (MS)	F
回帰	SS_R	ϕ_R	$V_R = SS_R/\phi_R$	V_R/V_e
あてはまりの悪さ	SS_{lof}	ϕ_{lof}	$V_{lof} = SS_{lof}/\phi_{lof}$	V_{lof}/V_e
級間変動	SS_A	ϕ_A	$V_A = SS_A/\phi_A$	V_A/V_e
残差 (級内変動)	SS_e	ϕ_e	$V_e = SS_e/\phi_e$	
全体	SS_T	$n - 1$		

あてはまりの悪さが小さいければ，残差に組み入れて分散分析表を再構成することも考えられる。また，あてはまりの悪さが有意に大きければ回帰モデル自体を考え直し，データの変換や別なモデルを考えることになる。

演習問題

大学入学試験の数学の得点と入学後の数学科目の評価得点の相関を求めたところ，低い相関しか見られなかった。そこで，入試科目に数学は不要だという意見が出てきた。あなたならどう解釈するだろうか。

正解： 数学ができない学生は入試で落ちて入学しておらず，数学が得意な生徒ばかりが入学していれば大きな差が見られず，相関が低い可能性がある。打ち切りデータに該当する可能性を考慮して解釈しなくてはならない。

参考文献

Anscombe, F. J. (1973). Graphs in statistical analysis. *The American Statistician*, 27, pp.17-21.

松本哲夫・植田敦子・小野寺孝義・榊 秀之・西 敏明・平野智也 (2012). 実務に使える実験計画法. 日科技連出版.

7 重回帰分析

小野寺　孝義

単回帰分析では2変数を扱ったが，それを多変数に拡張した重回帰分析について解説する。

1. 重回帰分析の考え方

前の章の「相関・回帰分析」では2変数，例えば，勉強時間の長さと成績の関連を扱った。2つの変数を図示することになれば一方をx，他方をyとして2次元，すなわち平面で表現できる。そして勉強時間の長さから成績を予測するために回帰直線を引くことができた。

ここで，成績を予測するための変数がさらに1つ増えるとどうなるだろうか。例えばスマートフォンや携帯に接する時間の長さがデータとして得られたならば，3変数を同時に扱うことになる。この場合には変数が3つなので平面ではなく，立体空間で表現することになる。

図7.1でわかるように単回帰ではデータを最も説明できる直線を引くことが問題であったが，この場合の3次元の重回帰ではデータを最も説明できる平面を決めることが問題となる。

もちろん，重回帰では多くの変数を扱えるので，変数が4つ以上になると図で理解することはできなくなるが，考え方は変わらない。より多い次元が扱われているだけのことである。

数式的には次のようになる。変数が1つから2つに増えているのでβも，それに応じて増える。

単回帰　$y_i = \beta_0 + \beta_1 x_i + e_i$　(p.100参照)

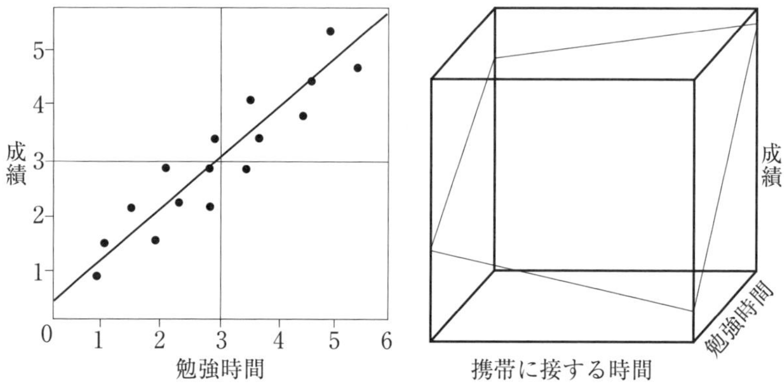

(a) 単回帰の図　　(b) 重回帰の図

図 7.1　単回帰と重回帰の図による比較と理解

重回帰　$y_i = \beta_0 + \beta_1 x_{i1} + \beta_2 x_{i2} + e_i$

(1) 回帰分析の前提条件

回帰分析を行うためには次のような前提条件がある。それらの例が図7.2 に示してある。

1) 誤差分散の等質性：誤差の散らばりが，一定であること。
2) 誤差の正規性：誤差は正規分布 $\mathrm{N}(0, \sigma^2)$ から抽出されたものである。ここで σ は，その x に対する y の正規分布の標準偏差である。
3) 独立変数間の独立性：独立変数間が独立であること。

(2) 重回帰分析の計算

単回帰分析ではモデルは $y_i = \beta_0 + \beta_1 x_i + e_i$ であったが，重回帰では β の数が増えるので，行列でないと扱いにくくなる。ここでは行列で表記してみる。独立変数が 2 つだけの最も単純な $y_i = \beta_0 + \beta_1 x_{i1} + \beta_2 x_{i2} + e_i$

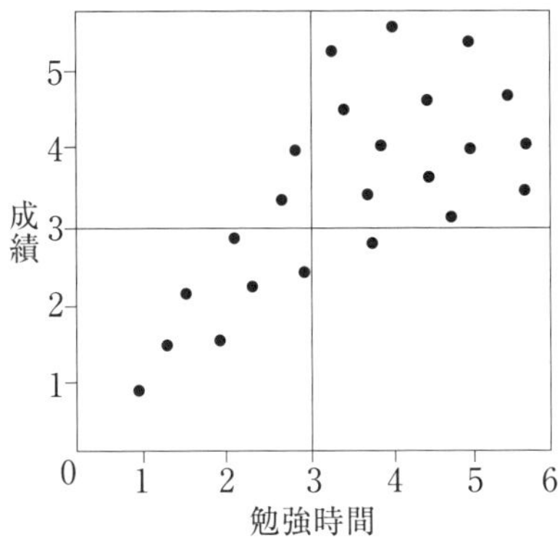

(a)誤差分散の等質性が疑われるケース 1

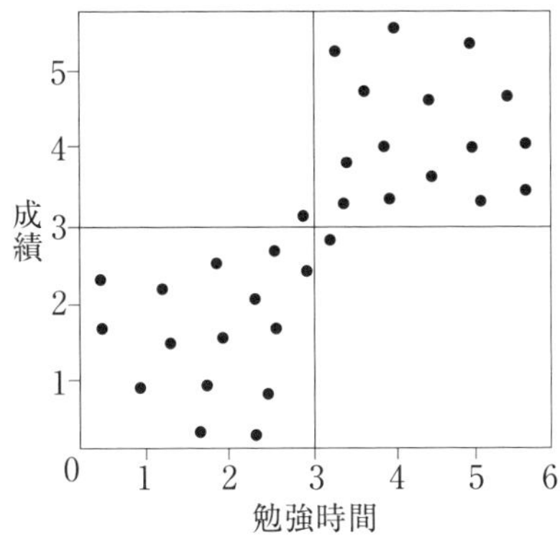

(b)誤差分散の等質性が疑われるケース 2

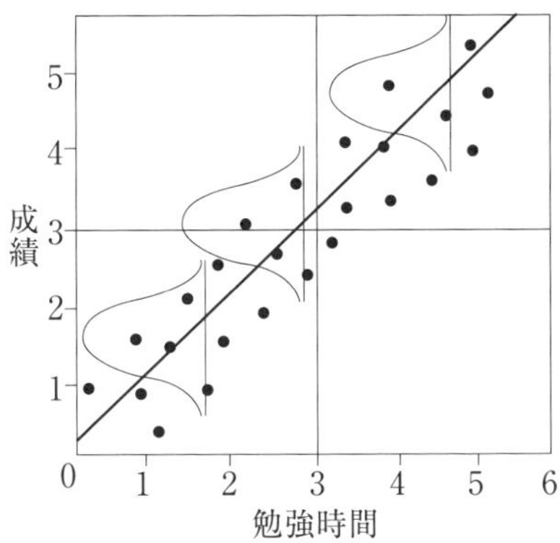

(c)　誤差の正規性

図 **7.2**　誤差分散の等質性と正規性

は行列で次のように表現できる。

$$\begin{pmatrix} y_1 \\ y_2 \\ \vdots \\ y_n \end{pmatrix} = \begin{pmatrix} 1 & x_{11} & x_{12} \\ 1 & x_{21} & x_{22} \\ \vdots & & \\ 1 & x_{n1} & x_{n2} \end{pmatrix} \begin{pmatrix} \beta_0 \\ \beta_1 \\ \beta_2 \end{pmatrix} + \begin{pmatrix} e_1 \\ e_2 \\ \vdots \\ e_n \end{pmatrix} \tag{7.1}$$

$$Y = X\beta + \boldsymbol{e} \tag{7.2}$$

ここで行列やベクトルで表現しているが，それぞれを 1 つの文字で表現すれば，式 7.2 にあるように，$y = ax + b$ の直線の式と同様に表現できることがわかる。ここで行列 X はデザイン行列と呼ばれる。残差を考慮しない回帰モデルは次のようになる。

$$\begin{pmatrix} \hat{y}_1 \\ \hat{y}_2 \\ \vdots \\ \hat{y}_n \end{pmatrix} = \begin{pmatrix} 1 & x_{11} & x_{12} \\ 1 & x_{21} & x_{22} \\ \vdots & & \\ 1 & x_{n1} & x_{n2} \end{pmatrix} \begin{pmatrix} \hat{\beta}_0 \\ \hat{\beta}_1 \\ \hat{\beta}_2 \end{pmatrix} \tag{7.3}$$

$$\hat{Y} = X\hat{\beta} \tag{7.4}$$

これは実測値ではなく回帰による予測値，モデルの値なので $\hat{}$ をつけている。y_i と $\hat{y}_i$ の差は実際のデータと回帰で予測した値の違いなので残差になる。ベクトルで表現すれば，次のようになる。

$$\begin{pmatrix} y_1 \\ y_2 \\ \vdots \\ y_n \end{pmatrix} - \begin{pmatrix} \hat{y}_1 \\ \hat{y}_2 \\ \vdots \\ \hat{y}_n \end{pmatrix} = \begin{pmatrix} y_1 - \hat{y}_1 \\ y_2 - \hat{y}_2 \\ \vdots \\ y_n - \hat{y}_n \end{pmatrix} = \begin{pmatrix} e_1 \\ e_2 \\ \vdots \\ e_n \end{pmatrix} \tag{7.5}$$

ここで e のベクトル同士をかけ合わせると，残差平方和 S_e が得られる。

$$\boldsymbol{e}'\boldsymbol{e} = \begin{pmatrix} e_1 & e_2 & \cdots & e_n \end{pmatrix} \begin{pmatrix} e_1 \\ e_2 \\ \vdots \\ e_n \end{pmatrix} = e_1^2 + e_2^2 + \cdots + e_n^2 = S_e \quad (7.6)$$

後の考え方は単回帰と同様で，残差を最小にするように解を決めればよい。ここで得られた残差平方和 S_e も何らかの曲線を描く関数と見なせば，微分して 0 と置けば，最小になる値が得られるはずである。

$$\frac{\partial S_e}{\partial \hat{\beta}_i} = 0 \quad (7.7)$$

実際には $\hat{\beta}$ は $\hat{\beta}_0$ から $\hat{\beta}_p$ まで複数個あるので，まず他の $\hat{\beta}$ を固定して $\hat{\beta}_0$ で微分，次に $\hat{\beta}_1$ で微分というように $\hat{\beta}_p$ まで個々に微分する（偏微分する）必要がある。求めると次のようになる。

$$-2X'(Y - X\hat{\beta}) = 0 \quad (7.8)$$

$$\text{整理して } X'X\hat{\beta} = X'Y \quad (7.9)$$

ここで求めたいのは $\hat{\beta}$ なので $X'X$ の逆行列 $(X'X)^{-1}$ を左からかければ，$X'X$ が消えて $\hat{\beta}$ が求まるはずである。

次の節では少し見方を変えながら，手計算でも可能な簡単なデータ例で計算を追ってみよう。

(3) 計算例

$$\begin{pmatrix} 10 \\ 20 \\ 40 \\ 50 \end{pmatrix} = \begin{pmatrix} 1 & 5 & 1 \\ 1 & 3 & 3 \\ 1 & 3 & 4 \\ 1 & 1 & 0 \end{pmatrix} \begin{pmatrix} \beta_0 \\ \beta_1 \\ \beta_2 \end{pmatrix} \quad (7.10)$$

$$Y = X\beta \quad (7.11)$$

表 7.1 計算例

	y	x_1	x_2
	10	5	1
	20	3	3
	40	3	4
	50	1	0
平均値	30	3	2

ここですぐにデザイン行列 X を消去してしまえば，β が求められるのではないかと思うかもしれない。だが，逆行列は行と列の数が等しい正方行列にしか定義できない。この場合のデザイン行列 X は 4 行 3 列の行列なので逆行列は存在しない。

そこでデザイン行列 X の転置行列を左から両辺にかけることで正方行列を作り出す。

$$\begin{pmatrix} 1 & 1 & 1 & 1 \\ 5 & 3 & 3 & 1 \\ 1 & 3 & 4 & 0 \end{pmatrix} \begin{pmatrix} 10 \\ 20 \\ 40 \\ 50 \end{pmatrix} = \begin{pmatrix} 1 & 1 & 1 & 1 \\ 5 & 3 & 3 & 1 \\ 1 & 3 & 4 & 0 \end{pmatrix} \begin{pmatrix} 1 & 5 & 1 \\ 1 & 3 & 3 \\ 1 & 3 & 4 \\ 1 & 1 & 0 \end{pmatrix} \begin{pmatrix} \beta_0 \\ \beta_1 \\ \beta_2 \end{pmatrix}$$

$$X'Y = X'X\beta \tag{7.12}$$

ここで式 7.12 が式 7.9 と実質同じになることが確認できるはずである。

$$\begin{pmatrix} 120 \\ 280 \\ 230 \end{pmatrix} = \begin{pmatrix} 4 & 12 & 8 \\ 12 & 44 & 26 \\ 8 & 26 & 26 \end{pmatrix} \begin{pmatrix} \beta_0 \\ \beta_1 \\ \beta_2 \end{pmatrix} \tag{7.13}$$

あとは $X'X$ の逆行列を左からかけて $X'X$ を消去すれば β が求まる。ただし，逆行列は手計算で求めるのは無理があるので表計算ソフトなどを利用するとよい。MS Excel は有名だが，行列計算を行う際にキー操作が複雑で，また有償なので，誰でもダウンロードして無料で使える Open Office の表計算などを利用するとよい。Open Office の行列操作の方は直感的でわかりやすい。行列のかけ算には MMULT，逆行列の計算には MINVERSE という関数が用意されているので，出力される範囲を指定してから，それぞれの関数の挿入を指定して，指示に従うだけである。

ここで逆行列を求めると次のようになる。

$$(X'X)^{-1} = \begin{pmatrix} 1.5394737 & -0.3421053 & -0.1315790 \\ -0.3421053 & 0.1315790 & -0.0263158 \\ -0.1315790 & -0.0263158 & 0.1052632 \end{pmatrix} \tag{7.14}$$

$$(X'X)^{-1} X'Y = (X'X)^{-1}(X'X)\beta = \beta \tag{7.15}$$

$$\beta = \begin{pmatrix} 58.684 \\ -10.263 \\ 1.053 \end{pmatrix} \tag{7.16}$$

β が求まったが，これが意味していることはデータ式 $y_i = \beta_0 + \beta_1 x_{i1} + \beta_2 x_{i2} + e_i$ を説明するモデルとしての回帰式 $\hat{y}_i = \hat{\beta}_0 + \hat{\beta}_1 x_{i1} + \hat{\beta}_2 x_{i2}$ が次のように決まったということである。

$$\hat{y}_i = 58.684 - 10.263 x_{i1} + 1.053 x_{i2} \tag{7.17}$$

直線なら y 切片に相当する定数項はこの場合 58.684 である。通常定数項は関心の対象にはならないので，統計ソフトウェアによっては回帰式に定数項を含まないという選択もできる。関心の対象となるのは独立変数の β である。この場合なら，β_1 は -10.263 であるのに対して β_2 は 1.053 である。変数 x_1 の方が変数 x_2 よりも従属変数 y に大きな影響力があり，しかも β の符号が逆なので，変数 x_1 が大きくなるほど y が小さくなるような関係があることが読みとれる。

ただし，これは変数 x_1 と x_2 が全く同じ尺度と単位で測定されているという前提の話である。一方は km で測定，他方は mm で測定するなど単位がばらばらだったり，直接に尺度比較が困難な変数同士の場合，簡単に解釈はできない。

そこでデータのまま計算して得られた β のことを**非標準化係数** $\boldsymbol{\beta}$ と呼び，データを全て平均 0，分散 1 に標準化してから回帰分析を行い，得られた β のことを**標準化係数** $\boldsymbol{\beta}$ と呼ぶ。通常，解釈を行う際には標準化係数 β の方が適切である。

2. 検定

(1) 回帰モデルの検定

回帰モデルが決定しても，それがデータにあてはまっているか否かはわからない。この場合にも分散分析が利用できる。誤差分散に対して回帰の分散の比を検定する。

$$F_0 = \frac{\dfrac{SS_R}{\phi_R}}{\dfrac{SS_e}{\phi_e}} = \frac{V_R}{Ve} \tag{7.18}$$

ϕ_R は回帰の自由度で独立変数の数 p であり，ϕ_e は誤差自由度でケース数 $n-p-1$ である。分散分析表は次のようになる。

表 7.2　分散分析表

変動因	平方和 (SS)	自由度 (df)	平均平方 (MS)	F_0
回帰	SS_R	p	$V_R = SS_R/p$	V_R/V_e
残差	SS_e	$n-p-1$	$V_e = SS_e/(n-p-1)$	
全体	SS_T	$n-1$		

(2) 重寄与率と重相関係数

回帰モデルの評価として全体平方和に対する回帰モデルの変動の比が利用される。この値は**重寄与率**，あるいは決定係数と呼ばれる。また，その平方根の値は**重相関係数** R と呼ばれる。

この重相関係数は元のデータ y_i と重回帰モデルから予測された値 $\hat{y}_i$ の相関係数に他ならない。

$$\text{重寄与率：} R^2 = \frac{\text{回帰モデルで説明される変動}}{\text{全体の変動}} = \frac{SS_R}{SS_T} \tag{7.19}$$

重寄与率は 100 倍することで回帰モデルがデータを何 % 説明しているかを意味する。

$$\text{重相関係数：} R = \sqrt{\frac{SS_R}{SS_T}} \tag{7.20}$$

相関係数は小文字の r で $-1 \sim +1$ の値をとったのに対して重相関係数は大文字の R で表され，取り得る値の範囲は $0 \sim +1$ でマイナスはとらない。この値はデータと回帰で予測された値の相関係数に他ならない。ただし，相関係数とは違い，重相関係数は独立変数の数に影響される。変数が増えれば増えるほど説明率は増大していく。従って重相関係数の値を絶対的な値として評価することはできない。変数が 5 個で重相関係数が 0.95 は高い値と判断するかもしれないが，変数が 50 個で 0.95 なら逆に低い値と見なされるかもしれない。

そのため，変数の数を調整した自由度調整済み重相関係数もある。

$$\text{自由度調整済み重相関係数：} R^* = \sqrt{1 - \frac{\frac{SS_e}{(n-p-1)}}{\frac{SS_T}{(n-1)}}} \tag{7.21}$$

(3) $\hat{\beta}$ の検定

標準化係数 $\hat{\beta}$ が得られても，それに意味があるとは限らない。十分に $\hat{\beta}$ が大きくて，意味があるものなのか 0 と見なしてもよいものなのか，言い換えればモデルにその変数を含める意味があるのかを判断する必要がある。

この場合に使えるのは t 検定である。

$$t_0 = \frac{\hat{\beta}_j}{\sqrt{S^{jj}V_e}}$$

信頼区間は次の通りである。

$$\hat{\beta}_j = \hat{\beta}_j \pm t(\phi_e, \alpha)\sqrt{S^{jj}V_e}$$

ここで，S^{jj} は独立変数の平方和・積和行列の逆行列の要素で ($\hat{\beta}_j$ の分散/残差平方和の期待値) の分散，V_e は表 7.2 にある残差の平均平方であり，棄却域は $|t_0| \geq t(\phi_e, \alpha)$ である。もし，$\hat{\beta}$ が 0 と統計的に異ならないなら，その変数をモデルに投入する意味は薄いことになる。

(4) 残差の検討

外れ値の有無を見たり，残差が正規分布するという前提をチェックするには残差の検討が役立つ。最も単純な残差はデータとモデルの予測値の差 e_i で，標準化されていない残差と呼ばれる。

$$\text{標準化されていない残差 } e_i = y_i - \hat{y}_i$$

これに対して標準化した残差は次の通りである。

$$\text{標準化残差 } e_i^{'} = \frac{e_i}{\sqrt{V_e}}$$

標準化残差では残差の大きさが正規分布の標準的な数値でわかる。標準化残差の絶対値が 3 以上のケースについては，外れ値として検討が必要である。

標準化残差に対して**スチューデント化された残差**は独立変数のケース値の，独立変数の平均値からの差によって，ケースごとに違う標準偏差の推定量で割った残差である。従属変数の平均値から離れているケースでの外れ値は，平均値近くの外れ値よりも影響が大きいということを考慮している。標準化残差に近い値をとるが，ケースごとの真の誤差分散の差異を正確に反映する。

残差を縦軸に，各独立変数を横軸にとった残差プロットを描き，0 の周りに何ら規則性がないプロットが描ければ問題がないと判断できる。

3. 重回帰分析における注意点

(1) 多重共線性

独立変数間に従属関係が生じると多重共線性，通称マルチコ（2 章の連立方程式の節を参照）と呼ばれる状態となる。この場合には計算が不能になったり，結果が得られたとしても信頼性が低いものになる。簡単にいえば，独立変数の数だけの情報量が含まれていない状態である。高い相関を持つ組があれば，多重共線性が生じやすく，偏回帰係数の値をそのまま解釈できないので，それらを避ける必要がある。相関が高い変数の一方を落としたり，相関が高い変数を統合する方法がある。また，豊田 (2017) が提唱するように独立変数同士を直交化するという考え方もある。直交化の方法については豊田 (2017) に詳しい。

(2) 変数選択の問題

重回帰分析では従属変数に対する個々の独立変数の相対的な重要性はわかるが，分析に含まれない変数の影響はわからない。従って，どのような変数を分析に含めるかは重要である。決定的な変数を見逃した重回帰モデルを作り出しても，その予測力は低いものになるだろう。重回帰分析で得られた結果はあくまで，そこで投入された変数群内での結果に過ぎないのである。

一方で，統計的な結果では重要な変数ではないが，現実を反映させるモデルとしては欠かせない変数もあるかもしれない。そのような場合には，統計学とは別のその領域固有の知識が判断に重要となってくる。

次の問題として分析に含めた変数であっても，モデルに含めるべき変数かどうかは検討の余地がある。多くの統計ソフトでは「強制投入」「ステップワイズ法」「変数減少法」「変数増加法」などのオプションが用意されており，最も統計的に意味があると判断された変数から順にモデルに投入していったり，全ての変数を入れたモデルから意味が薄い変数を除去していったり，それらを交互に繰り返すなどで最も少ない変数で，なるべく従属変数を説明できるモデルを作れるようになっている。

単純に説明するだけなら，変数が多ければ多いほどモデルによる従属変数の説明率は上がる。しかし，そのようなモデルは，その時のデータのみにあてはまるものの不安定で追試に耐えられないことが多い。頑健で再現率が高いモデルは，少数の重要な変数だけからなる節約的なモデルなのである。

(3) Anscombe のデータ

Anscombe, F. J.(1973) が雑誌 American Statistician に発表した有名なデータがある。

表 7.3 Anscombe のデータ

data set 1		data set 2		data set 3		data set 4	
x	y	x	y	x	y	x	y
10	8.04	10	9.14	10	7.46	8	6.58
8	6.95	8	8.14	8	6.77	8	5.76
13	7.58	13	8.74	13	12.74	8	7.71
9	8.81	9	8.77	9	7.11	8	8.84
11	8.33	11	9.26	11	7.81	8	8.47
14	9.96	14	8.1	14	8.84	8	7.04
6	7.24	6	6.13	6	6.08	8	5.25
4	4.26	4	3.1	4	5.39	19	12.5
12	10.84	12	9.13	12	8.15	8	5.56
7	4.82	7	7.26	7	6.42	8	7.91
5	5.68	5	4.74	5	5.73	8	6.89

4 つのデータセットがある。この 4 つのデータセットの重相関係数は全て 0.816 となり，$\hat{\beta}$ は 1.332，標準化 $\hat{\beta}$ は 0.816 になる。$\hat{\beta}$ に関する検定結果は $t = 4.239$ で $p = .002$ で有意となる。分散分析の結果は表 7.4 の通りである。

分散分析の確率は $p = .002$ で有意となる。散布図は図 7.3 のようになる。

表 7.4　分散分析表

変動因	平方和 (SS)	自由度 (df)	平均平方 (MS)	F_0
回帰	73.320	1	73.320	17.990
残差	36.680	9	4.076	
全体	110	10		

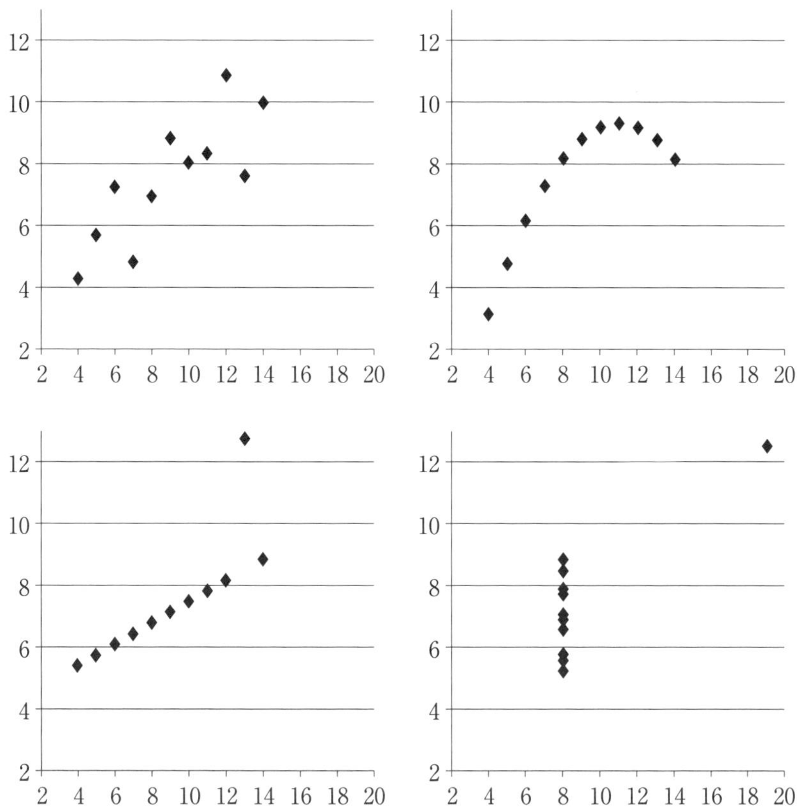

図 7.3　Anscombe(1973) のデータ

明らかに全く異なるデータであるが，統計的な出力は同じになる。このケースは単回帰分析で図示も簡単であるが，重回帰分析でも同じような落とし穴に陥る可能性はある。多変量解析に入る前に散布図を検討したり，探索的に変数間の関係を見てみること，分析後に残差を慎重に検討することは重要である。

演習問題

- Anscombe のデータについて自分で回帰直線を書き込んでみよう。また，なぜ同じ直線になるのか考えてみよう。
- 表 7.1 の x_1，x_2 それぞれから平均値（3 と 2）を引いたデータを作成し（中心化），y に対する重回帰分析を行い，β の値を計算してどのような結果が得られるかをみてみよう。

正解：$\beta_0 = 30$，$\beta_1 = -10.263$，$\beta_2 = 1.053$）

参考文献

Anscombe,F.J.(1973). Graphs in statistical analysis. *American Statistician*, **27**, (1), pp.17-21.

松本哲夫・植田敦子・小野寺孝義・榊 秀之・西 敏明・平野智也 (2012). 実務に使える実験計画法. 日科技連出版.

豊田 秀樹 (2017). もうひとつの重回帰分析　東京図書.

8 分散分析

大藤　弘典

平均値の差の検定に用いられる分散分析について説明する。t 検定との違いに触れながら，分析法を解説する。

1. 分散分析とは

分散分析 (ANalysis Of VAriance: ANOVA) とは，その名のとおり分散に着目した手法のことであり，平均値の有意差を検定するために用いられる。4 章で紹介した t 検定は，2 群の平均値の差の比較のために用いられた。これに対し，分散分析では，3 群以上の平均値の比較も行える。また，教授法の効果が教える科目によって異なるかといった複雑な問題を扱うことも，分散分析であれば可能である。

(1) 検定の多重性

A 組，B 組，C 組の 3 クラスのテストの平均値間に有意差があるかどうかを調べたいとする。このような 3 群の平均値の比較に，t 検定は使用できないのだろうか。一見すると，A 組と B 組，B 組と C 組，C 組と A 組のペアを設けて t 検定を 3 回繰り返せば分析ができるように見える。だが，このやり方は正しくない。仮説検定では，第一種の過りを犯す確率が一定の基準を超えないように α の確率が設定されることを思いだしてほしい。仮に有意水準を 5%として t 検定を 3 回繰り返した場合，第一種の過りが少なくとも 1 回生じる確率 (α_3) は約 0.14 となり，当初の基準よりも高くなる。

$$\begin{aligned}\alpha_3 &= 1 - \text{誤りが1回も生じない確率} \\ &= 1 - (1 - 0.05)^3 \\ &= 0.142625\end{aligned}$$

このような仮説検定の多重性の問題を避けるため，3 群以上の平均値を比較する場合は別の検定法を用いることが望ましい。本章で学ぶ分散分析がそれである。分散分析では，「複数の群のいずれかの平均値の間に有意差があるかどうか」を 1 度の検定で調べる。t 検定とは異なり検定の反復がないため，多重性の問題を回避できる。

(2) 分散分析のデータ構造

表 8.1　一元配置分散分析データ

	教授法 1	教授法 2	教授法 3	全体平均: $\bar{T}$
参加者: x_{ip}	4	8	6	7
	4	8	6	
	5	9	6	
	6	10	8	
	6	10	9	
群平均: $\bar{A}_i$	5	9	7	

注) 記号中の i は要因の水準，p は参加者の行番号を指す。

表 8.1 は，3 種類のいずれかの教授法で講義を受けた個人の小テストの得点を示したものである。教授法ごとに学生が 5 人ずつ割り当てられている。これら 3 群の平均値の差を調べることで，教授法の効果の違いを比較してみよう。

分散分析では，群間の平均値に差を生じさせる原因として想定される処理を**要因**，また，要因に含まれる処理の違いを**水準**と呼んで区別する。表 8.1 のデータでは，教授法が要因にあたり，そこに含まれる 3 種類の教え方が水準になる。また，t 検定においてデータを「対応なし」と「対応あり」に分けたように，分散分析でも，要因の各水準に含まれる参加者が異なるデータを**被験者間**(between subjects)，同じものを**被験者内**(within subjects) と呼んで区別する。表 8.1 では教授法ごとに異なる参加者が割り当てられているため，1 要因 3 水準の参加者間のデータであることがわかる。

2. 分散分析の考え方

要因が 1 つのデータに対して用いる分散分析を，**一元配置分散分析** (**一要因分散分析**) という。t 検定では，対象とする母集団が正規分布していることや比較する母分散が等しいことが分析の前提条件としてあった。この前提条件は，分散分析を行う際にも当てはまる。

では，表 8.1 を使って，分散分析の手順を見ていこう。これまでに習った検定と同様に，分散分析でも最初に帰無仮説を立てる。分散分析の帰無仮説は「3 群の (母) 平均には差がない」であり，対立仮説は「3 群の (母) 平均には差がある」となる。

分散分析では，検定統計量として $\boldsymbol{F}$ **値**を求める。F 値は，群間の平均値の差を反映する分散と，誤差を反映する分散の比をとることで求まる。F 値の計算法を説明する前に，群間の平均値の違いをどうやってデータの散らばりの大きさに置きかえるかを考えてみよう。3 章で習った分散の式を思い出してほしい。分散の計算では，データの散らばりの大きさを求めるため，各値と平均値の差 (全体の偏差) を求めた。全体の偏差は，「群平均と全体平均の差 (群間の偏差)」と「値と群平均の差 (群内の偏差)」に分解できる。

$$\begin{aligned} x_{ip}\text{の全体の偏差} &= x_{ip}\text{の群間の偏差} + x_{ip}\text{の群内の偏差} \\ x_{ip} - \bar{T} &= (\bar{A}_i - \bar{T}) + (x_{ip} - \bar{A}_i) \end{aligned} \tag{8.1}$$

表 8.1 の教授法 1 の 1 番目の値 (x_{11}) を例として分解すると，次のようになる。

$$4 - 7 = (5 - 7) + (4 - 5)$$

図 8.1 は，3 つの偏差の関係を描いたものである。

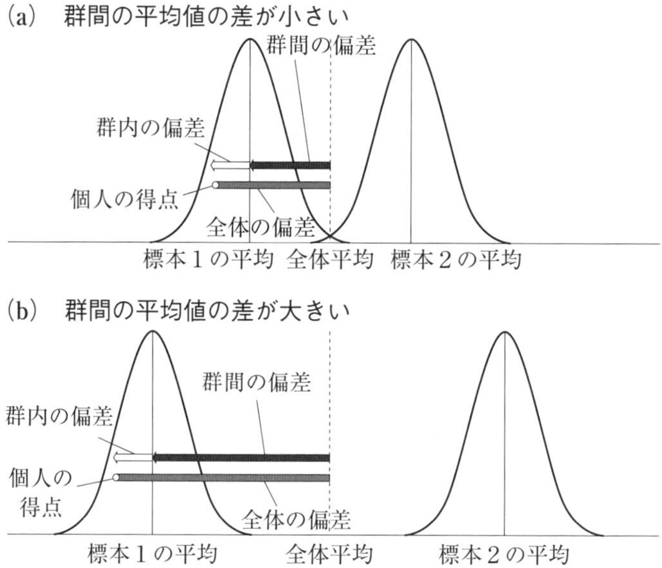

図 8.1　群間の平均値の差による 3 種類の偏差の変化 (標本数は 2 つに簡略化している)

この図の (a) と (b) を比較するとわかるように，群間の平均値の差が広がると，全体平均を中心とする群平均のばらつきが増し，群間の偏差が増加する。一方で，群内の偏差は，群の平均値の差には影響されない。同じ教え方で学んでも，人によって小テストの得点にはばらつきが生じる。群内の偏差は，こうした学生の個人差を反映したものであり，教授法とは無関係に生じるばらつきであるため，誤差といってよい。どの参加者についても，先ほどの説明と同じやり方で，全体の偏差を群間と群内の偏差に分解できる。このようにして，分散分析では，各人のデータの散らばりの大きさ (全体の偏差) を処理の効果，すなわち群間の平均値の差によるもの (群間の偏差) と誤差によるもの (群内の偏差) に区別する。

構造モデル

標本全体の母平均を μ とするとき，3 種類の偏差の関係は次のモデル式で表現できる。

$$x_{ip} = \mu + \alpha_i + e_{ip} \tag{8.2}$$

α_i は処理の効果 (A_i 群の母平均と μ の偏差)，e_{ip} は誤差 (x_{ip} と A_i 群の母平均の偏差) を表す。この式を分散分析の構造モデルという。式 8.1 は，標本の全体平均 $\bar{T}$，群間の偏差，群内の偏差をそれぞれ μ，α_i，e_{ip} の推定値に用いたモデルを表している。

$$\begin{aligned} x_{ip} &= \bar{T} + (\bar{A}_i - \bar{T}) + (x_{ip} - \bar{A}_i) \\ x_{ip} - \bar{T} &= (\bar{A}_i - \bar{T}) + (x_{ip} - \bar{A}_i) \end{aligned} \tag{8.3}$$

式 (8.3) の構造モデルは 12 章の線形モデルの説明に出てくるので憶えておこう．

それぞれの偏差について総和を求めるために，各参加者の偏差の値を 2 乗して足し合わせると，**全体平方和**(SS_T)，**群間平方和**(SS_B)，**群内平方和**(SS_E) と呼ばれる 3 種類の**平方和** (Sum of Squares: SS) が求まる。

$$\begin{aligned} SS_T &= \sum_i \sum_p (x_{ip} - \bar{T})^2 \qquad (8.4) \\ &= (4-7)^2 + (4-7)^2 + \cdots + (8-7)^2 + (9-7)^2 \\ &= 56 \\ SS_B &= \sum_i n_i (\bar{A}_i - \bar{T})^2 \qquad (8.5) \\ &= 5 \times (5-7)^2 + 5 \times (9-7)^2 + 5 \times (7-7)^2 \\ &= 40 \\ SS_E &= \sum_i \sum_p (x_{ip} - \bar{A}_i)^2 \qquad (8.6) \\ &= (4-5)^2 + (4-5)^2 + \cdots + (8-7)^2 + (9-7)^2 \\ &= 16 \end{aligned}$$

全体平方和も，群間平方和と群内平方和を足した値に等しくなる。

$$\begin{aligned} SS_T &= SS_B + SS_E \\ 56 &= 40 + 16 \end{aligned} \tag{8.7}$$

群内平方和と比べて群間平方和の値が増加するほど，教授法の違いによって学生の得点に大きな差が生じているといえる。

(1) 一元配置における F 値の計算

F 値の計算では，群間平方和と群内平方和を自由度で割って**群間平均平方**(MS_B) と**群内平均平方**(MS_E) の 2 つの**平均平方**(mean square: MS) を求めてから，その比をとる。

$$F = \frac{\text{群間平均平方}\ (MS_B)}{\text{群内平均平方}\ (MS_E)} \tag{8.8}$$

各平方和の自由度は，次のとおりである。

全体自由度: サンプルサイズ − 1

群間自由度: 群数 − 1

群内自由度: サンプルサイズ − 群数

いずれの平方和も，「値 − 平均」の偏差の形で平均を中心とする値 (変数) の散らばりを示しているため，その平均値の数だけ自由度が減る。全体平方和を自由度の「$n-1$」で割ると，母分散の推定値である不偏分散になる。群間平方和と群内平方和も，自由度で割ることで，母分散に関する推定値 (不偏推定量) を求めている。群内平均平方が誤差だけを反映する推定値になるのに対し，群間平均平方は誤差と処理 (ここでは各教授法) の違いによる値の変動の両方を含む推定値になる。だが，群間平方和が群間平均平方に代わっても，この数値が群間の平均値の差の大きさを反映することには変わりがない。そのため，群内平均平方と比べて群間平均平方の値が相対的に大きいほど，つまり F 値の値が大きくなるほど，群間の平均値の差は偶然ではないとみなされる。どのくらい大きな値をとれば有意差が生じたといえるかは，F 値が従う F 分布を用いて判断する。

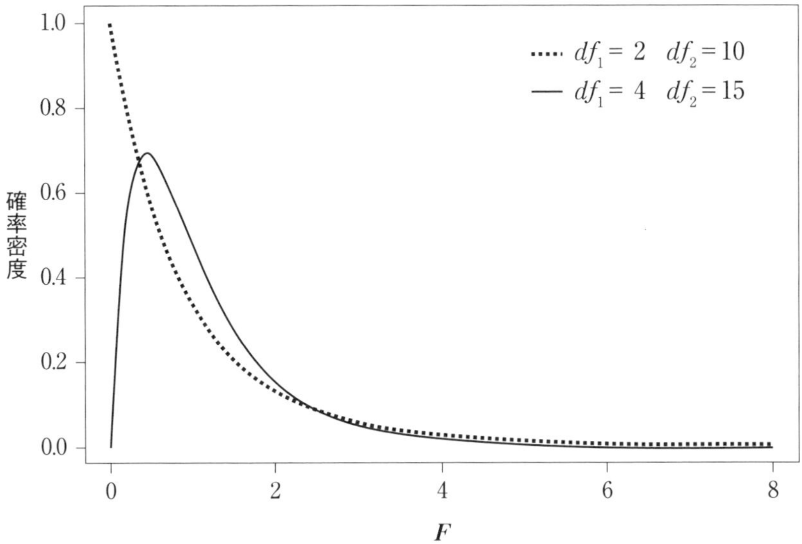

図 **8.2**　F 分布

図 8.2 のとおり F 分布の形状は群間自由度 (df_1) と群内自由度 (df_2) によって変化する。そのため，t 分布や χ^2 分布のときと同様に，同じ有意水準であっても自由度によって棄却値が変化する。具体的な数値は，巻末の F 分布の棄却値表で確認できる。棄却表では，横軸に群間の自由度，縦軸に群内の自由度が表されており両者が交差する箇所が参照する数値を示している。

(2) 一元配置分散分析の実施

表 8.1 のデータをもとに，5%水準で分散分析の検定を行ってみよう。このデータの群間自由度は 2，群内自由度は 12，F 値は 15 である。

$$\begin{aligned} \text{群間自由度} &: \quad 3-1=2 \\ \text{群内自由度} &: \quad 15-3=12 \\ \text{教授法の効果の}\,F\,\text{値} &: \quad \frac{40/2}{16/12}=15 \end{aligned}$$

該当する5%水準の F 分布の棄却値は3.89である。データから計算された F 値は15で棄却値よりも大きいため，有意差ありと結論する。検定結果は表8.2にまとめられている。

表 8.2　一元配置の分散分析表

	平方和	自由度	平均平方	F	p
教授法 (群間)	40.000	2	20.000	15.000	<.001
誤差 (群内)	16.000	12	1.333		

(3) 多重比較

表8.1のデータでは，分散分析の結果が有意となり，3群の小テストの平均値の間には有意差があることが示された。だが，これはどの平均値間の差のことを指しているのだろうか。実のところ，分散分析の検定結果は全体として群間の平均値に差があることは教えてくれるが，具体的にどの群間の差であるのかについては情報を与えてはくれない。これを明らかにするためには，**多重比較の検定**(multiple comparison test) を行う必要がある。多重比較にはテューキーのHSD検定 (tukey's HSD test) やボンフェローニ法 (bonferroni test) など幾つか種類があり，統計ソフトでも方法を選択できる場合が多い。例えば，テューキーのHSD検定では，検定の多重性の問題を回避した上で，全群のペアごとに有意検定を行う。多重比較の詳しい手順については，永田・吉田 (1997) の解説を参照されたい。

3. 二元配置分散分析

今度は，教授法の効果が科目によって異なるかを調べてみよう。表8.3では，教授法に加えて新たに科目の要因が加わり，国語と数学に分けて得点のデータが整理されている。このように2つの要因からなる分散分析を**二元配置分散分析** (**二要因分散分析**) という。

表 8.3　二元配置分散分析データ

	科目	教授法 1	教授法 2	科目の平均：$\bar{B}_j$
参加者 x_{ijp}	国語	3	7	7
		3	8	
		6	10	
		6	10	
		7	10	
	数学	4	7	8
		6	9	
		7	9	
		9	10	
		9	10	
	教授法の平均：$\bar{A}_i$	6	9	全体平均:：$\bar{T}$ 7.5

注) 記号中の i と j は各要因の水準を，p は参加者の行番号を指す。

要因が増えたことで，一元配置で見てきた要因の単独の効果 (**主効果**) に加えて，複数の要因が組み合わさった効果を示す**交互作用**についても調べることができる。しかし，基本的な検定の考え方は，一元配置のときと同じである。

二元配置分散分析の帰無仮説は，「教授法の群間の (母) 平均には差がない」,「教科の群間の (母) 平均には差がない」,「交互作用はない」の3つになる。一元配置の場合と同様に，最初に教授法の群間平方和 (SS_A) と科目の群間平方和 (SS_B) を求めて，平均値の差を値の散らばりの大きさに置きかえよう。

$$
\begin{aligned}
SS_A &= \sum_i n_i(\bar{A}_i - \bar{T})^2 && (8.9)\\
&= 10 \times (6 - 7.5)^2 + 10 \times (9 - 7.5)^2\\
&= 45\\
SS_B &= \sum_j n_j(\bar{B}_j - \bar{T})^2 && (8.10)\\
&= 10 \times (7 - 7.5)^2 + 10 \times (8 - 7.5)^2\\
&= 5
\end{aligned}
$$

(1) 交互作用とは

交互作用の大きさも，データの変動として捉える。このための計算を行う前に，交互作用がどのようなものかを簡単に説明する。図 8.3 は，交互作用の幾つかのパタンを示したものである。図 8.3 の (a) と (b) は，結果のパタンこそ違うものの，いずれも教授法の効果が科目によって異なることを示しているという点では共通している。このように，交互作用とは複数の要因の混合効果のことであり，これが生じると，一方の要因の効果が他方の要因の水準によって異なって現れる。

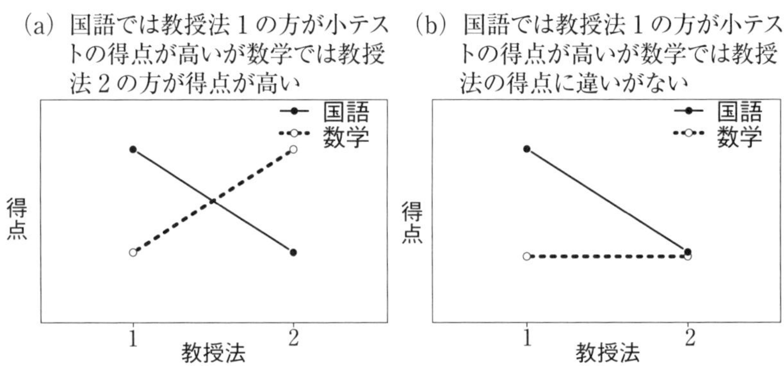

(a) 国語では教授法 1 の方が小テストの得点が高いが数学では教授法 2 の方が得点が高い
国語
数学
得点
1
2
教授法
(b) 国語では教授法 1 の方が小テストの得点が高いが数学では教授法の得点に違いがない
国語
数学
得点
1
2
教授法

図 8.3　交互作用の例

では，交互作用の大きさをデータの変動の大きさに置きかえてみよう。表 8.4 は，教授法と科目の水準を組み合わせた 4 つの各条件 (教授法 1-国語，教授法 1-数学，教授法 2-国語，教授法 2-数学) の得点の平均値を表している。便宜的に，ここでは各条件の平均値を各セル平均 ($\bar{C}_{ij}$) と呼ぶことにする。

表 8.4　教授法×科目の各セル平均

科目	教授法 1	教授法 2	平均
国語	5	9	7
数学	7	9	8
平均	6	9	全体平均: 7.5

交互作用が生じると，各セル平均間の差が広がる。実際，図 8.3 の交互作用のパタンを示したグラフは，各セル平均の値の違いを示したものである。この各セル平均間の差の大きさは，全体平均を中心とする各セル平均の値の変動として「各セル平均 − 全体平均」の偏差の形で表すことができる。ただし，ここで注意して欲しいことは，この各セル平均の偏差には，交互作用による値の変動 (交互作用変動) だけでなく各要因の主効果による変動も含まれているということである。そのため，純粋な交互作用変動を算出するためには，各セル平均の偏差から 2 つの群間の偏差を引く必要がある。

$$
\begin{aligned}
\text{交互作用変動} &= (\bar{C}_{ij} - \bar{T}) - (\bar{A}_i - \bar{T}) - (\bar{B}_j - \bar{T}) \qquad (8.11)\\
&= \bar{C}_{ij} - \bar{A}_i - \bar{B}_j + \bar{T}\\
&= \text{各セル平均} - \text{教授法の群平均} - \text{科目の群平均}\\
&\quad +\text{全体平均}
\end{aligned}
$$

これまで求めた偏差がそうだったように，交互作用変動も各参加者の得点の変動 (全体の偏差) に影響を与えている。

$$
\begin{aligned}
x_{ijp}\text{の全体の偏差} &= x_{ijp}\text{の各要因の群間の偏差} \\
&\quad + x_{ijp}\text{の交互作用変動} + \text{誤差} \\
x_{ijp} - \bar{T} &= (\bar{A}_i - \bar{T}) + (\bar{B}_j - \bar{T}) \\
&\quad + (\bar{C}_{ij} - \bar{A}_i - \bar{B}_j + \bar{T}) + \text{誤差} \qquad (8.12)
\end{aligned}
$$

参加者ごとに交互作用変動の値を計算して全て足し合わせると，交互作用の平方和 (SS_{AB}) が求まる。交互作用の 4 つの各条件に含まれる参加者数を n_{ij} とするとき，交互作用の平方和は次のようになる。

$$
\begin{aligned}
SS_{AB} &= \sum_i \sum_j n_{ij}(\bar{C}_{ij} - \bar{A}_i - \bar{B}_j + \bar{T})^2 \qquad (8.13) \\
&= 5 \times (5 - 6 - 7 + 7.5)^2 + \cdot\cdot\cdot + 5 \times (9 - 9 - 8 + 7.5)^2 \\
&= 5
\end{aligned}
$$

式では，条件ごとに交互作用変動を計算して，条件の参加者数 (今回は 5 人) をかけあわせている。これは，条件が同じであれば，各参加者の全体の偏差に含まれる交互作用変動の大きさが等しいためである。

(2) 二元配置における誤差

一元配置では，全体偏差から要因の効果 (群間の偏差) を除いた残りが誤差 (群内の偏差) であった。二元配置の場合も同様に，全体の偏差から 2 つの群間の偏差と交互作用変動を除いた残りが誤差となる (このことは，式 (8.12) からも自明である)。

$$
\begin{aligned}
\text{誤差} &= (x_{ijp} - \bar{T}) - (\bar{A}_i - \bar{T}) - (\bar{B}_j - \bar{T}) - (\bar{C}_{ij} - \bar{A}_i + \bar{B}_j - \bar{T}) \\
&= \bar{x}_{ijp} - \bar{C}_{ij} \\
&= \text{参加者の得点} - \text{各セル平均}
\end{aligned}
$$

結局，二元配置の誤差は，各セル平均を中心とする参加者の得点の変動として表せる。誤差平方和 (SS_E) を求めてみよう。

$$SS_E = \sum_i \sum_j \sum_p (\bar{x}_{ijp} - \bar{C}_{ij})^2 \quad (8.14)$$
$$= (3-5)^2 + (3-5)^2 + (6-5)^2 + \cdots + (10-9)^2$$
$$= 46$$

(3) 二元配置における *F* 値

F 値の計算では，検定したい要因の効果について平均平方を求め，誤差の平均平方で割る。各効果の自由度は以下の式で求められる。また，今回は検定したい効果が 3 つあることから，F 値も 3 つ算出される。

全体自由度	：	サンプルサイズ − 1
主効果の自由度	：	各要因の水準数 − 1
交互作用の自由度	：	(要因 1 の水準数 − 1) × (要因 2 の水準数 − 1)
誤差の自由度	：	全体自由度 − 各主効果の自由度 −交互作用の自由度

(4) 二元配置分散分析の実施

今回も 5%水準で分散分析の検定を行う。2 つの主効果，交互作用ともに自由度は 1 であり，誤差の自由度は 16 となる。

全体自由度	：	$20 - 1 = 19$
各主効果の自由度	：	$2 - 1 = 1$
交互作用の自由度	：	$(2 - 1) \times (2 - 1) = 1$
誤差の自由度	：	$19 - 1 - 1 - 1 = 16$

2 つの主効果，交互作用の F 値は，それぞれ次のとおりである。

$$\text{教授法の主効果の } F \text{ 値} \quad : \quad \frac{45/1}{46/16} = 15.652$$

$$\text{科目の主効果の } F \text{ 値} \quad : \quad \frac{5/1}{46/16} = 1.739$$

$$\text{交互作用の } F \text{ 値} \quad : \quad \frac{5/1}{46/16} = 1.739$$

群間自由度2，群内自由度12における5%水準の棄却値は4.49である。よって，F 値が棄却値よりも大きい教授法の主効果のみが有意と判断する。科目に関係なく教授法1の教え方で学ぶ方がテストで良い点数をとれることがわかる。

表 8.5　二元配置の分散分析表

	平方和	自由度	平均平方	F	p
教授法	45.000	1	45.000	15.652	<.001
科目	5.000	1	5.000	1.739	.206
教授法 × 科目	5.000	1	5.000	1.739	.206
誤差	46.000	16	2.875		

(5) 単純主効果の検定

交互作用が有意になった場合は，各要因の水準ごとに，他方の要因について有意差があるかどうかをさらに調べることができる。仮に今回の分析で交互作用が有意であれば，国語と数学のそれぞれで教授法の違いによる平均値の差が有意かどうかを検討する。教授法の1と2で科目の違いによる平均値に有意な差があるかどうかについても検討もできる。このような分析を，**単純主効果**(simple main effect) の検定という。仮に図 8.3(a) のパタンの交互作用について単純主効果の検定を行ったとしよう。その場合は，国語と数学のどちらも教授法の効果 (単純主効果) が有意であるが，その傾向が逆であることが明らかになる。また，図 8.3(b) のパタンの交互作用について単純主効果の検定を行ったとすれば，国語と教授法2でのみ単純主効果が有意という結果が得られるだろう。このように，交互作用や単純主効果の分析を行うことで，グラフのパタンが交互作用によるものか偶然によるものかどうかを検証できる。

演習問題

- 3 群以上の平均値の差の検定に，t 検定が使用できないのはなぜだろうか。
- 分散分析では，群間の平均値の差をどうやって値の散らばりの大きさに置きかえるのだろうか。
- 主効果とは何か，また交互作用とは何かを説明できるだろうか。
- $\{1, 3\}$，$\{1, 3\}$，$\{7, 9\}$ の 3 群の平均値について 1 要因分散分析を実施し，表 8.2 にならって p 値を除く分散分析表を作成せよ。また，5%水準で有意差があるどうかを答えよ。

正解

	平方和	自由度	平均平方	F
処理 (群間)	48.000	2	24.000	12.000
誤差 (群内)	6.000	3	2.000	

5%水準の検定結果は有意差あり

参考文献

向後 千春 (2004). ハンバーガーショップで学ぶ楽しい統計学. 北大路書房.

森 敏昭・吉田 寿夫 (2000). 心理学のためのデータ解析テクニカルブック. 北大路書房.

永田 靖・吉田 道弘 (1997). 統計的多重比較の基礎. サイエンティスト社.

山内 光哉 (2009). 心理・教育のための統計法〈第 3 版〉. サイエンス社.

9 多変量分散分析

小野寺　孝義

要因だけではなく，従属変数が複数あるような場合の分散分析である多変量分散分析について述べる。

1. 多変量分散分析とは

(1) 分散分析と多変量分散分析の違い

分散分析がANOVAと呼ばれるのに対して，多変量分散分析はMANOVA (Multivariate ANalysis Of VAriance) と呼ばれる。分散分析では要因は複数であってもよかった。例えば，健康度という指標を従属変数として，要因に性別，ストレスの有無，喫煙の有無，… という具合でいくつもの要因を入れることができた[1]。しかし，いくら要因が多くても従属変数は1つだけである。この例では健康度という変数だけになる。

表9.1には t 検定と分散分析，多変量分散分析の違いをまとめている。

表 9.1　検定の違い

	t 検定	分散分析	多変量分散分析
従属変数	1つの量的変数のみ	1つの量的変数のみ	複数の量的変数
独立変数 (要因)	2カテゴリを持つ 変数1つ	複数カテゴリの 複数変数	複数カテゴリの 複数変数

現実には何かを測定する場合は従属変数が1つとは限らない。体重や

1) 現実にはあまりに要因が多いと交互作用も爆発的に多くなり，必要なケース数も膨大になるので，心理学の分野ではせいぜい2〜3要因にとどめることが多い。潜在的な要因が非常に多く考えられる実務分野では実験計画法の直交表を用いて実験規模を抑える工夫をすることが多い。

身長，血圧を測定するなら従属変数は 1 つでよいかもしれないが，心理学のような分野では構成概念を扱うことが多い。代表的なものとしては，性格や知能は構成概念である。「直接，測定できないけど，どうも人によって頭の良さが違うのではないか」という観察からやがて，頭の良さを表す概念「知能」が生まれてくる。直接，測定できないので，複数の変数で，その構成概念をなるべく含むよう測定を工夫する必要が出てくる。

最初の例では架空の従属変数として健康度を挙げたが，これも構成概念と言える。1 つの変数を測定して健康状態が全て把握できるというのは無理があることがわかるだろう。健康を知る指標として血圧やコレステロール値，BMI など多くの変数を総合して全体として健康度とするはずである。

(2) 分散分析ではなく多変量分散分析を用いる理由

ここで喫煙の有無を独立変数として，それが健康度に影響するかどうかを調べたいとしよう。ただ，従属変数は 1 つではない。ここでは仮に血圧とコレステロール値の 2 つだけだとしてみよう。分散分析では従属変数は 1 つだけなので，喫煙と血圧，喫煙とコレステロール値と 2 回の分散分析を行えば良いと思うかもしれない。しかし，これは問題がある。同じ参加者のデータは独立ではない。比較する回数を増していくと，偶然に有意差が見いだされる可能性が増してしまう。これは検定の多重性の問題，あるいは多重比較の問題と呼ばれる。通常，検定で 5%水準や 1%水準として誤りの危険性は押さえられている。しかし，5%水準なら 20 回に 1 回の誤りの可能性は認めていることになる。独立ではない従属変数が 20 個あれば，偶然で 1 つには有意差が出てしまうかもしれない。だからといって，これを差が見られたと報告して良いだろうか。これは正しくない。

また，血圧は有意な差がでたが，コレステロール値では有意な差が出なかった，あるいはその逆の場合には健康度はどう解釈すればよいのだろうか。有意な差が出た方のみ報告するのは，結果を歪めていると批判されても仕方がない。このように個別の分散分析を繰り返すことには大きな問題がある。しかし，多変量分散分析では全体として有意な差があるのかどうかという問題に結論を出してくれる。

別な方策として，それぞれ血圧とコレステロール値を標準化して合計した合成変数を作成して分散分析することを考えるかもしれない。これは実際にはよく行われているやり方だが，多くの情報を捨ててしまっている。血圧とコレステロール値の間にある相関的な情報は無視されてしまうからである。これに対して多変量分散分析を使えば，従属変数間の情報も加えて全体として有意差を見ることができる。言い換えると個別の分散分析では見いだせなかった差も多変量分散分析では見いだせる可能性があるのである。

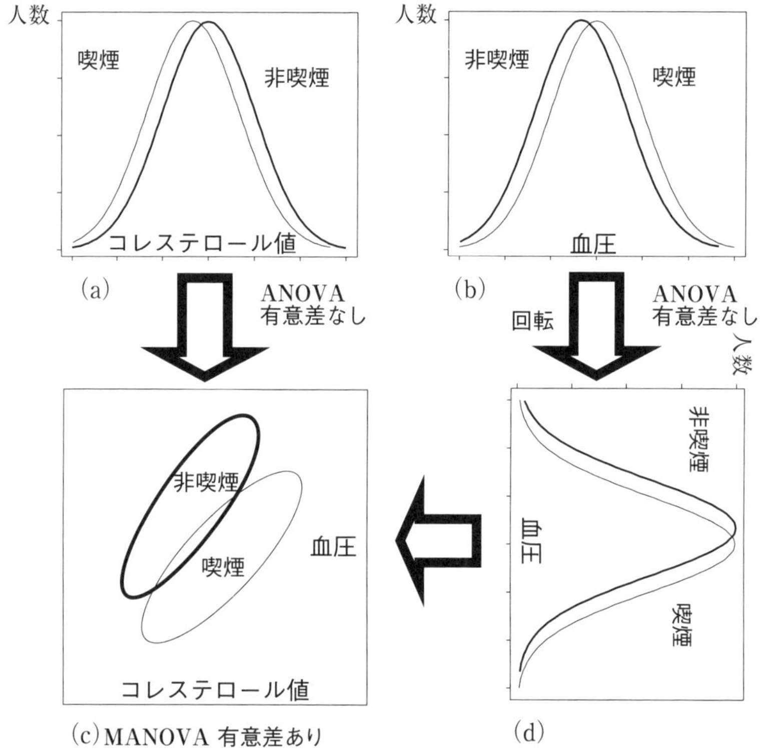

図 9.1　個々の分散分析では有意差なしだが、多変量分散分析では有意差がある場合

どうして，個々の分散分析では有意差なしなのに全体としての多変量

分散分析では有意差ありなどということがあるのだろうか。図 9.1 を見てみると，血圧だけでは喫煙群と非喫煙群に差が見られない。コレステロール値についても同様である。図 9.1(d) は血圧を回転させ，横軸で表現している。図では分布はかたまりのように表されているが，実際には個々の点（ケースの値）からなっている。図 9.1(a) のコレステロール値の分布の点が，下に落ちてきた，また，図 9.1(d) の血圧の値の点が左に移動したと考えてできるのが，図 9.1(c) である。ここでも分布は 1 つのかたまりのように表現されているが，実際には点（ケースの値）の集合である。

こうして 2 つの変数を同時に二次元で表現してみると喫煙群と非喫煙群が明らかに分離できることがわかる[2)]。多変量分散分析とは複数の変数の相互間の情報を考慮した上で，要因の差が最も大きくなる場合を検定していると考えられる。このように多変量分散分析は，実際の研究で利用できる場面が多く，その利点も多い。

2. 多変量分散分析の考え方

多変量分散分析は分散分析を拡張した手法である。従って分散分析を延長して考えていくことで理解が容易になる。ここでは，一番単純な一元配置の多変量分散分析を説明していく。分散分析で一元配置から多元配置へモデルを拡張していったのと同じように，より複雑なモデルはその延長だと理解していけば良い。多元配置で出てくる交互作用も分散分析と同じように考えていける。

ここで血圧とコレステロール値[3)] について，個別に行った分散分析表を示してみよう。

分散分析表には示していないが，血圧の全体平方和は血圧の効果 8 と誤差の 120 の合計で 128 になる。逆に言えば，全体平方和の 128 が効果

2） もし，2 つの群を分ける直線や曲線を考え，それぞれの変数の影響力の強さに焦点を当てる問題とするなら，これは判別分析と呼ばれる分析手法になる。

3） なお，ここでの数値例は架空のものであり，コレステロール値は各種のコレステロール値を統合した指標を表していると仮定する。

表 9.2　多変量分散分析データ

喫煙・非喫煙	血圧	コレステロール値
非喫煙	104	66
非喫煙	102	64
非喫煙	96	52
非喫煙	98	54
喫煙	96	58
喫煙	104	68
喫煙	100	66
喫煙	108	76
非喫煙者平均	100	59
喫煙者平均	102	67
全体平均	101	63

表 9.3　血圧の分散分析

血圧	平方和	自由度	平均平方	F	p
喫煙・非喫煙	8	1	8	0.4	.550
誤差	120	6	20		

表 9.4　コレステロール値の分散分析

コレステロール値	平方和	自由度	平均平方	F	p
喫煙・非喫煙	128	1	128	2.462	.168
誤差	312	6	52		

の平方和 8 と誤差平方和 120 に分解されたということである。同様にコレステロール値の全体平方和は 128 と 312 の合計で 440 になる。

ここで血圧とコレステロール値の平方和を同時に行列として表現してみよう。なお，コレステロール値は Col と表記している。

$$\begin{array}{c} \\ \text{血圧} \\ \text{Col} \end{array} \!\!\begin{array}{c} \begin{array}{cc} \text{血圧} & \text{Col} \end{array} \\ \begin{pmatrix} 128 & *** \\ *** & 440 \end{pmatrix} \end{array} = \begin{array}{c} \\ \text{血圧} \\ \text{Col} \end{array} \!\!\begin{array}{c} \begin{array}{cc} \text{血圧} & \text{Col} \end{array} \\ \begin{pmatrix} 8 & *** \\ *** & 128 \end{pmatrix} \end{array} + \begin{array}{c} \\ \text{血圧} \\ \text{Col} \end{array} \!\!\begin{array}{c} \begin{array}{cc} \text{血圧} & \text{Col} \end{array} \\ \begin{pmatrix} 120 & *** \\ *** & 312 \end{pmatrix} \end{array}$$

$$SSCP_T(\text{全体}) \quad = \quad SSCP_B(\text{処理効果}) \quad + \quad SSCP_E(\text{誤差})$$

分散分析では全体平方和を SS_T，処理効果の平方和を SS_B，誤差平方和を SS_E，もしくは SS_W と表現した。SS は Sum of Squares を略しているが，多変量分散分析では SS ではなく，$SSCP$ と表記する。これは Sum of Squares and Cross Products matrix の略で平方和積和行列と訳される。しかし，行列として表現されても，全体が処理効果と誤差に分解されている点では分散分析と同じである。

ところで，行列中の「***」のところにはどんな数値が入ることになるだろう。ここには偏差の積和の要素が入る。具体的には血圧について平均を引いた値とコレステロール値について平均を引いた値をかけて合計した値が入ることになる。

ここで 6 章で学んだ相関係数の式を思いだそう。

$$r = \frac{1}{n}\sum_{i=1}^{n}\frac{(x_i - \bar{x})(y_i - \bar{y})}{SD_x \cdot SD_y} \tag{9.1}$$

この式 (9.1) の分母の SD の要素は標準化のためのものに過ぎず，2 変数間の関連を示す核となる情報を含んでいるのは分子の部分 $\sum(x_i - \bar{x})(y_i - \bar{y})$ に他ならない。そして，この部分こそが偏差積和である。多変量分散分析が従属変数間の情報を利用できるのは，この偏差積和の部分で相関的な情報を組み込んでいるからである。

具体的に偏差積和を計算してみよう。全体平方和に当たる全体平方和積和行列なら，血圧とコレステロール値の各ケース値から全体平均を引いた偏差得点を作り，お互いにかけ合わせて合計を求める。

$$
\begin{aligned}
\text{全体積和} &= (104-101)(66-63)+\cdots+(108-101)(76-63) \\
&= 220
\end{aligned}
$$

このことを行列で表現してみよう。

$$
\text{血圧} = \begin{pmatrix} 104 \\ 102 \\ \vdots \\ 108 \end{pmatrix} \Longrightarrow T_1(\text{血圧の偏差}) = \begin{pmatrix} 104-101 \\ 102-101 \\ \vdots \\ 108-101 \end{pmatrix} = \begin{pmatrix} 3 \\ 1 \\ \vdots \\ 7 \end{pmatrix}
$$

同様にコレステロール値も次のように表せる。

$$
\text{Col} = \begin{pmatrix} 66 \\ 64 \\ \vdots \\ 76 \end{pmatrix} \Longrightarrow T_2(\text{Col の偏差}) = \begin{pmatrix} 66-63 \\ 64-63 \\ \vdots \\ 76-63 \end{pmatrix} = \begin{pmatrix} 3 \\ 1 \\ \vdots \\ 13 \end{pmatrix}
$$

ここで血圧偏差 T_1 と Col 偏差 T_2 をかけると全体積和を計算した結果が得られる。

$$
T_1{}' T_2 = 220
$$

全体積和は求まったが，処理効果の積和や誤差の積和についてはどう求めればよいだろうか。ここで，分散分析の平方和の分解を思いだそう。平方和なので 2 乗して合計していたが，その前の分解する要素だけを見ていくと次のようになる。

$$
\begin{array}{ccccc}
(x_{ij}-\bar{T}) & = & (\bar{A}_i-\bar{T}) & + & (x_{ij}-\bar{A}_i) \\
(\text{個々データ}-\text{全体平均}) & = & (\text{グループ平均}-\text{全体平均}) & + & (\text{個々データ}-\text{グループ平均}) \\
\text{全体} & = & \text{処理効果} & + & \text{誤差}
\end{array} \tag{9.2}
$$

処理効果はグループ平均から全体平均を引いた要素なので血圧の処理効果偏差を B_1，コレステロール値の処理効果偏差を B_2 とすると次のようになる。

$$B_1 = \begin{pmatrix} 100-101 \\ 100-101 \\ 100-101 \\ 100-101 \\ 102-101 \\ 102-101 \\ 102-101 \\ 102-101 \end{pmatrix} = \begin{pmatrix} -1 \\ -1 \\ -1 \\ -1 \\ 1 \\ 1 \\ 1 \\ 1 \end{pmatrix} \qquad B_2 = \begin{pmatrix} 59-63 \\ 59-63 \\ 59-63 \\ 59-63 \\ 67-63 \\ 67-63 \\ 67-63 \\ 67-63 \end{pmatrix} = \begin{pmatrix} -4 \\ -4 \\ -4 \\ -4 \\ 4 \\ 4 \\ 4 \\ 4 \end{pmatrix}$$

ここで全体積和と同じように計算すると次のようになる。

$$B_1{}'B_2 = 32$$

最後に誤差を求める。式 (9.2) を見ると，誤差は各データからグループ平均を引いた要素なので偏差をそれぞれ E_1，E_2 とすると次のようになる。

$$E_1 = \begin{pmatrix} 104-100 \\ 102-100 \\ 96-100 \\ 98-100 \\ 96-102 \\ 104-102 \\ 100-102 \\ 108-102 \end{pmatrix} = \begin{pmatrix} 4 \\ 2 \\ -4 \\ -2 \\ -6 \\ 2 \\ -2 \\ 6 \end{pmatrix} \qquad E_2 = \begin{pmatrix} 66-59 \\ 64-59 \\ 52-59 \\ 54-59 \\ 58-67 \\ 68-67 \\ 66-67 \\ 76-67 \end{pmatrix} = \begin{pmatrix} 7 \\ 5 \\ -7 \\ -5 \\ -9 \\ 1 \\ -1 \\ 9 \end{pmatrix}$$

ここでも全体積和と同じように計算すると次のようになる。

$$E_1{}'E_2 = 188$$

それぞれ偏差積和が求まったので，代入して表現すると次のようになる。

$$
\begin{array}{c c c c c}
 & \begin{array}{cc} \text{血圧} & \text{Col} \end{array} & & \begin{array}{cc} \text{血圧} & \text{Col} \end{array} & & \begin{array}{cc} \text{血圧} & \text{Col} \end{array} \\
\begin{array}{c} \text{血圧} \\ \text{Col} \end{array} & \begin{pmatrix} 128 & 220 \\ 220 & 440 \end{pmatrix} = \begin{array}{c} \text{血圧} \\ \text{Col} \end{array} & \begin{pmatrix} 8 & 32 \\ 32 & 128 \end{pmatrix} + \begin{array}{c} \text{血圧} \\ \text{Col} \end{array} & \begin{pmatrix} 120 & 188 \\ 188 & 312 \end{pmatrix}
\end{array}
$$

$$
SSCP_T(\text{全体}) \quad = \quad SSCP_B(\text{処理効果}) \quad + \quad SSCP_E(\text{誤差})
$$

平方和の要素も積和の要素も全体が処理と誤差に分解されていることを確認できる。

分散分析では平方和という数値（スカラー）を扱って，誤差に対する処理効果の大きさで検定を行っていた。しかし，多変量分散分析では単一の数値ではなく行列である。単純に割るというわけにはいかない。

ここで登場するのが，行列式である。式 (9.3) の左は普通の行列であり，右に示されているのが行列式である。行列が丸みを帯びたカッコでくくられるのに対して行列式は縦棒でくくられている。行列式は determinant なので $\det A$ と表現されることもある。

$$
A = \begin{pmatrix} a_{11} & a_{12} \\ a_{21} & a_{22} \end{pmatrix} \qquad \det A = |A| = \begin{vmatrix} a_{11} & a_{12} \\ a_{21} & a_{22} \end{vmatrix} \tag{9.3}
$$

2×2 の行列の行列式の値は $a_{11} \times a_{22} - a_{21} \times a_{12}$ で求められる4)。

例えば，次の行列の行列式の値は -2 となる。

$$
A = \begin{pmatrix} 1 & 2 \\ 3 & 4 \end{pmatrix} \qquad |A| = \begin{vmatrix} 1 & 2 \\ 3 & 4 \end{vmatrix} = 4 - 6 = -2 \tag{9.4}
$$

2×2 の行列の行列式の求め方は簡単だが，3×3 になると複雑になり，それを超えると手計算では困難になる。通常はコンピュータの計算に頼って求めることになる。

---

4) 数学的基礎の章で学んだ 2×2 の逆行列の求め方を思い出すと，$1/(a_{11} \times a_{22} - a_{21} \times a_{12})$ という要素があった。もし，この分母が 0 になるなら数学的に 0 で割るということは定義されていないので，逆行列が求められないことになる。言い換えると行列式の値が 0 なら逆行列は存在しないということがわかる。

では，行列式とはそもそも何かということになるのだが，例えば，ある立方体を考えてみよう。縦と横と高さという 3 つの次元からなる。これは 3 つの要素からなる行列のように捉えることもできる。一方で縦と横と高さの 3 つをかけると体積という単一の値（スカラー）を求めることができる。ここで重要なのは行列という複数の値からなるものが，単一の値に変換できたということである。

変換された値を用いて統計的な分布に従う統計量を作ることができれば検定が可能になる。実際，次の式で Wilk's Lambda(Λ) という値に変換して，それを F 分布に従う値にさらに変換できる。F 分布に従う F 値が求まれば，分散分析のように検定が可能になる。

ただし，分散分析と違って検定基準は 1 つではなく，4 つある。最もよく利用されるヴィルクスのラムダ (Λ) は $|SSCP_E|/|SSCP_T|$ として簡単に求めることができる。

$$|SSCP_E|/|SSCP_T| = |SSCP_E|/(|SSCP_B| + |SSCP_E|)$$

なので，処理効果がなく，$|SSCP_B|$ が 0 なら，$|SSCP_E|/|SSCP_E|$ となって，ラムダ (Λ) は 1 になる。一方，処理効果が大きく，$|SSCP_B|$ が大きな値をとるとラムダ (Λ) は 0 に近づく。

$$SSCP_E = \begin{vmatrix} 120 & 188 \\ 188 & 312 \end{vmatrix} = (120 \times 312) - (188 \times 188) = 2096 \qquad (9.5)$$

$$SSCP_T = \begin{vmatrix} 128 & 220 \\ 220 & 440 \end{vmatrix} = (128 \times 440) - (220 \times 220) = 7920 \qquad (9.6)$$

$$\Lambda = \frac{|SSCP_E|}{|SSCP_T|} = \frac{2096}{7920} = 0.2646 \qquad (9.7)$$

(1) 多変量分散分析の検定基準

行列式を用いて行列をスカラーにしてヴィルクスのラムダ (Λ) を求めたが，行列から値を取り出すもう 1 つの考え方がある。それは固有値を求める方法である。

分散分析の考え方では処理効果に対する誤差の比をもとに F 値を求めた[5)]。多変量分散分析でも，同じように処理効果に対する誤差を考えてみる。処理効果は $SSCP_B$，誤差は $SSCP_E$ と表現されているので，$SSCP_B/SSCP_E$ としたいのだが，行列なので単純に割り算はできない。代わりに行列の割り算に相当するものとして逆行列を利用する。こうして $SSCP_E$ の逆行列を用いて $SSCP_B \cdot SSCP_E^{-1}$ 行列を考える。

$$SSCP_B \cdot SSCP_E^{-1} = \begin{pmatrix} 8 & 32 \\ 32 & 128 \end{pmatrix} \begin{pmatrix} 0.1489 & -0.0897 \\ -0.0897 & 0.0573 \end{pmatrix}$$

$$= \begin{pmatrix} -1.6794 & 1.1145 \\ -6.7176 & 4.4580 \end{pmatrix} \tag{9.8}$$

ここで，この行列から固有値を取り出す。ただ，行列式の時と異なり，1 つの値だけではなく，変数の数に応じて複数の値が抽出される。計算すると次のように 2 つの固有値を得ることができる。

$\lambda_1 = 2.7786,\ \lambda_2 = 6.043910^{-10}$ この例では λ_2 は限りなく 0 に近いので，0 とみなしてもよいだろう。

この固有値からヴィルクスのラムダ (Λ) を含めて 4 つの検定基準が計算される。

- **ヴィルクスのラムダ基準**(Λ)(Wilks's lambda)

  $\Lambda = \prod(1+\lambda_i)^{-1}$

- ローリー・ホテリングのトレース基準 (Lawley-Hotelling Trace)

  $\tau = \sum_{i=1}^{S} \lambda_i$

- ピレーのトレース基準 (Pillai's Trace)

  $V = \sum_{i=1}^{S} \frac{\lambda_i}{1+\lambda_i}$

- ロイの最大根基準 (Roy's Greatest Characteristic Root)

  $\theta = \lambda_1$ (あるいは $\theta = \frac{\lambda_1}{1+\lambda_1}$)

---

5) 正確には自由度で割った平均平方を用いた。

ローリー・ホテリングのトレース基準は次のように計算できる。

$$\tau = \sum_{i=1}^{2} \lambda_i = 2.7786 + 0.0000 = 2.7786$$

ピレーのトレース基準は次のようになる。

$$V = \sum_{i=1}^{2} \frac{\lambda_i}{1+\lambda_i} = \frac{2.7786}{1+2.7786} + \frac{0.0000}{1+0.0000} = 0.7354$$

ロイの最大根基準は全ての固有値ではなく，最大固有値のみを採用して，2 番目以降の固有値は評価しない[6)]。今回のデータでは第 2 固有値はほぼ 0 で第 1 固有値のみなので $\theta = \lambda_1 = 2.7786$ となり，ローリー・ホテリングのトレース基準と同じ値になっている。

統計ソフトウェアによっては固有値自体ではなく，$\lambda_1/(1+\lambda_1)$ が出力されることもある。また，こちらの値がロイの最大根基準とされていることもある[7)]。こちらの式は検定のために用意されている特別な統計表と対照させるために利用される統計量である。

ヴィルクスのラムダ基準は次のようになる。ここで，$\prod$ は総乗 (product) のことで，順に掛けていくことを意味する。

$$\Lambda = \prod_{i=1}^{2} (1+\lambda_i)^{-1} = (1+2.7786)^{-1} \times (1+0)^{-1} = 0.2646$$

結果は行列式で求めた値と一致していることが確認できる。これらの基準から，分散分析で馴染みのある F 値を得ることができる。F 値の解釈は通常の分散分析と同じである。4 つの基準で異なる F 値が得られた場合には，どれが適切かを判断しなくてはならない。その場合に考慮すべきことが次の節で述べる多変量分散分析の前提条件である。

6）後の章で扱う主成分分析に例えると，第 1 主成分のみで違いを判定するようなものであり，他の 3 つの基準は全ての主成分を考慮して判定することに相当する。

7）SPSS, Stata, Jamovi ではロイの最大根自体である λ_1 の値が出力される。ただし，SPSS の Statistical Algorithms 22.pdf では，ロイの最大根として上記の最大根基準の式が記述されている。

(2) 多変量分散分析の前提条件

分散分析に前提条件があったように多変量分散分析にも対応した前提条件がある。

表 9.5　分散分析と多変量分散分析の前提条件

分散分析	多変量分散分析
従属変数は量的尺度	従属変数は量的尺度
観測値の独立性	観測値の独立性
正規性	多変量正規性
分散の等質性	分散共分散行列の等質性

従属変数は量的であることが前提であり，カテゴリカルなデータは分析対象にならない。観測値の独立性は無作為抽出が行われていれば満たされるはずである。正規性に関しては分散分析では従属変数が 1 つだけなので，その変数を検討すればよかったが，多変量分散分析では複数の従属変数があるので，個々の従属変数が正規分布に従うだけではなく，変数全体として**多変量正規分布**に従う必要がある。

多変量正規分布に従っているなら，個々の変数も正規分布に従うのであるが，個々の変数が正規分布に従うからといって全体として多変量正規分布に従うとは限らない。しかし，個々の変数が正規分布に従っていないなら，そもそも多変量正規分布に従っていることはないので正規性の検定である Shapiro-Wilk の正規性の検定を行ってみることが考えられる。

また，分散共分散行列の等質性を検討するためにボックスの共分散行列の等質性検定やバートレットの球面性の検定を行うこともできる。これらは，利用する統計ソフトの出力がどの検定をカバーしているかで考えてみるとよいだろう。

前提条件が満たされていない場合でも，分散分析が正規性や分散の等質性に頑健であるのと同様に，多変量分散分析も頑健な手法であると見なされているので，それに期待するということも考えられる。また前提条件が満たされていないとしてもその程度はどれほどで検定結果にどう影響するか，あるいはしないのかは分析者が判断しなくてはならない。

これらを考慮した上で，4 つの基準のどれを採用するかを決定するのだが，決定的な答えはない。やはりデータをみて研究者が判断することになる。

まず，ロイの最大根基準は 1 つの固有値が極端に大きい場合に最も適切になる。ピレーのトレース基準は等質性からの逸脱に頑健であるという (Baker & Baker, 1984)。ヴィルクスのラムダ基準は複数の変数が差異の検出に相対的に同じ重要度で貢献している場合に適当とされる。どの基準でも大差がないのであればヴィルクスのラムダ基準を報告しておくのが一般的である。別な方策として 4 つすべてを報告するということも考えられる。

(3) 多変量分散分析の結果の解釈

分散分析の解釈が全体の検定結果の検討，次に下位検定として多重比較検定に進むように，多変量分散分析でも全体の結果から，下位検定として個別の分散分析の結果へと進む。もし，多変量分散分析の結果が有意でなければ，基本的に分析はそこで終了になる。仮に個々の分散分析の結果の中に有意な結果があってもそれを報告してはならない。これは分散分析で有意ではないのに，下位検定である多重比較検定の結果を取り出して報告してはならないのと同じである。加えて，多変量分散分析で下位検定として扱う分散分析は，多重比較を考慮した調整が行われていない。つまり，多重比較を行っているわけで，偶然に有意差がでる可能性が高まっていることにも注意しなくてはならない。有意差が見られた分散分析の結果から，さらに平均値の違いを検討していくことになる。また，どの従属変数が大きな影響力を受けているのかを検討する。

ここで多変量分散分析の全体の結果は有意であるが，個々の分散分析では有意な結果が 1 つもない場合はどう解釈すればよいだろうか。この場合は，全体に有意差があったと報告して問題はない。個々の変数だけでは差がないとしても，変数同士の結びつきで差が見られるということになるからである。

演習問題

以下は2つの学習方法が国語力に影響するかを，2つの指標（読みと書き）で測定したデータとする。ヴィルクスのラムダ基準の値を求めてみよう。

表 9.6　学習方法と国語力 (読みと書き)

NO	学習方法	読み	書き
1	A	10	12
2	A	15	18
3	A	20	23
4	B	30	10
5	B	15	16
6	B	20	12

正解：$\Lambda = 0.507$

参考文献

Barker, H. R., & Barker, B. M. (1984). *Multivariate Analysis of Variance (MANOVA) -A Practical Guide to Its Use in Scientific Decision Making-*. The University of Alabama Press.

千野 直仁 (1995). 教育や心理の分野における ANOVA, MANOVA, GMANOVA 適用上の問題点. 愛知学院大学文学部紀要. 第 25 号, 71-96.

Field, A. (2000). *Discovering Statistics: using SPSS for Windows.* SAGE Publications.

Grimm, L. G., & Yarnold, P. R. (1994). *Reading and understanding multivariate statistics.* American Psychological Association (APA). (グリム, L.G., & ヤーノルド.P.R.　小杉考司 (監訳) (2016). 研究論文を読み解くための多変量解析入門–重回帰分析からメタ分析まで–　北大路書房)

SPSS INC. (1997). *SPSS 7.5 Statistical Algorithms.*

Stevens, J. P. (2002). *Applied multivariate statistics for the social sciences.* (4th ed.) London : LEA.

10 主成分分析と因子分析

小野寺　孝義

主成分分析と因子分析の類似点と相違点を理解する。

1. 主成分分析の考え方

主成分分析は，多数の変数を少数の合成変数に縮約する手法である。例えば，大学入試を考えてみよう。単純化して国語，英語，数学の3科目だけで各100点満点の入試とする。一般的には得点を合計して合否を決めているのであるが，これは良い方法とは限らない。各科目の得点パタンは無視されてしまうからである。同じ210点の生徒でも，それぞれの科目で70点をとった生徒，他の科目は満点だが英語だけ，あるいは数学だけ10点という場合もあるだろう。もし，英語主体の授業を行う大学なら英語がまったくできない生徒を入学させるのは適切ではないだろう。同様に数学的な内容が重視されるカリキュラムの大学では数学ができない生徒は授業についていけないかもしれない。

これは極端な例であるが，たかだか3科目でも得点のパターンはいろいろ考えられる。実際には入試科目は5科目とか，あるいはもっと多いかもしれない。物理的な次元とは違い，数学的には何次元でも考えることができる。ここでの科目は統計学的脈絡では変数と言い換えることができるので，100個の変数は100次元空間を構成しているとみなすこともできる。

人間は空間には慣れ親しんでいる。そういう意味では縦・横・高さの3次元までは直感的に捉えることができる。しかし，100次元空間を把握できる人はいないであろう。もし，100次元がより少ない，例えば3次元に縮約できたなら，理解しやすくなるのは間違いないだろう。では，多次元をどうすれば少ない次元に縮約できるのであろうか。ここでは，人間が理解しやすい 3 次元という簡略した例で考えていく。

国語・英語・数学の 3 科目を縦・横・高さに対応するとみなせば，図 10.1 のように 3 次元空間ができることになる。その空間には個々の生徒の点数が点のようにプロットできる。

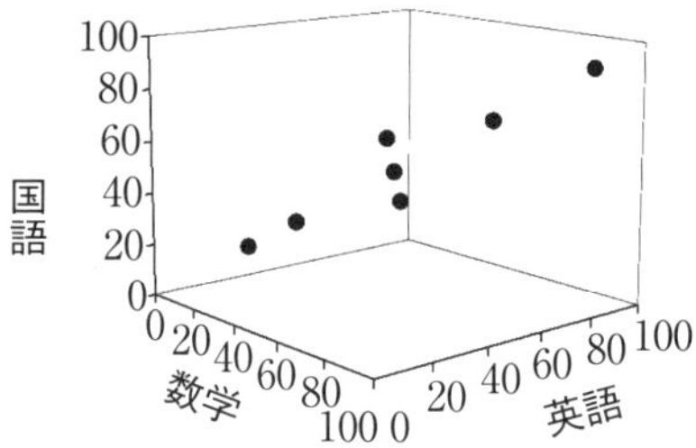

図 10.1　受験科目の点数

図 10.1 では例示のためにわずかな点しかプロットしていないが，点が多くなれば，それは 1 つのかたまりのように見えるだろう。ここでは，そのかたまりがフライドチキンとしよう。フライドチキンを食べた翌日に，誰かにどのようなフライドチキンを食べたのか形状を尋ねられたとしたらどう答えるだろう。フライドチキンは，3 次元に存在するものなので，正確な形状を伝えるには縦・横・高さの 3 次元が必要になる。だが，そのフライドチキンが薄く引き延ばされて，揚げられていたらどうだろうか。この場合，2 次元の平面で形状を伝えても，問題がないかもしれない。例えば,「昨日食べたフライドチキンの形は菱形だった」というように。ここでフライドチキンの厚みは無視されてしまっている。しかし，薄く引き延ばされているのであれば，厚みは誤差として無視してしまってもよいと考えるのである。

図 10.1 の見る角度を変えたのが，図 10.3 である。点が平面上に載るので，その平面も描いてある。平面は 2 次元なので，点が全て平面に載るなら，もともとの 3 次元が 2 次元に縮約できたことになる。

図 10.1 の見る角度をさらに変えたのが，図 10.4 である。こうなると点

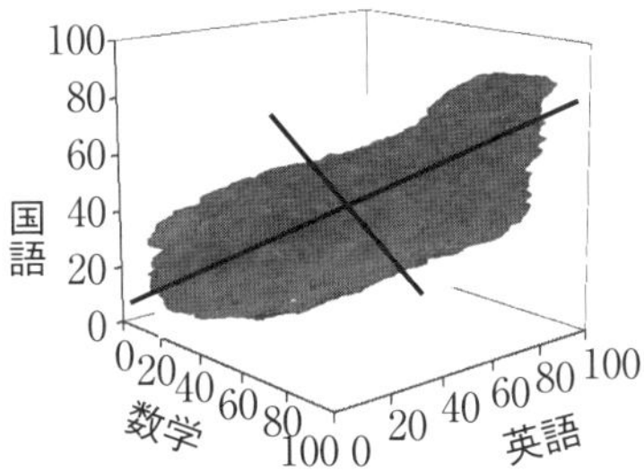

図 10.2　データがフライドチキン風なら

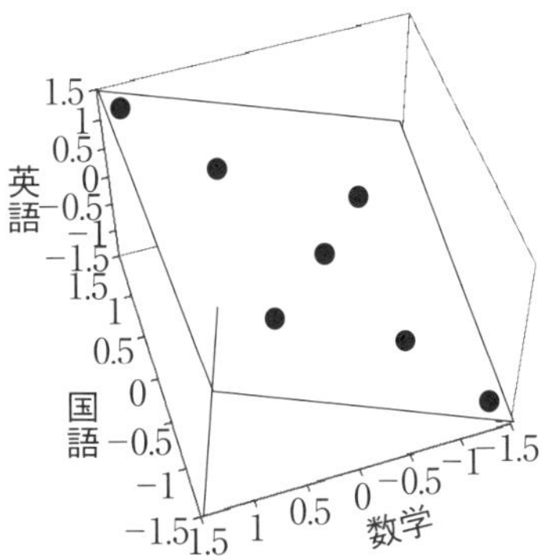

図 10.3　受験科目が平面に載る場合

は直線上に載っているように見える。フライドチキンの例で言えば，ペンシル状の細長いフライドチキンを食べたということである。

実際には図 10.3 の平面表現でわかるように 2 個だけ点は直線上に載らない。しかし，ここでも直線に載らない部分（差）は誤差だと見なせば，図 10.1 の 3 次元は 1 次元という直線で表せたことになる。

主成分分析が行う，多変数を少数の合成変数に変換することの仕組みは，このようになる。仮に 3 次元を 2 次元平面で表現できるなら，図 10.3 のようにあえて 3 次元で図示するよりも，2 次元平面で表現した方がよいだろう。

3 次元の時は縦・横・高さは国語・英語・数学の 3 科目だったが，2 次元平面にしたときは縦・横だけになる。そして，この縦・横はもはや元の国語・英語・数学の 3 科目ではない。新たな合成変数を表現している。この変数のことを主成分と呼ぶ。最もデータを説明する次元を第 1 主成分，第 1 主成分と直交して次にデータを説明する次元を第 2 主成分と呼ぶ。

ここでデータを説明するという意味は，データの分散を説明することを意味する。フライドチキンの例で言えば，肉の中心を通り，最も肉と接するよう串を刺して，それを第 1 主成分，その串と直角で，かつ中心を通り，次に肉と多く接する串が第 2 主成分となるわけである。

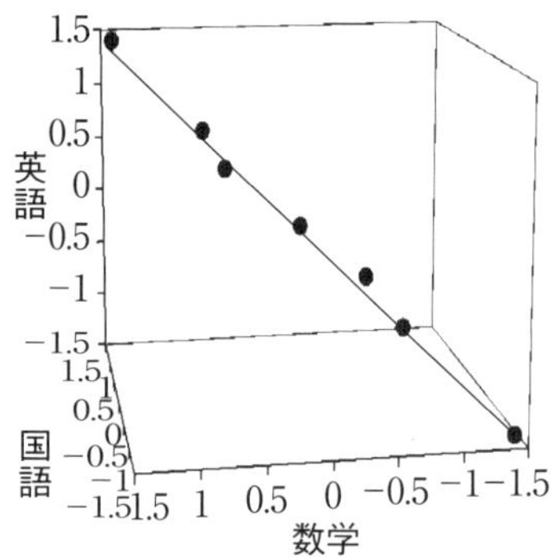

図 10.4　受験科目が直線に載る場合

こうして見ていくと，主成分分析とはデータをより説明できる新たな座標軸を作っていく方法と考えることができる。もともとの変数を新しく作られた座標軸で表現するためには，もともとの変数に重み付けをして新しい変数（主成分）として表現する必要がある。この重み付けというのは幾何学的にはもともとのデータから，新たな座標軸への射影のことである。ところが，重み付けに制約をかけないと，無数の解が出てしまうので重み付けの 2 乗和を 1 にするという制約をかける。この条件の下で最もデータを説明できる軸を探すことになる。

さて，ここで最も説明できるという意味は何だろうか。フライドチキンの例では，最も肉に接するよう串を刺すことと説明したが，統計学的にそれを正確に言うと，最も分散が大きくなるということになる。分散，すなわち散らばりが説明力（情報量）ということである。より広く散らばっているところが，より説明力が高いということである。具体的な例で考えると，ある人を知りたいとして性別しかわからないなら，男性か女性かという 0・1 だけなので散らばりはすくない。男性か女性かわかったところで，その人を知るには情報が少ない。一方で，その人の年収がわかったとする。年収は散らばりが大きいので，その人をより知る手がかりになるだろう。年収によって職業や資産，年齢，衣食住まで推測できるかもしれない。つまり，性別よりも年収の方が分散が大きく，情報量も多いと言うことである。

主成分分析では，データは新たな変数（主成分）とその重み付けからなると考える。元々の変数は x として，ここでは x を標準化した変数を z としている。

$$\begin{aligned} z_1 &= a_{11}f_1 + a_{12}f_2 + \cdots + a_{1p}f_p \\ z_2 &= a_{21}f_1 + a_{22}f_2 + \cdots + a_{2p}f_p \\ &\vdots \\ z_m &= a_{m1}f_1 + a_{m2}f_2 + \cdots + a_{mp}f_p \end{aligned} \tag{10.1}$$

これを行列で表現すれば次のようになる。

$$Z = FA' \tag{10.2}$$

これを F の式に変形すれば $F = ZA^{-1}$ となり，式 (10.3) のようになる[1)]。標準化されたデータに重み付けをして，主成分という新たな変数が表現されることがわかる。

$$\begin{aligned} f_1 &= b_{11}z_1 + b_{12}z_2 + \cdots + b_{1p}z_p \\ f_2 &= b_{21}z_1 + b_{22}z_2 + \cdots + b_{2p}z_p \\ &\vdots \\ f_m &= b_{m1}z_1 + b_{m2}z_2 + \cdots + b_{mp}z_p \end{aligned} \tag{10.3}$$

こうして，元の変数 z に b を重み付けした f の分散が最大化される基準を得て，大きい順に第 1 主成分，第 2 主成分,$\cdots$，第 m 主成分となる。

1）重み付け a は，そのまま全く同じではないのでここでは b で表している。

では，分散を最大化する軸はどう決めれば良いのだろうか。視覚的には図 10.3 をみれば，最も散らばりが大きい軸をどうとればよいかは明白であるが，それを数学的に求めなくてはならない。最大化したり，最小化する基準を求めるためには微分を使うことができる。多変数なら偏微分を利用する。ただし，求める際に重み付けの 2 乗和を 1 にするという制約があった。このような制約がある場合に最大値や最小値を求める方法としてラグランジュの未定乗数法がある。λ というラグランジュ乗数を導入して偏微分を行い，方程式を解くことで解が得られるのである。ラグランジュの未定乗数法を用いて，偏微分を行い，最も分散が最大化される基準を求める式を導き出し，それを行列の形で表現すると次のようになる。R は相関行列，A は要素 a からなる重み付けベクトルを表している。

$$RA = \lambda A \tag{10.4}$$

この式はよく見ると 2 章で出てきた固有値の式と同じ形である。つまり，主成分分析で制約条件の下で分散が最大化される解を求めるということはデータの相関行列[2)] を固有値分解することに他ならない。得られた固有値が大きい順に分散をより説明している主成分を意味する。

原理的には 10 変数あれば 10 個の主成分軸が作られる。これは 10 次元のものを表現するには厳密には 10 次元が必要だからである。しかし，説明力が低い主成分は無視することで、情報を縮約するという目的が達成できるのである。

(1) 主成分分析の実際

もとのデータを p 個の変数，n 人のケースとする。行列で表現すると X と表せる。変数ごと（列ごと）に平均 0，標準偏差 1 に標準化して z

2） 主成分分析ではデータの分散共分散行列に対して分析を行うことと相関行列に対して分析を行うことの両方ができる。ただし，分散共分散行列に対して分析を行う場合にはデータの単位の違いなどに注意を要する。ここでは因子分析との比較も考慮して相関行列に対する分析としている。

得点に変換したものを Z とする。

$$X = \begin{pmatrix} x_{11} & x_{12} & \cdot & x_{1p} \\ x_{21} & \cdot & \cdot & x_{2p} \\ \cdot & \cdot & \cdot & \cdot \\ x_{n1} & \cdot & \cdot & x_{np} \end{pmatrix} \qquad Z = \begin{pmatrix} z_{11} & z_{12} & \cdot & z_{1p} \\ z_{21} & \cdot & \cdot & z_{2p} \\ \cdot & \cdot & \cdot & \cdot \\ z_{n1} & \cdot & \cdot & z_{np} \end{pmatrix}$$

ここで標準化された Z 同士を掛けたとすると $Z'Z$ になる。ここで 6 章の相関の式を思い出すと次のようになっていた。

$$r = \frac{1}{n}\sum_{i=1}^{n}\frac{(x_i - \bar{x})(y_i - \bar{y})}{SD_x \cdot SD_y} \tag{10.5}$$

もし，変数が標準化されているなら平均の $\bar{x}$ や $\bar{y}$ は 0 であるし，標準偏差の SD_x や SD_y は 1 である。つまり，標準化されたデータでは相関の式は次のように簡略化される。

$$r = \frac{1}{n}\sum_{i=1}^{n}(x_i)(y_i) \tag{10.6}$$

言い換えると標準化された変数なら，掛けて加算して n で割れば相関になるということである。$Z'Z$ は掛けて加算していることになるので，n で割れば相関行列 R になる。

$$\frac{1}{n}Z'Z = R \tag{10.7}$$

最も分散を説明する軸を決めるために，この R を固有値分解して，対角要素に固有値からなる行列 Λ にすることを考える。そのために直交行列 C を考える。直交行列なので $C'C = CC' = I$ である。普通の数字で 1 を掛けても，元の値が変わらないように直交行列を掛けてもデータの形状自体は変わらない。

$$C'RC = \Lambda \quad \Rightarrow \quad CC'RCC' = C\Lambda C' \quad \Rightarrow \quad R = C\Lambda C' \tag{10.8}$$

ここで直交行列 C の役割はデータの回転である。フライドチキンが形を変えないまま，回転しているようなものである。回転して最も分散が説明できる，固有値を対角要素に持つ行列を求めるのである。固有値を求めるアルゴリズムにはパワー法やヤコビ法などがあるが，計算の詳細はここでは触れない。

$$R = C\Lambda C \Rightarrow R = C\Lambda^{1/2}(\Lambda^{1/2})'C' \Rightarrow R = C\Lambda^{1/2}(C\Lambda^{1/2})' \tag{10.9}$$

ここで $C\Lambda^{1/2}$ を A とおけば，相関行列 R が AA' に分解できたことになる。この A が主成分負荷量である。

では, この A は何を意味するのだろうか。式 (10.2) で見たように $Z = FA'$ が主成分分析のモデルである。それを代入していく。

$$R = \frac{1}{n}Z'Z = \frac{1}{n}(FA')'(FA') = \frac{1}{n}(AF')(FA') = A(\frac{1}{n}F'F)A' \tag{10.10}$$

ここで $(\frac{1}{n}F'F)$ とは主成分同士の相関を意味する。しかし，主成分同士は直交するよう決められているので相関はない。結局，$(\frac{1}{n}F'F) = I$ となって，上の式から消えるので，$R = AA'$ が成立することがわかる。

ここで，標準化されたデータ Z と主成分得点 F の相関を考えてみる。ともに標準化されているので，掛けて加算して n で割れば相関になる。主成分分析のモデルである $Z = FA'$ を変形して $F = ZA^{-1}$ を代入すると次のようになる。

$$\frac{1}{n}Z'F = \frac{1}{n}Z'ZA^{-1} = AA'A^{-1} = A \tag{10.11}$$

ここからわかることは主成分負荷量である A は，新たな主成分変数の主成分得点と元のデータとの相関を表しているということである。こうして主成分負荷量の大きさを元の変数との関係の大きさと解釈して，新たな合成変数（主成分）を意味づけ，命名していくのである。

(2) 主成分分析の出力例

出力としては固有値の表と主成分負荷量の表が主になる。

まず，固有値の出力である表 10.1 を検討して，新しい変数である主成分の数を決定する。固有値が 1 というのは変数 1 個分の情報量に相当す

表 10.1　主成分分析の出力　固有値

主成分	固有値	分散の%	累積%
1	2.083	41.67	41.67
2	1.163	23.26	64.93
3	⋯	⋯	⋯
5	0.366	7.33	100.00

表 10.2　主成分分析の出力　主成分負荷量

変数	第 1 主成分	第 2 主成分
国語	0.84	−0.02
英語	0.72	−0.37
⋯	⋯	⋯
数学	−0.22	0.74

るので，1 以下は元の変数の情報量にも満たないと考えられる。従い，変数の情報を縮約するという観点では固有値 1 未満を採用するのは不適切なので 1 以上の主成分を選ぶということがよく行われる。固有値を折れ線グラフにして視覚的に判断するスクリープロットと呼ばれる手段もあるが，基本的には固有値で判断していることに変わりはない。他に分散の%やその累積%が出力されることが多く，これは固有値が分散を表しているので固有値の%や累積%と同じことである。これらを手がかりにいくつの主成分を抽出するかを決める。事前にデータが何次元を表すのか仮説があるなら，抽出する次元の数を決めておくこともできる。

次に抽出された主成分の解釈は表 10.2 で行う。各主成分に対して −1 ∼+1 の主成分負荷量が示される。前に示したように，この負荷量は新たな変数である主成分得点と元の変数の相関を意味するので，その絶対値の大きさで影響力の強さを知ることができる。プラスとマイナスは影響の方向を意味する。

主成分が何を意味しているのかは，自動的に決まらないので分析者が負荷量を手がかりに解釈することになる。それぞれの主成分に名前を与えることで解釈がしやすくなることもあるかもしれない。例えば，英語や国語に高く負荷する主成分は文系因子，数学や理科に高く負荷する主成分は理系因子と名付けるかもしれないし，言語因子と計算因子と名付けるかもしれない。

2. 因子分析

因子分析は心理学の分野で，当初は知能モデルを説明するために開発された手法である。Spearman は知能の 2 因子モデル (two-factor theory) を提唱した。ある課題を解くために必要な知能として，その課題に限らずどの課題にも影響する一般因子 (general factor) とその課題にのみ影響する特殊因子 (specific factor) を考えたのである。例えば，英数国理社の 5 科目を考えてみると，できる人はどの科目もできることが多い。これは一般因子が 5 科目全てに影響しているからだとすると説明できる。一方で，他の科目はできないが，音楽や美術，体育など科目によってそれだけが優れている人もいるかもしれない。一般因子だけではこれは説明できない。そこで，その科目のみに影響している因子として特殊因子を仮定したのである。実際には 5 教科についても，影響力は小さくてもそれぞれの科目に特殊な因子は仮定されるだろう。

もともとの Spearman の 2 因子モデルでは一般因子は 1 つだけであったが，その後の研究で 2 因子モデルがいつでも適切とは限らないことがわかってきた。むしろ一般因子を 1 つではなく，複数の因子を仮定した方が自然という考え方も出てきた。図 10.5 は 2 つの因子を仮定した仮想例である。

図 10.5 で矢印に数値で示されたものが因子負荷量であり，重み付け，すなわち影響力の強さと見なせる。因子負荷量を表で示してみると表 10.3 のようになる。

表 10.3 でわかることは，主成分分析の表 10.2 と出力形式が同じであるということである。また負荷量の解釈の仕方も同じである。高い負荷の変数とは関係が強いとして，例えば第 1 因子には英語や国語，社会に

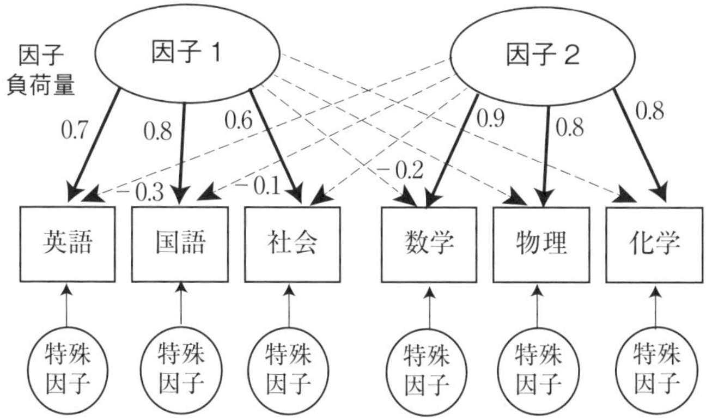

図 10.5　2 因子の仮想例

表 10.3　因子分析の出力　因子負荷量

変数	第 1 因子	第 2 因子
国語	0.8	−0.1
英語	0.7	−0.3
…	…	…
数学	−0.2	0.9

高く負荷しているので文系因子，第 2 因子には数学や理系科目が高く負荷しているので理系因子と解釈していく。

このように出力が似ているので主成分分析と因子分析が同じであると勘違いを犯しやすい。統計ソフトでも主成分分析と因子分析が 1 つのメニューに収められていることが多い。結果として主成分分析と因子分析は同じものだとか，主成分分析は因子分析の種類の 1 つと勘違いしてしまいがちである。しかし，実際には背景にある考え方は全く異なる。

3. 因子分析の考え方

主成分分析は複数の観測変数を少数の合成変数に縮約する手法であった。解は数学的に決まるし，手法も 1 つだけである。

主成分分析のモデルと因子分析のモデルを行列で表現すれば次のよう

になる。

$$Z = FA' \text{ (主成分分析)} \quad vs. \quad Z = FA' + UV \text{ (因子分析)} \quad (10.12)$$

一見，主成分分析のモデルに UV という要素が付加されただけの違いに思える。この UV は特殊因子の負荷量と特殊因子得点を表している。問題は，この特殊因子に関わる UV を一意に決める方法がないと言うことである。結果として，UV を推定・計算するために主因子法，最尤法，一般化最小 2 乗法，アルファ因子法，イメージ因子法 etc. とさまざまな手法が提案されている。

正確に特殊因子の負荷量と因子得点が求められないので，UV をまとめて誤差として E とおく。主成分分析の式 (10.7) でみたように
$R = 1/n\,Z'Z$ が成立する。式 (10.10) で主成分分析モデルを代入したように，今度は因子分析モデルを代入してみよう。ここで因子得点と誤差はそれぞれ標準化された得点なのでかけて $1/n$ とすれば相関となる[3)]。因子得点と誤差はお互いに独立，誤差同士もお互いに独立なので相関はない。結局，次の関係が成り立つ。カッコの転置「$'$」を外すと行列の順序が逆になることに注意して展開してみよう。

$$\frac{1}{n}(F'F) = I, \qquad \frac{1}{n}(F'E) = \frac{1}{n}(E'F) = 0, \qquad \frac{1}{n}(E'E) = V \qquad (10.13)$$

なお，誤差同士の相関行列については，お互いが無相関なので対角要素だけに値を持ち，非対角要素は 0 の行列になる。それを V と表している。

$$\begin{aligned}
R &= \frac{1}{n}Z'Z = \frac{1}{n}(FA' + E)'(FA' + E) \\
&= \frac{1}{n}(AF' + E')(FA' + E) = \frac{1}{n}(AF'FA' + AF'E + E'FA' + E'E) \\
&= A\frac{1}{n}(F'F)A' + A\frac{1}{n}(F'E) + \frac{1}{n}(E'F)A' + \frac{1}{n}(E'E) \\
&= AIA' + A0 + 0A' + V \\
&= AA' + V
\end{aligned} \qquad (10.14)$$

3) 式 (10.6) を参照。

結局，主成分分析と因子分析では相関行列 R が次のように分解されることになる。

$$R = AA' \text{ (主成分分析)} \quad vs. \quad R = AA' + V \text{ (因子分析)} \tag{10.15}$$

ここで V を移項して $R - V$ を R^* と表記してみると主成分分析の分解と同じになることがわかる。

$$R = AA' + V \quad \Rightarrow \quad R - V = R^* = AA' \tag{10.16}$$

この R^* のことを割引相関行列と呼ぶ。

$$R^* = R - V = \begin{pmatrix} 1 & r_{12} & \cdot & r_{1p} \\ r_{21} & 1 & \cdot & r_{2p} \\ \cdot & \cdot & \cdot & \cdot \\ r_{p1} & r_{p2} & \cdot & 1 \end{pmatrix} - \begin{pmatrix} v_{11}^2 & 0 & \cdot & 0 \\ 0 & v_{22}^2 & \cdot & 0 \\ \cdot & \cdot & \cdot & \cdot \\ 0 & 0 & \cdot & v_{pp}^2 \end{pmatrix}$$
$$= \begin{pmatrix} 1 - v_{11}^2 & r_{12} & \cdot & r_{1p} \\ r_{21} & 1 - v_{22}^2 & \cdot & r_{2p} \\ \cdot & \cdot & \cdot & \cdot \\ r_{p1} & r_{p2} & \cdot & 1 - v_{pp}^2 \end{pmatrix} \tag{10.17}$$

この割引相関行列の対角要素は上のように $1 - v^2$ になるが，これを共通性 (communality) と呼ぶ。v が特殊因子の要素を含むことを考えると，共通性とは 1 から特殊因子の要素を引いたものということがわかる。共通性が高いと言うことは，特殊因子の要素が少ないということであり，共通性が低ければ，その因子にだけに特殊な影響があると解釈できる。

この割引相関行列を第 1 因子から第 m 因子まで因子負荷量の要素に分解していくことになる。

(1) 因子の回転

因子分析では因子の回転が行われることが多い。簡単に言えば，因子負荷量が解釈しやすいように因子負荷量を回転させるのである。回転の種類としては大きく分けると直交回転と斜交回転がある。

表 10.4　直交回転と斜交回転

直交回転	斜交回転
因子が直交して独立	因子間に相関を認める
因子が独立なので 因子の命名がしやすい	因子間相関を忘れて直交のように 命名・解釈する危険がある
因子負荷量（=構造行列） のみ解釈すればよい	因子負荷量と構造行列という 2 つが出力され，解釈が難しい
自然現象との対応では厳しい 制約かもしれない	より自然現象と対応している 可能性が高い
因子得点を後から 利用することができる	因子得点の 利用が困難
バリマックス回転	**プロマックス回転**

直交回転，斜交回転ともに多くの方法が提唱されているが，ここでは最も代表的でよく利用されているバリマックス回転とプロマックス回転を取り上げる[4)]。

(2) 直交回転

バリマックス回転は単純構造を目指す。単純構造とは各変数がある因子には高く負荷し，他の因子には低く負荷するような構造である。

表 10.5　因子分析の出力　因子負荷量

回転前	第 1 因子	第 2 因子		回転後	第 1 因子	第 2 因子
国語	0.8	−0.5		国語	0.9	−0.1
英語	0.7	−0.3	⇒	英語	0.8	0.1
物理	0.6	0.2		物理	0.2	0.8
数学	0.5	0.3		数学	−0.1	0.9

4）統計ソフトにより SPSS では 5 種類，jamovi では 4 種類，Stata では 23 種類もの回転法ができる。直交回転のバリマックス回転，斜交回転のプロマックス回転は 3 つのソフトで共通している。ただし，プロマックスの指定するパラメータは若干違いがある。

これは極端な仮想例であるが，回転で固有の因子に負荷するように変換できれば解釈しやすくなるのがわかるだろう。バリマックス回転にはいくつかのバリエーションがあるが，基本的にはバリマックス基準と呼ばれる基準を最大化することを考える。ここで，a は最初に得られた因子負荷量を意味する。

$$\text{バリマックス基準}：V = \sum_{p=1}^{m} \left\{ \frac{1}{n} \sum_{j=1}^{n} \left(a_{jp}^2 - \frac{1}{n} \sum_{k=1}^{n} a_{kp}^2 \right)^2 \right\} \quad (10.18)$$

式 (10.18) は複雑すぎて簡単には意味がわからない。しかし，この式は何かの式に類似していることに気がつく。それは分散の式 $\sum \frac{1}{n}(x - \bar{x})^2$ である。2 乗や $\sum$ を無視して見ていくと，ある負荷量と負荷量の平均値の差を 2 乗している形，つまり本質的には分散の式に類似していると理解できる。分散は散らばりを表す指標だったので，それを最大化するということは散らばりが最大となる指標を探しているということである。単純構造とはある因子には高く，ある因子には低く負荷するような負荷量を求めると言うことであるから，負荷量間の関係を維持したまま極端な値になるような負荷量を求めているということでもある。値が極端と言うことは散らばりが大きい，つまり分散が大きいと言い換えてもよい。バリマックス基準の式の根底には負荷量の分散の最大化という考え方があることがわかる。

(3) 斜交回転

ここまでで示した因子分析は直交解のモデルで，主成分分析の $R = AA'$ と対比して示していた。斜交解の因子分析モデルでは次のように Φ という要素が入る。Φ は因子間の相関行列であり，ここで因子間の相関情報を含める。直交解の場合は因子間は無相関と仮定しているので $\Phi = I$ となり，Φ は消えて直交解の式になることがわかる。

$$R = AA' + V \ (\text{直交解}) \qquad vs. \qquad R = A\Phi A' + V \ (\text{斜交解}) \quad (10.19)$$

直交解と同じく A は因子負荷行列である。直交解ではこの因子負荷行列が，そのまま因子と元の変数の相関を表していたので解釈が簡単だった。しかし，斜交解では因子と変数の相関を表す行列は A ではなく，$A\Phi$ になる。そして，この $A\Phi$ が構造行列と呼ばれるものなのである。一方，A は文字通りの重み付け，つまり変数の強さを表す行列となる。従って，斜交解では因子負荷量と因子構造行列の両方を示し，解釈を行わなくてはならない。

ここでは，最も利用されているプロマックス回転の考え方と簡単な計算例を示しておく。プロマックス回転は直交回転と斜交回転を折衷したような方法である。最初にバリマックス直交回転を行い，そこで得られた因子負荷量から理想解 (ターゲット解) を構成する。

$$\text{理想解：} \quad p_{ij} = \left| \frac{\lambda_{ij}}{\sqrt{\sum_{j=1}^{m} \lambda_{ij}^2}} \right|^{k+1} \times \frac{\sqrt{\sum_{j=1}^{m} \lambda_{ij}^2}}{\lambda_{ij}} \tag{10.20}$$

ここで λ は初期因子負荷量 a にバリマックス基準を適用して得られた因子負荷量である。この式が意味する本質は因子負荷量を指数乗するということにある。究極の単純構造は変数の因子負荷が因子ごとに 0 か 1 に分かれることだろう。実際にはそんなにきれいには分かれないので，値が小さい負荷量はますます小さく，値が大きい負荷量はそれなりに大きいままにするという方策が考えられる。ここで負荷量を k 乗することを考えるとどうなるだろうか。例えば $k=4$ なら，0.1 の因子負荷量は $0.1^4 = 0.0001$ とずっと 0 に近い値になる。一方，0.9 の因子負荷量は $0.9^4 = 0.6561$ となってそんなに小さくなることはない。

ここでは表 10.5 の回転後がバリマックス回転だと仮定して理想解の計算を示しておく。なお，ここでは $k=4$ として計算している。国語の第 1 因子については

$$|0.9/\sqrt{0.9^2+(-0.1)^2}|^5 \times \sqrt{0.9^2+(-0.1)^2}/0.9 = 0.9758$$

同様にして全てを計算した結果を表 10.6 に示している。

こうして得られた理想解の負荷量は，まだプロマックス解ではないこ

表 10.6　理想解の計算

バリマックス回転後	第 1 因子	第 2 因子	理想解	第 1 因子	第 2 因子
国語	0.9	−0.1		0.9758	−0.0002
英語	0.8	0.1		0.9695	0.0002
物理	0.2	0.8		0.0035	0.8858
数学	−0.1	0.9		−0.0002	0.9758

とに注意しよう。理想解が得られたら，最小 2 乗基準でなるべく理想解に近づくように調整し，直交性の制約を緩め，斜交解とするのである。ターゲットとなる負荷量をあらかじめ決めて，それになるべく合わせるよう回転する手法はプロクラステス回転として知られており，プロマックスはバリマックス回転で得られた因子負荷量を極端化した理想解をターゲット負荷量としてプロクラステス回転を行っていると見なすことができる。

最後に k の値をどう決めるかという問題がある。式 (10.20) で $k = 1$ を入れると，何も変わらないのでバリマックス解がそのまま理想解になる。$k = 3$ なら Binormamin 解と同じになる。プロマックス解を提唱した Hendrickson and White (1964) は自分たちが例題データに当てはめた時に適合が良かったという理由で $k = 4$ を薦めている。統計ソフト SPSS や jamovi でもデフォルトは $k = 4$ (カッパの値) であるが，3 を採用しているソフトもあるようである。いずれにせよ，この k とはターゲット負荷量の大きい，小さいをより極端化するための指数の値だという本質が理解できていれば，選択の指針は得られるだろう。

(4) 因子分析の実際

分析結果を見て固有値とその累積%を基に因子の数を決めることが多い。その際には固有値を折れ線グラフとして示すスクリープロットと呼ばれる図を参考にすることもある。固有値の分散の%，累積%を見ることで選択した因子でデータがどれほど説明できるのかを知ることができる。

固有値の値 1 が変数 1 つの情報量に相当するので，1 以下は因子として採用しないことが多い。ただし，以前の研究結果や理論などから因子の数が事前に仮定できる場合もある。そのような場合には因子の数を決めた上で因子抽出を行う。因子抽出の方法はさまざまな方法が提唱されているが，最尤法が選択されることが実際には多い。多変量正規分布という前提が必要だが，その因子数のモデルがデータにどれほど当てはまっているかを示す**適合度検定**もできるからである。

統計ソフトでは Kaiser-Meyer-Olkin の標本妥当性の測度と Bartlett の球面性検定が利用できるものもある。Kaiser-Meyer-Olkin の標本妥当性の測度では値が 1 に近いほど共通因子の仮定が適切で，0.5 未満では因子分析は不適切と判断する。Bartlett の球面性検定は相関行列が単位行列かどうかの検定である。変数間の相関が 0 に近ければ，相関行列は単位行列に近いものとなり，因子分析は不適切なので，この検定で有意な差が見られることが分析の前提となる。共通性の推定値も出力されることが多い。共通性とは $1 - v^2$ であり，1 から特殊因子の成分を引いたものなので 1 に近いほど共通因子の成分が多く，低ければその変数独自の成分が多いと判断できる。

直交回転の場合には因子負荷量を解釈していく。因子負荷量自体が，その因子と変数の相関情報と見なせるのでそれを基に因子の命名を行う。最も変数間で共通して因子全体を表すような命名を行う。斜交回転では因子負荷量をそのまま変数との相関情報と見なせず，因子間にも相関があることを許しているので因子の命名はより注意が必要となる。因子間相関が出力されるソフトもあるので，それらを参考にしながら，因子の命名を行う。

演習問題

性格が5つの因子からなるとする Big Five 理論がある。そこで抽出された因子は英語で Neuroticism, Extraversion, Openness, Agreeableness, Conscientiousness である。自分ならどう因子名を訳するだろうか。また，実際にはどう訳されているのか調べてみよう。

参考文献

小野寺孝義・山本嘉一郎 (2004). SPSS 事典 BASE 編. ナカニシヤ出版.
Hendrickson, A. E., & White, P. O. (1964). PROMAX: A Quick Method for Rotation to Oblique Simple Structure. *The British Journal of Statistical Psychology*, Vol.152, 65-70.
芝祐順 (1983). 因子分析法　第 3 版. 東京大学出版会.
柳井晴夫・繁桝算男・前川眞一・市川雅教 (1990). 因子分析－その理論と方法－. 朝倉書店.

11 共分散構造分析

小野寺　孝義

潜在変数と観測変数の両方を用いてデータをモデル化する共分散構造分析について解説する。

1. 図による表示

統計学では図による表示がよく使われる。例えば，因子分析や主成分分析，数量化 III 類[1] などは得点だけではなく，多次元を複数の 2 次元座標に示して表示されるし，探索的分析と呼ばれる一群の手法には幹葉表示や箱ひげ図などがある。また，さまざまなプロットが考案されており，顔型グラフのように結果を人の顔の表情で表現するようなものまである。

これらは分析結果を図示するものであった。しかし，統計ソフトウェアの進化とともに分析結果だけではなく，分析手法が対象としている統計モデルをも図示することが一般的になってきた。実際，ほとんどの人にとって数式よりも図の方がわかりやすい。

共分散構造分析は潜在変数と観測変数からなるモデルを分析する手法であるが，LISREL と呼ばれる初期のプログラムなどは，数式を数多く設定してモデルを構築しなくてはならず，なかなか広まらなかった。

ところが，EQS や Amos と呼ばれる新たなソフトウェアが登場することで，共分散構造分析は誰でも簡単に使えるようになり，一気に広まった。数式を並べていくのではなく，変数を PC の画面上に配置していく

1） 統計数理研究所の（故）林知己夫が開発した質的データの多変量分析法

だけで分析が可能になったからである。こうして，共分散構造分析は単なる分析手法の１つというだけではなく，統計モデルを図示することを一般化したという意味でも影響が大きかった。

ここでは，これまでの章で扱ってきたいくつかの手法を共分散構造分析の図示手法で表現してみよう。

モデル図で，観測・測定できる変数は四角で表現する。直接観測できない変数，例えば性格や知能などの構成概念などは楕円で表現する。この直接観測できない変数を潜在変数と呼ぶが，因子分析で因子と呼ぶものに相当する。誤差変数も直接観測できるわけではないので潜在変数の一種と見なせる。

変数間の相関や共分散は双方向の矢印で表す。ある変数からある変数への影響力は矢印で示す。

こうして，相関や単回帰，重回帰などを図で表現すると図 11.1 や図 11.2 のようになる。

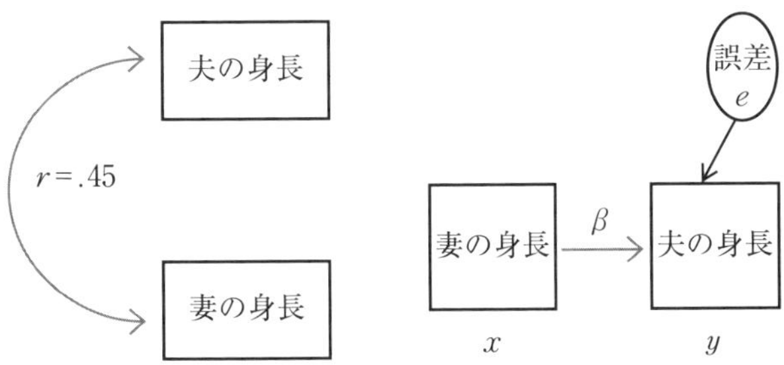

(a)　相関　　(b)　単回帰

図 11.1　相関と単回帰の図表現

誤差変数を別とすれば，観測変数だけのモデルで変数は四角で表現されている。単回帰分析は独立変数が１つなのに対して重回帰分析では独立変数が増えているのだということがすぐにわかる。また，回帰分析では，ある変数からある変数への影響力を β として求めているのだということが視覚的に確認できる。

もし，ある変数からある変数へ，そしてさらに別な変数へと逐次的な

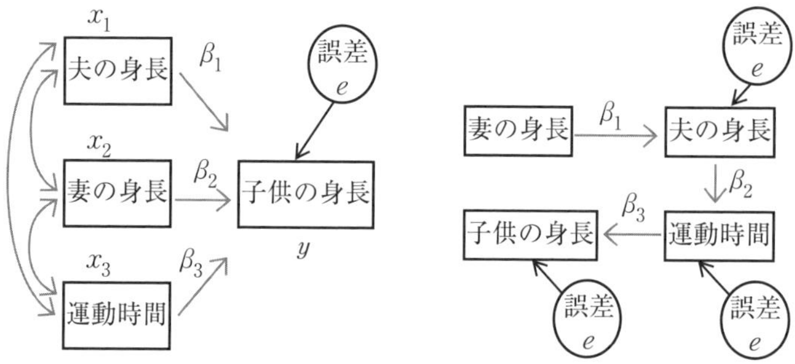

(a) 重回帰　　(b) パス解析

図 11.2　重相関係数とパス解析の図表現

変数関係を考えるモデルはパス解析と呼ばれる。回帰分析が1段階だけの影響力モデルであるのに比べてより複雑な因果的なモデルが作れることがわかる。ただし，扱うのは観測変数のみである。

ここまでは観測可能な変数のみのモデルを図示してきた。

ここで直接観測不能な潜在変数を加えたモデルはどう図示されるだろうか。因子分析における因子とは観測不能な潜在変数に他ならない。探索的な因子分析を図示すると図 11.3 の (a) のようになる。

ここで特殊因子と表示した中には誤差因子も含まれている。明確に特殊因子と誤差因子を区別する方法がないため，因子分析には特殊因子の推定方法の違いで複数の分析方法が存在している。

さて，共分散構造分析であるが，潜在変数と観測変数の両方を含みながら，パス解析のような複雑なモデルを構築し，そのモデルのあてはまりを検討できる解析手法である。

図 11.3 の (b) は観測変数と潜在変数がパス解析のような因果的なモデルになっていることがわかるだろう。こうして見てくると従来の分析で偏回帰係数，**因子負荷量**，パス係数など呼び方は手法によってさまざまだったものが，実際には同じ影響力の強さという1つの概念で把握することができるようになる。

このような図的な表現は統計手法の理解を助けてくれるが，それだけ

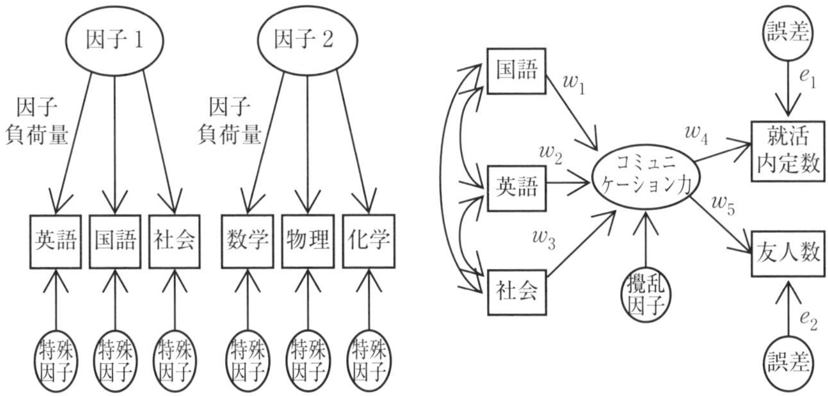

(a)　因子分析　　(b)　共分散構造分析

図 11.3　因子分析と共分散構造分析の図表現

ではない。共分散構造分析のソフト Amos ではちょうどお絵かきソフトのようなイメージで，この図を PC 上に作成することができ，図が作成できればそのまま分析結果が得られるのである。

2. 共分散構造分析の考え方

(1) 方程式

図 11.3 の (b) のモデルで共分散分析の考え方を見ていこう。図の矢印はパス解析同様パス係数と呼ばれるが，影響力と見なすと，その影響の大きさは重み付けで表現することができる。ある変数から 2 つの矢印が出ていて一方の影響力が他方の 2 倍なら，2 倍の重みをかければよいことになる。

ここで矢印を受けている潜在変数の「コミュニケーション力」を数式として表現すると次のようになる。d は攪乱因子である。

$$\text{コミュニケーション力} = w_1\text{国語} + w_2\text{英語} + w_3\text{社会} + d \qquad (11.1)$$

他に矢印を受けている就活内定数と友人数は観測が可能な変数である

が，次のように表現できる。e は誤差である。

$$就活内定数 = w_4 コミュニケーション力 + e_1 \tag{11.2}$$

$$友人数 = w_5 コミュニケーション力 + e_2 \tag{11.3}$$

誤差変数を別として矢印を出すが，受けていない変数を**外生変数**，矢印を受けている変数を**内生変数**，また，潜在変数から観測変数への矢印を記述する方程式を測定方程式，潜在変数同士の関係，観測変数同士の関係，観測変数から潜在変数への矢印を表す方程式を構造方程式と名付けて区別することもあるが，本質的なことではないので，ここでは特に区別しない。

ここで関心の的となるのは w_1 から w_5 という重み付けである。この値がわかれば，どの変数がどのくらい大きな影響を他の変数に与えているのかを知ることができるからである。とはいっても，十分な情報がなければ，w を決めることはできない。

今，わかっている情報とわからない情報を図で示してみよう。

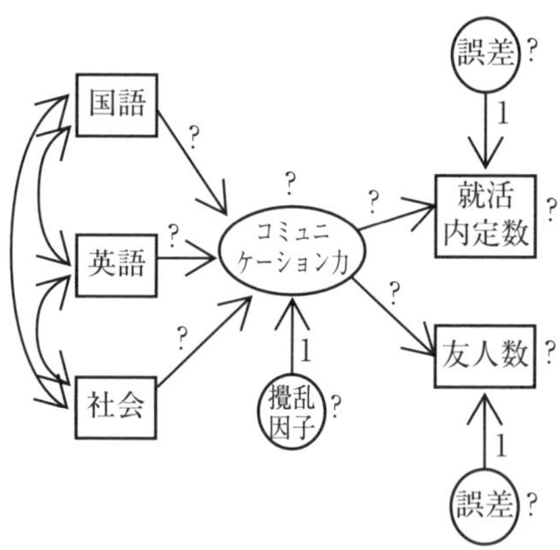

図 11.4　共分散構造分析の既知情報

わからないのは，各変数への矢印の重み付け（w）と，潜在変数「コミュニケーション力」の分散，誤差・攪乱因子の分散，そして観測変数「就活内定数」「友人数」の分散である。それらは「？」で示しており，11 個あることになる。

ここで,「就活内定数」「友人数」は観測された変数なので分散はわかっているはずと思うかもしれないが,矢印を受けている変数なので他の変数の影響次第で変わり,固定できない。ただし,他の未知の「？」が決まれば最終的な矢印を受けた従属変数なので,自動的に値は決まる。そういう意味では「？」は 11 個であるが,実際には 11 − 2 で 9 個になる。

では,逆に既知のものは何かを考えてみよう。「国語」「英語」「社会」は観測できる,すなわち測定できた変数で(例えば,試験の得点のように),他の変数から矢印を受けていないので,その分散はデータから得られる。誤差因子や攪乱因子からの影響は他を考慮していないので,そのまま影響が届くとしてここでは重み付けは 1 に固定している。

他には観測変数同士の共分散は既知である。従い,「国語」「英語」「社会」の間の共分散は既知と見なせる。

$$S = \begin{array}{c} \\ \text{社会} \\ \text{英語} \\ \text{国語} \\ \text{友人} \\ \text{内定} \end{array} \begin{array}{c} \begin{array}{ccccc} \text{社会} & \text{英語} & \text{国語} & \text{友人} & \text{内定} \end{array} \\ \left(\begin{array}{ccccc} .926 & & & & \\ .308 & .741 & & & \\ .382 & .311 & .786 & & \\ .187 & .206 & .152 & .510 & \\ .394 & .245 & .382 & .160 & .981 \end{array} \right) \end{array}$$

この手持ちの情報で未知の 9 個の「？」が解ければ,求められた w から,ある変数からある変数への影響力の強さを知ることができるわけである。

実際の計算では,ここで観測されたデータの分散共分散行列 S に対して,モデルとしての分散共分散行列 C を作ることを考える。ここで示した C は実際に Amos が作り出した分散共分散行列である。

$$C = \begin{array}{c} \\ 社会 \\ 英語 \\ 国語 \\ 友人 \\ 内定 \end{array} \begin{array}{c} \begin{array}{ccccc} 社会 & 英語 & 国語 & 友人 & 内定 \end{array} \\ \left(\begin{array}{ccccc} .926 & & & & \\ .308 & .741 & & & \\ .382 & .311 & .786 & & \\ .199 & .142 & .187 & .510 & \\ .387 & .277 & .363 & .160 & .981 \end{array} \right) \end{array}$$

この C は S と似ているが，わずかに数値が異なることがわかる。モデルの制約，例えば，矢印を受けない観測変数の分散や共分散は固定，計算で分散の推定値がマイナスにならない[2)]などの条件の下でなるべく S に近づくよう作成される。実際には**初期解**を定めて C と S の差を最小化する基準が満たされるよう反復計算を繰り返して，最終的に C が作られる。

ただし，最小化の基準が十分に小さくなった時点で，解が収束したと判断して計算を打ち切っても，本当の最小値ではなく，誤った局所的な解に落ち込んだり，収束しなくなる可能性も出てくる。また，計算回数がデフォルトの回数では足りなかったり，収束基準値が甘すぎたり，厳しすぎたりという可能性も出てくる。

(2) 最小 2 乗法

最小化基準の考え方としては最小 2 乗法がある。C と S の差の 2 乗を考えるのである。あとはこの値をなるべく最小になるよう未知数を求めていくことになる。もし，データとモデルが完全に一致すれば差は 0 になる。基本的な考え方は関数 F を最小化するよう解を求めるということである。

$$最小化関数\ F(データの分散共分散行列 - モデルの分散共分散行列)^2$$

最小 2 乗法の考え方を基本とした方法には次のようなバリエーション

2) ヘイウッドケースとも呼ばれる。分散は 2 乗した値なので負の値をとる場合は不適解と見なす。

がある。いずれも，観測された分散共分散行列 S とモデルの分散共分散行列 C が等しければ値が 0 になることがわかる。

- 重み付けのない最小 2 乗法 (unweighted least squares estimation)

$$F = \frac{1}{2}\mathrm{trace}(S - C)^2$$

- 一般化最小 2 乗法 (generalized least squares estimation)

$$F = \frac{1}{2}\mathrm{trace}(S^{-1}(S - C))^2$$

- 尺度不変最小 2 乗法 ('scale free' least squares estimation)

$$F = \frac{1}{2}\mathrm{trace}((D^{-1})(S - C))^2$$

- 漸近的分布非依存法 (asymptotically distribution-free estimation)

$$F = \Sigma(S - C)'U(S - C)$$

ここで D=diag S (diag はある行列の対角成分だけからなる行列のことである。この場合，diag S なので行列 S の対角成分だけかならなり，あとの要素は 0 の行列を意味する)。

ただし，Amos の出力する最小化基準値 (CMIN) $= (N - r) \times F$ である．

(3) 最尤法（さいゆうほう）

最尤法が最小化を目指す関数は次の通りである。

- ml (maximum likelihood estimation)

$$F = \log_e |C| - \log_e |S| + \mathrm{trace}(SC^{-1}) - p[+M]$$

$$M = (\bar{x} - \mu)'C^{-1}(\bar{x} - \mu)$$

観測されたデータの分散共分散行列 S とモデルの分散共分散行列 C が一致する場合には最小 2 乗法と同様に基準は 0 になる。

最尤法の考え方では，得られた分散共分散行列を固定化したものと考えた上で，その分散共分散行列が得られる確率が最も高い母集団を計算し，未知数を求める。普通は母集団は真に唯一，固定された存在と見なす。一方で得られた観測データは誤差を持ち，ゆらいでいるもので，そこからなんとか真の母集団を推測すると考える。これに対して逆に得られた観測データが固定されたものであり，母集団がゆらいでいるように見なすのである。そして，確率的に最もその観測データが得られる可能性が高い母集団を求める。

このような解は尤度関数として求められる。しかし，尤度のままでは得られる値が微少になり計算上都合が悪い。そこで対数をとり，**対数尤度関数**とする。対数化された値と，元の微少な値は一対一に対応して，順序的な関係を保持したままになるので元の微少な値を最大化することと対数化された値を最大化することは同じである。対数化することで，対象を拡大してくれるある種のレンズの効果が得られたと考えてもよいかもしれない。また，尤度関数が積の関係であるのに対して対数化されると和の関係に変換されるので計算上も都合がよい。こうして，最大対数尤度を求めることが尤度関数を最大化することになる。共分散構造分析では最大化ではなく，観測データとモデルとの差の最小化を目指す基準を用いるので，それにあわせて関数を変形して先に挙げた基準値を構成するのである。

なお，最尤法では変数が多変量正規分布に従うという前提がある。多変量正規分布の前提条件としては各変数が正規分布に従う必要がある。

(4) 識別性

最小化基準を満たすように実際のデータとなるべく同じになるようにモデルを構成しようとしても，必ずしも解が決まるとは限らない。未知数の数に対して方程式の数が足りないように十分な情報が欠けていることもある。解が求められない場合にはモデルに制約をかけることで識別性を高める。

図 11.4 は実際，Amos で分析しても解が求まらない。しかし，図 11.5 のように制約をかけると解が求められる。ここでは「国語」から「コミュニケーション力」へ重み付けを 1 としている。3 つの観測変数から「コ

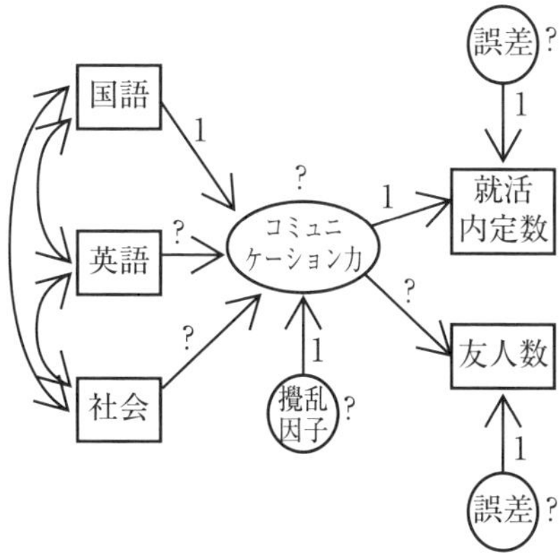

図 11.5　共分散構造分析の制約

ミュニケーション力」への影響の強さを相対的に知りたいだけなら，1つを1と固定しても問題がないからである。このようにどのような制約をかけるかは分析者の判断であるが，非現実的な制約を与えれば結果は意味がないものになってしまう。

3. モデルの適合度

計算上，モデルが求められたとしても，それがデータにどれほど適合しているかはわからない。それを確認するために検定や適合度基準と呼ばれる指標が数多く提案されている。

(1) χ^2 検定

2つのデータのかい離を検定するためによく用いられるのは χ^2 検定であり，共分散構造分析でも用いられる。

Amosでは χ^2 値はCMIN(Amosの最小化基準値) として出力される値でもある。最小化関数 F に $(N-r)$ を乗じた数値である。

ほとんどの最小化関数は簡単な変形で漸近的に χ^2 分布に従うよう作られている。観測された分散共分散行列とモデルの分散共分散行列が等しいという仮説のもとで χ^2 分布に従う。ここでいう漸近的とは簡単にいえばケース数が十分に大きいならということである。こうして，観測された分散共分散行列とモデルの分散共分散行列が非常に違っていれば χ^2 値は大きな値をとり，χ^2 分布でどれくらい極端な値かを確率的に決定できる。しかし，χ^2 検定には実用的ではない側面がある。χ^2 分布に従うというのはあくまで大標本の場合という前提がある。従って，ケース数が少ない場合には検出力が低くてモデルが棄却できないことが多くなる。つまり，少ないデータだとモデルが適合していると判断しやすくなる。ところが，データが多くなると今度はその同じモデルが棄却されてしまうということが起きやすい。

χ^2 検定ではデータとモデルが全く同じという仮説を前提として検定を行っている。しかし，厳密にいえば2つのものが全く同じなどということはありえないわけで，データ数を増やして検定力を上げていけば必然的に両者は異なるという結論に行き着いてしまう。つまり，データが増えれば増えるほど観測値とモデルのほんのわずかな差も敏感に感知するようになり，結局モデルを棄却してしまうのである。

もう1つの問題点は χ^2 検定の結果の解釈である。ここまでは「モデルが観測データに適合している」と表現してきたが，厳密にいえば「モデルと観測データが異なっているとはいえない」という方が適切である。検定されるのは「モデル＝観測データ」という帰無仮説であり，これが棄却されないモデルを分析者は目指す。しかし，棄却されずモデルが適合しているとしても，そのモデルが唯一の真のモデルであるという意味にはならない。観測データを説明できるモデルは無数にあるからである。

例えば，幽霊の存在を確証したいと考えている研究者を考えてみよう。彼(女)が本当に求めることは幽霊が存在するという結論（もしくは，その逆の結論「幽霊はいない」）を得ることであろう。しかし，共分散構造分析が教えてくれることはそのような積極的な答というよりは，せいぜいよくて「幽霊がいるという仮説は否定できなかった」というようなものである。もちろん，「幽霊がいる」と「幽霊がいないとはいえない」では意味が同じではないのは明らかである。これは χ^2 検定の問題というより，共分散構造分析の持つ問題かもしれない。

それ以外にも多変量正規性の仮定が崩れている時に本当に χ^2 分布が成立するのかという疑問もある。

χ^2 検定の問題，特にデータ数の増加がモデルを棄却してしまう問題に対処するためにたくさんの適合度指標が提案されている。χ^2 検定のように有意か有意でないかという 0 か 1 のような結論ではなく，適合を連続量的に判断できる指標，相対的にモデルを比較検討できる指標も数多く提案されている。

(2) 比較モデル

適合度指標の中には特殊な仮定のもとでの固定的モデルと比較の上で計算されるものがある。これらの固定モデルは Amos ではデフォルトで出力される。次に説明する。

1) **独立モデル** (independence model)：観測変数間に相関がないことを仮定したモデルである。データの分散共分散行列は対角要素に分散がある他は全て 0 と仮定したことになる。全く相関がない変数を集めたという想定の，このモデルは非常にあてはまりが悪いものになるはずである。多くの適合度基準では分析モデルとの比較対象として用いることが多いモデルでもある。そのような場合にはヌル・モデル (null model) とか基準モデル (baseline model) と呼ばれていることもある。

2) **飽和モデル** (saturated model)：パラメータに制約を全く課さないモデルである。何の制約もないので，モデルをデータに完全に適合することができる。ただし，その当該データに対する適合のためだけに構成されたモデルであるため，他のデータへの一般化可能性はほとんどない。最も一般化されたモデル，あるいは初期的なモデルともいえるかもしれない。他のどのモデルにせよ，飽和モデルに制約を加えることで成立したものと見なせるからである。

3) **ゼロ・モデル** (zero model)：ゼロ・モデルは全てのパラメータを 0 に固定したモデルである。最も制約が厳しいモデルといえる。なお，最尤法ではゼロ・モデルは出力されない。

(3) 適合度基準

提唱されている適合度基準は数が多い。どれを用いたらよいのかという唯一の答えもない。用いた推定法がどれか，ケース数はどれほどか，潜在変数は独立変数なのか従属変数なのか，観測変数は多変量正規分布しているのかなど多くの要因が絡んでくる。基準は，χ^2 系の基準，独立モデルとの比較を考えた基準，情報量基準，真の母集団を考慮した基準，節約モデルを考慮した基準などに分類できるので複数の種類の異なるカテゴリから基準をいくつか選んでバッテリーを組んで総合的に判断するのがよいかもしれない。ここではいくつかを紹介する。

- RMR (残差平方平均平方根：root mean square residual)：
  観測された分散共分散行列とモデルの分散共分散行列の対角要素と下三角要素について差の2乗和を計算し，要素数で割った数値の平方である。差を2乗し，平均化した上で平方するので計算は標準偏差と同様なものになる。ただし，標準偏差は平均からの偏差になるが，RMR では観測データからのモデルの偏差と考えることができる。観測データとモデルが一致していれば0になり，値が小さいほどあてはまりがよいことを意味する。ただし，RMR はパラメータに対する制約の数に影響を受ける欠点がある。制約のないパラメータを増して，モデルを複雑化していくほど観測データに対する見かけの適合度が増してしまう。
- GFI (goodness of fit index)：
  豊田 (1992) は簡単で確実なモデル選択の方法として GFI と AIC の組み合わせを紹介している。それによれば，GFI で 0.9 以下のモデルは捨て，残ったモデルについて比較し，AIC の値が最小のものを最終モデルとして採用するという。GFI の値は0から1までをとり，1の場合にはモデルが完全に適合していることを意味する。パラメータに対する制約の数に影響を受ける欠点がある。
- AGFI (adjusted goodness of fit index)：
  パラメータに対する制約の数に影響を受ける GFI の欠点を修正した

基準。パラメータが多く複雑なモデルに対してペナルティを加える。GFI 同様，値は 0 から 1 までをとり，1 の場合にはモデルが完全に適合していることを意味する。狩野 (1997) は「回帰分析の言葉でいえば，GFI は重相関係数に，AGFI は自由度調整済みの重相関に対応します」(p.144) と例えている。

- CFI (comparative fit index)：
  Bentler(1990) が提唱した基準。0 から 1 までの値をとる。ケース数が少ない場合に適合を過小評価することもない (Bentler, 1995b)。1 に近いほど適合がよいことを意味する。
- AIC (赤池の情報量基準：Akaike information criterion)：
  AIC は日本人の赤池弘次が提唱したもので Kullback-Leibler 情報量の考えをもとにしている。その考え方を大ざっぱに提示すると，真のモデルとそのモデルの近さ，つまり (真のモデル − モデル) の値を考える。差が大きければ大きいほどよくないモデルであるし，差が小さければよいモデルといえる。しかし，実際には真のモデルは知りようがないので真のモデルを無視して，マイナスのついたモデルの方だけを考えてみる。するとモデルの絶対値が大きければ大きいほど大きな負の値になり，それだけ真のモデルに近づいていると見なすことができる。この時にモデルの値といっているものは平均対数尤度となる。その不偏推定量こそが $AIC = -2$(最大対数尤度 − 自由パラメータ数) になる。自由パラメータ数を引くことで，パラメータの多いモデルに対するペナルティを考慮している基準である。真のモデルは不明なので AIC の値に絶対的な意味はなく，複数のモデル間の比較をする際にのみ有効になる。AIC の値が小さいモデルほど優れていると判断する。

(4) モデルの修正指標

修正指標 (modification indices) として「M.I.」と「Par Change」の 2 つがある。「M.I.」は相関を仮定していない変数間やパスを想定していない変数間に，もし相関やパスがあった場合にどれほど χ^2 値が減少するかの推定値を示し，「Par Change」はその場合に相関やパスの値がどれほどになるかの推定値を示す。従って，「M.I.」が大きな値をとっている関係を設定することでモデルの適合度が改善されることが示唆される。

4. 共分散構造分析の利用上の注意

(1) データ数の問題

本来，共分散構造分析は大きなデータを扱うことを前提としている。データ数が少なければ χ^2 検定で仮説が棄却できず，モデルがあてはまっているような錯覚に陥ることもある。少ないデータ数ならば，そこから得られた結果は繰り返し追試で支持されなければ確固としたものにならないと考えた方がよい。

(2) モデルの問題

共分散構造分析は他の分析や検定とは異なる側面がある。例えば，他の検定であれば検定は1回限りであるし，その前提の下で危険率 α が保証される。しかし，共分散構造分析ではモデルの適合度を検討しながら，モデルを随時修正していく。制約条件を変更したり，矢印パスを変えたりする。言い換えると試行錯誤をして複数回の検定をしたり，適合度を得ることがほぼ前提になっている。この場合，検定結果はそのまま受け取ることはできない。

また，分析者はいくらでもデータに適合するように適合度基準や修正指標のみを参考にモデルを変更していくかもしれない。この結果，データには非常によく適合するが，複雑怪奇で非現実的なモデルが作られてしまうかもしれない。また，そのデータにのみ適合するが不安定で一般化できない，追試に耐えられないモデルができてしまうかもしれない。

よいモデルとは複雑なものよりも，少ない要因で説明できる一般化可能性が高いものであるべきだろう。

(3) 因果関係

共分散構造分析やパス解析のことを因果分析と呼ぶことがあるが，これは誤解を招きやすい。共分散構造分析で適合したモデルが得られたなら，それが因果関係を確証したものだと誤解されるからである。実際には共分散構造分析は想定したモデルの変数間の影響力の強さを推定するが，因果関係を特定してくれるわけではない。

因果関係とは分析とは別なところで確かめなくてはならない。そういう意味では，本来，因果関係がはっきりしている関係について共分散構造分析は適用されるべきものである。

では，因果関係はどうすればわかるのであろうか。それに関しては Bradford Hill(1965) の次の 9 つの基準が言及されることが多い。満たされている基準が多いほど因果関係がある可能性が高いと判断される。

強固な関連 (Strength)　原因とされる変数と結果とされる変数の間に強い関連，相関がある。

一致した関連 (Consistency)　場所や時間，被験者など状況が変わっても関連が見られる。

特異な関連 (Specificity)　原因とされる変数がない場合には，結果とされる変数に影響が生じず，原因とされる変数と結果とされる変数の間に特異な関係がある。これは第 3 の変数によっては原因と結果が説明できないことを意味する。

時間的な関係 (Temporality)　原因とされる変数が先に生じてから，結果とされる変数に影響が生じ，時間的な順序関係に矛盾がない。

生物学的勾配 (Biological gradient)　用量－反応関係とも呼ばれる。原因とされる変数の量が増減すると，結果とされる変数にも対応した増減の影響がある。

もっともらしい関連・説得性 (Plausibility)　既存の知識や理論，事実と矛盾が生じない。

整合性のある関連・一貫性 (Coherence)　因果関係を仮定しても他の関係に矛盾が生じない。

実験的な根拠の存在 (Experimental evidence) 因果関係を支持する実験的な研究結果が得られている。

類似の関連の存在 (Analogy) 類似の関係が他にも観察される。

全ての条件を満たすことは非常に難しい。しかし，いくつかでも満たせるかどうかを検討していくのは重要である。

演習問題

自分で手持ちのデータの変数，あるいは今後採る可能性のあるデータの変数について，何らかの因果モデルが考えられないか図で描いて示してみよう。

参考文献

足立浩平 (2006). 多変量データ解析法 ナカニシヤ出版.

Bentler, P. M. (1990). Comparative fit indexes in structural models. *Psychological Bulletin*, **107**(2), pp.238-246.

Bradford, H. A. (1965). "The environment and disease: Association or causation?". *Proceedings of the Royal Society of Medicine* **58**(5), pp.295-300.

狩野 裕・三浦麻子 (2003). 増補版 グラフィカル多変量解析. 現代数学社.

豊田秀樹 (編著) (2007). 共分散構造分析 [Amos 編]. 東京図書.

山本嘉一郎・小野寺孝義 (編著) (1999). Amos による共分散構造分析と解析事例. ナカニシヤ出版.

12 線形モデル

小野寺　孝義

線形モデルの枠組みの中で一般線形モデル，一般化線形モデルを理解する。

1. 一般線形モデル (GLM) の考え方

統計学にはさまざまな分析手法がある。代表的なもので最もよく利用されているのは t 検定，そして分散分析と回帰分析だろう。しかし，それらを統一的に扱う考え方が出てきた。それが**一般線形モデル** (General Linear Model：GLM) である。

「一般」がつかない線形モデルは LM と略されるが，通常，回帰分析を意味する。回帰分析は量的変数を量的変数で予測したり，影響力の大きさを推定する手法である。一方，分散分析では要因という質的（カテゴリカル）変数が量的変数に及ぼす効果を検定する。従来は，両者は全く別の手法のように教えられることも多かった。回帰分析は散布図，相関関係の文脈から発展してきたこともあり，調査データや観察データに使われることが多く，分散分析は，もともと Fisher が実験計画の中で用いるために開発したという脈絡から，実験データの分析法と認識されてきた。

この量的な変数と質的な変数の区別をなくして統一的に扱えるよう拡張したという意味で「一般 (general)」という言葉を線形モデルの前につけ，GLM と呼ぶのである (Rutherford, 2001, p.5)。

後で述べる一般化線形モデル (Generalized Linear Model: GZLM) も GLM と略記されることが多いので注意が必要である。一般化線形モデルは一般線形モデルの拡張版であり，逆に言えば一般線形モデルは一般化線形モデルに包含される下位モデルと言える。一般線形モデルでは正規分布に従うという制約があるモデルを扱うが，一般化線形モデルでは，その制約を指数分布族と呼ばれる分布にまで拡張する。

両者を区別するために一般線形モデルを古典的 GLM と呼び，一般化線形モデルをただの GLM と呼ぶこともあるが，コンセンサスが得られているわけではない。

本書では一般線形モデルを GLM，一般化線形モデルを GZLM と表記して区別することにする。GLM は GZLM に包含される下位モデルであるが，GZLM という呼び方はあまり見かけず，両者を統一して GLM と呼ぶのが一般的な流れであるが，ここでは単に表記の区別のためだけの意味で用いることにする。いずれにせよ，GLM となっているときにそれが何を意味しているかを把握しておく必要があるだろう。

他には，GLM と表記が似ている GLMM と表記される一般化線形混合モデル (Generalized Linear Mixed Model) がある。

まず，GLM について見ていこう。一般の統計ソフトでも GLM が組み込まれるようになっている。しかし，同時に分散分析や回帰分析も解析メニューとして残されている。これらの出力を比べると結果が同じことも多い。

結果が同じなら，GLM を新たに学ぶ理由はあるのだろうか。回帰分析や分散分析を利用していれば十分ではないのかという疑問がわくかもしれない。

学ぶべき 1 つ目の理由としては，GLM の出力結果が解釈できるようになるということである。従来の分散分析の知識だけでは，理解できない出力が GLM では出てくる。2 つ目の理由は分散分析では，理解に行き詰まるところがあるということである。分散分析の説明では全体効果を処理効果と誤差効果に分解していく。これは非常にわかりやすく，計算上も明確である。しかし，それはグループのケース数が等しい場合だけである。そうではない場合には全体効果は処理効果と誤差効果の加算にはならない。また，分散分析に共変量という連続量を取り込んだ共分散分析という手法を理解しようとすると分散分析より，回帰の方が理解しやすい。結局，回帰で理解した方が，それぞれの分析を統一的に理解できるようになるということである。

(1) 線形モデルとは

一般線形モデルから「一般」という言葉を除けば，「線形モデル (LM : Linear Model)」となる。線形モデルとは簡単に言えば，$y = \beta x + e$ のような形である。これは高校までなら，一次関数，つまり直線の式と呼ばれていたものに相当している。統計学で，このような式で表現されていたのは回帰分析であった。目的変数 y を独立変数 x で予測，あるいは説明しようとしている。説明しきれない部分は残差 e となる。これは独立変数が 1 つの単回帰分析だが，独立変数をさらに増やせば重回帰分析になる。独立変数を 2 つとして，y 軸での切片も β_0 として加えた重回帰分析なら，次式になる。

$$y_i = \beta_0 + \beta_1 x_{i1} + \beta_2 x_{i2} + e_i$$

モデルは行列を用いると次のように表現できる。

$$\begin{pmatrix} y_1 \\ y_2 \\ \vdots \\ y_n \end{pmatrix} = \begin{pmatrix} 1 & x_{11} & x_{12} \\ 1 & x_{21} & x_{22} \\ \vdots & \vdots & \vdots \\ 1 & x_{n1} & x_{n2} \end{pmatrix} \begin{pmatrix} \beta_0 \\ \beta_1 \\ \beta_2 \end{pmatrix} + \begin{pmatrix} e_1 \\ e_2 \\ \vdots \\ e_n \end{pmatrix}$$

これを式で表現すれば，次のようになる。

$$Y = X\beta + \boldsymbol{e} \qquad (12.1)$$

$\boldsymbol{e}$ で調整すれば，モデルでデータは完全に説明できてしまうので実際には $\boldsymbol{e}$ がない式で予測することになる。

求めたいのは β なので，重回帰の章で述べたように X を消せば良い。実際には X は正方行列とは限らないので，逆行列が定義できない。そこで転置行列をかけて，正方行列を作成し，その逆行列を作成した。そうして，β を求めることができた。この詳細は重回帰分析の章を見ていただきたい。

(2) 一般線形モデル (GLM) と分散分析

回帰分析は線形モデルそのものなので，不自然なところはなかった。しかし，分散分析を線形モデルで表そうとすると問題が生じる。分散分析では要因というカテゴリカルな変数がでてくる。それを式 (12.1) のように表現できるのだろうか。

ここでは分散分析の章で用いた一元配置のデータで考えてみよう。要因の教授法はカテゴリカルで 3 水準である。

表 12.1　教授法と成績（再掲）

教授法 A	教授法 B	教授法 C
4	8	6
4	8	6
5	9	6
6	10	8
6	10	9

本当は 3 水準それぞれで 5 ケースあるので，行列では 15 行になるが，ここでは紙幅の節約のために 6 ケースのみで表している。

$$\begin{pmatrix} y_{11} \\ y_{12} \\ \vdots \\ y_{3n} \end{pmatrix} = \begin{pmatrix} 1 & 1 & 0 & 0 \\ 1 & 1 & 0 & 0 \\ 1 & 0 & 1 & 0 \\ 1 & 0 & 1 & 0 \\ 1 & 0 & 0 & 1 \\ 1 & 0 & 0 & 1 \end{pmatrix} \begin{pmatrix} \mu \\ \alpha_1 \\ \alpha_2 \\ \alpha_3 \end{pmatrix} + \begin{pmatrix} e_{11} \\ e_{12} \\ \vdots \\ e_{3n} \end{pmatrix}$$

このように表現すれば，以下のような分散分析のモデルも行列で表現できることがわかる。

$$y_{ij} = \mu + \alpha_i + e_{ij} \tag{12.2}$$

この行列表現を使い，μ や α を β と置き換えれば回帰の式になることがわかる。

$$Y = X\beta + \boldsymbol{e} \tag{12.3}$$

ここでも，$\boldsymbol{e}$ で調整すれば，モデルでデータは完全に説明できてしまうので実際には $\boldsymbol{e}$ がない式で予測することになる。回帰の式になるのであれば，重回帰分析と同じく計算すれば済むように思われる。しかし，回帰分析と違って，要因というカテゴリカルな値を用いているので簡単にはいかない。重回帰分析と同じように行列計算をしようとしても逆行列が存在しないというエラーになるのである。なぜ，逆行列が存在しないかというとデザイン行列 X が冗長なためである。教授法が 3 水準あるので水準に対応したセルを 1，対応しないセルを 0 としている。しかし，1 列目から 2 列目と 3 列目を引くと 4 列目の要素になる。言い換えると 4 列目の情報は残りの 3 列から求められるので冗長なのである。このような状態を線形従属関係と言い，逆行列は存在しない。

GLM でこの問題を解消する方法は 2 つ知られており，列の要素の合計を 0 にする制約を課す方法と列を 1 つ消してしまう方法である。後者は簡単な方法で，どの列を消すかは任意であるが，冗長さは解消される。例えば，4 列目を消すと次のようになる。

$$\begin{pmatrix} 1 & 1 & 0 & 0 \\ 1 & 1 & 0 & 0 \\ 1 & 0 & 1 & 0 \\ 1 & 0 & 1 & 0 \\ 1 & 0 & 0 & 1 \\ 1 & 0 & 0 & 1 \end{pmatrix} \Rightarrow \begin{pmatrix} 1 & 1 & 0 \\ 1 & 1 & 0 \\ 1 & 0 & 1 \\ 1 & 0 & 1 \\ 1 & 0 & 0 \\ 1 & 0 & 0 \end{pmatrix}$$

こうすることで逆行列が求められない問題を解消していく。一般化逆行列などが出てくるので，ここでは計算の詳細は述べないが，重要なことは分散分析が回帰として扱えるということである。

ここでは分散分析と GLM の結果の出力を比較してみていく。表 12.2 は分散分析の 8 章の一元配置のデータと結果で全く同じものである。

表 12.2　分散分析結果

	平方和	自由度	平均平方	F 値	確率
教授法（群間）	40.000	2	20.000	15.000	<.001
誤差（群内）	16.000	12	1.333		
合計	56.000	14			

表 12.3　GLM 結果

ソース	タイプ III 平方和	自由度	平均平方	F 値	確率
修正モデル	40.000*	2	20.000	15.000	<.001
切片	735.000	1	735.000	551.250	<.001
教授法	40.000	2	20.000	15.000	<.001
誤差	16.000	12	1.333		
総和	791.000	15			
修正総和	56.000	14			

* R2 乗=.714 (調整済み R2 乗=.667)

古典的な分散分析しか学んでいなければ，表 12.3 には戸惑うかもしれない。切片や総和，修正モデル，修正総和，さらには R2 乗などの用語が出てくるからである。分散分析の全体平方和にあたる合計は GLM では修正総和になっていることもわかる。修正総和（全体平方和）から誤差（誤差平方和）を引けば修正モデル（モデルの平方和）となる。修正モデルはすべての要因効果を含めた全体のモデルであるが，ここでは教授法の要因しかないので両者は一致している。総和とは全てのデータの 2 乗和である。

さて，分散分析では出てこない切片であるが，これは GLM で分散分析を回帰モデルとして扱っていることを思い出すと理解は容易だろう。回帰の切片と同じである。

表 12.3 では切片の F 値や検定結果も出ているが，これが意味することは切片が 0 であるという帰無仮説の検定になる。通常，切片が 0 になる

ようなデータであることはないので，切片の効果は大抵，有意になるし，有意になっても関心の対象にはならない。

最後に「R2 乗=.714 (調整済み R2 乗=.667)」の表記であるが，これも回帰で理解するとわかりやすい。モデルから予測される予測値と実際のデータの重相関係数の 2 乗がこの値である。この重相関が高ければ，それだけモデルがデータを説明していることになる。調整済み R2 乗は，独立変数の数で調整を行った重相関係数の 2 乗値である。独立変数の数が増えれば重相関係数の値は，高くなるので調整をした値である。この R2 乗の値を 100 倍すれば，モデルがデータの分散をどれだけ説明しているかの説明率となる。この場合なら，$0.714 \times 100 = 71.4\%$ なのでモデルでデータの分散の 71.4%を説明できることになる。

2. 一般化線形モデル (GZLM)

一般化線形モデルは Nelder and Wedderburn が 1972 年に最初に提唱したモデルである。GLM では誤差は正規分布に従うと仮定し，主に連続量を扱ってきた。例えば，前節の一元配置分散分析モデルは以下のような仮定が置かれている。

$$y_{ij} = \mu + \alpha_i + e_{ij} \quad , \quad e_{ij} \sim N(0, \sigma^2) \tag{12.4}$$

最後の誤差について平均 0，分散 σ^2 の正規分布に従うということである。他にもデータが独立に得られている（お互い影響していない)，分散が等質である（等分散性）などの条件が前提としてある。

この正規分布の制約を外して，さらに一般化して指数分布族まで扱えるようにしたのが，一般化線形モデル (以下，GZLM) である。指数分布族の中には正規分布も含まれるので，GLM は GZLM の中の 1 つのモデルと見なすこともできる。正規分布以外にも二項分布，多項分布，ポアソン分布，ガンマ分布，逆ガウス分布，Tweedie 分布を含む多くの分布を GZLM では扱えるようになる。

これにより，連続量だけではなく二値データなどのカテゴリカル変数も統一的に扱えるようになるのである。

一般化線形モデルは次の式で表すことができる。

$$\eta = X\beta, \quad \eta = f(E(Y)) \tag{12.5}$$

この式は，これまで見てきた $Y = X\beta$ とほぼ同じではないかと思われるだろう。ただ，従属変数に当たる Y が，別な η に置き換えられているだけである。次の式で $f(E(Y))$ で，Y が登場するが，$E(Y)$ とあるのは Y の期待値であることを意味している。さらに $f(\ )$ で示されているので，これはある関数によって変換されていることを意味する。

この関数のことを**リンク関数**(link function) と呼ぶ。また，左の式にある $X\beta$ を**線形予測子**と呼ぶ。一般化線形モデルでは，このリンク関数をさまざまに選択することで，統一的にモデルを表現する。

ここで，例えば，データ Y を対数変換したモデルを考えたとする。普通は左辺を $\log y_i$ と Y を変換して，右辺の線形式 $X\beta$ とつなげるかもしれない。

これに対して一般化線形モデルでは y_i 自体を対数化するのではなく，y_i の期待値 $\hat{y}_i$ を対数化する。数式で表すとデータを対数変換すると $E(\log y_i)$ だが，リンク関数を使うと $\log E(y_i)$ となる。ここでのリンク関数は対数ということである。

この式 (12.5) がなるべく満たされるよう β を決めるのである。GZLM では正規分布以外のさまざまなモデルを扱うため，最小 2 乗法では計算できない場面が多い。そこで最尤法による反復計算で β を求める。最尤法の考え方や計算については他書に譲る。

もし，二値変数を扱っているなら，ロジット関数やプロビット関数をリンク関数にすることができるし，データがポアソン分布に従うと仮定されるなら，対数関数をリンク関数にすればよい。こうして，分布とリンク関数を指定することで統一的に各種のモデルを回帰の線形式で表現できるようになるのである。

また，GLM の正規分布や等分散性の制約を解消し，二値データなど指数分布までモデルを一般化 (generalized) できたのが GZLM と言える。

(1) 計算例

ここでは，例示のために独立変数が 1 つで 6 ケースの数値例を示す。

表 12.4　数値例

y	x
9.00	9.00
3.00	8.00
2.00	6.00
2.00	5.00
0.00	1.00
1.00	0.00

データは全て量的な変数とする。y を x で説明しようとする単純なモデルである。y を応答変数（従属変数），x を共変量に指定する。分散分析のように因子（要因変数）があれば，それを因子 (factor) として指定するが，ここでは全てが量的変数なので回帰の枠組みで，説明変数（独立変数）は共変量の扱いとなる。

ここで，もし分布に正規分布 (gaussian) を指定し，リンク関数に同一関数（恒等関数）を指定したとする。同一 (identity) とは変換無しにそのままで，従属変数がモデルとリンクしていることを意味するので，得られる結果は GLM と同じになる。言い換えると普通の単回帰分析と同じ結果ということである。これが，GLM が GZLM に包含されるという意味である。

ここではデータが正規分布，リンク関数は「同一」とした，いわゆる普通の単回帰分析とデータがポアソン分布 (poisson) に従い，リンク関数として対数関数（ログ:log）を採用した場合を示す。

2 つのモデルの違いを以下に示す。リンク関数で同一を選べば，y がそのまま直接に線形予測子 (一般化された回帰の式 $X\beta$) を予測する形になり，対数関数を選べば対数を介して，線形予測子と連結されることがわかる。

1) 分布は正規分布：リンク関数は同一（(重)回帰分析）： $\hat{y}_i = \beta_0 + \beta_1 x_{1i}$

2) 分布はポアソン分布：リンク関数は対数： $\theta_i = \beta_0 + \beta_1 x_{1i}$

$$\log(\hat{y}) = \theta$$

実際に正規分布でリンク関数は「同一」とした場合とポアソン分布でリンク関数は「対数（ログ）」とした場合の 2 つの結果を示す。GZLM で分析すると次のように回帰係数が求められる。

表 12.5　求められた回帰式

正規分布 (リンク関数=同一)
切片　：　$\beta_0 = -0.409$
x　　：　$\beta_1 = 0.671$
$\hat{y} = \beta_0 + \beta_1 x = -0.409 + 0.671x$
ポアソン分布（リンク関数=対数）
切片　：　$\beta_0 = -1.145$
x　　：　$\beta_1 = 0.343$
$\log\theta = \beta_0 + \beta_1 x = -1.149 + 0.343x$
$e^{\theta} = \hat{y}$

表 12.6　データと予測値

		正規分布（同一）	ポアソン分布（対数）	
y	x	$\hat{y} = -0.409 + 0.671x$	$\theta = -1.145 + 0.343x$	$e^{\theta} = \hat{y}$
9	9	5.628	1.942	6.973
3	8	4.958	1.599	4.948
2	6	3.616	0.913	2.492
2	5	2.945	0.570	1.768
0	1	0.262	−0.802	0.448
1	0	−0.409	−1.145	0.318

ここではリンク関数を対数にしているので，対数の数値を元の数値に戻すには指数変換すればよい。表 12.6 に数値例を示してみよう[1)]。

(2) モデルの適合度

計算例の出力をみてみよう。分散分析では F 値，回帰分析でも回帰係数の他に全体適合度として F 値が出力されていた。しかし，GZLM では量的な分析だけではなく，カテゴリカルな変数まで分析できる指数分布族まで一般化しているので，F 検定を使う代わりに**尤**(ゆう)**度比 χ^2 検定**や Wald χ^2 検定など χ^2 分布に従う検定統計量が出力される。そして，モデルの適合度として，**逸脱度**（乖離度・尤離度: deviance）や AIC などが出力される。

GZLM では帰無仮説を立てて，棄却・採択という視点よりはモデルの比較という視点で考える。実際には分散分析も，要因の効果が全くないと仮定したモデルと実際に得られたデータのモデルの比較と見なすことができる。

通常，2 つのデータを比較するためによく使われる統計量は χ^2 であった。クロス表の検定では観測値と期待値の差を χ^2 分布に従う統計量に変換して χ^2 検定を行った。回帰分析では観測値と予測値の差は残差として残差統計量により，モデルの適合度を検討した。GZLM でも (観測値 − モデルによる予測値) という差を検討する。しかし，より一般的な分布でも利用できるよう対数変換されて χ^2 分布に従う統計量になる。

$(a-b)$ という a と b の差は対数化すると $\log\ a - \log\ b$ になるが，これは $\log\ a/b$ と表現できる。言い換えると，差 $(a-b)$ は対数で表現すると比 (a/b) に変換されるということである。こうして，GZLM では検定は比で表現されることになる[2)]。

尤度比 χ^2 検定は単に尤度比検定と呼ばれることもあるが，χ^2 分布を

---

1) なお，表示が煩雑にならないよう小数点以下を丸めているので多少の計算誤差が生じていることに注意。また，jamovi では共変量がデフォルトで中心化 (centered) されるので，そのままでは切片の数値が一致しない。中心化しなければ (none) 一致する。

2) 実際には単純な比ではないが，ここでは考え方だけを示すことにして計算式の詳細は他に譲る。

表 12.7　GZLM 結果出力

統計量	正規分布モデル	ポアソン分布モデル
逸脱	20.758	3.390
尤度比 χ^2 検定	5.374	12.888
	$(df = 1,\ p = .020)$	$(df = 1,\ p < .0001)$
Wald 検定 (x の効果)	8.693	8.317
	$(df = 1,\ p = .003)$	$(df = 1,\ p = .004)$
AIC	30.474	21.663

利用した検定である。ある変数の効果を，その変数があるモデルとないモデルの尤度の比較で検定する。ここでは説明変数は x だけなので，x がないモデル（定数項のみのモデル）と x があるモデルを比較した検定となる。x が重要なら，それがあるとないとでは大きな差が出るはずである。その差が有意かどうかを検定している。ここではポアソン分布モデルで大きな値になっているので，x を入れるとモデルがより有意に改善されることがわかる。

Wald 検定は x の効果を，その偏回帰係数の大きさで検定するもので，x の有無の 2 つのモデルの偏回帰係数を偏回帰係数の標準誤差で割って，2 乗して評価する。ここでは変数が x しかないので，x がないモデルとは平均値だけの定数項モデルで偏回帰係数は 0 ということになる。結果は正規分布モデルでもポアソン分布モデルでも x は有意に大きな値であることが示されている。

AIC は赤池情報量規準 (Akaike's Information Criterion) と呼ばれ，統計数理研究所の (故) 赤池弘次氏が提唱したものでモデル間の比較のために利用される。AIC の値自体は絶対的な意味を持たず，他との比較で意味を持ち，値が小さいほど，良いモデルと判断される。表 12.7 で正規分布モデルとポアソン分布モデルで AIC の値を比べてみれば，ポアソン分布モデルの方が値が小さいのでより良いモデルと判断できる。同様に逸脱 (deviance) も値が小さいほどデータがモデルに適合していることを示し，同じ判断を支持していることがわかる。

3. 一般化線形混合モデル

一般化線形混合モデルは GLMM と略されるが，固定効果 (fixed effect) と変量効果 (ランダム効果：random effect[3]) の両方を混合するモデルのことである。GZLM をさらに拡張したモデルと言える。

GLM では固定効果のみでモデルを構築する。固定効果では変数の水準は未知だが固定された値とみなし，その値を推定することで効果の大きさを知ろうとする。しかし，それでは実際に得られた分散が仮定された分布から推定される分散よりも大きくなることがある。これを過分散 (overdispersion) と呼ぶ。そのようなことが起きる原因は，要因以外の分散の原因が考慮されていないことにある。例えば，データが反復測定なら，同一個人間の測定値の相関があるかもしれない。これは個人差の影響と言えるだろう。また，データが得られた場所や時間で同じ影響を受けるクラスターが構成されてしまっているのかもしれない。授業の教室で実施したアンケートデータで前に座っていた学生と後ろに座っていた学生は異なるかもしれないし，友人同士で座っていたなら友人グループという共通の特徴があるかもしれない。これは場所・空間の違いの影響と言えるだろう。また，データの中に早朝の授業で得たものと夕方に得たものがあったとしたらどうだろう。これは時間の影響と言えるだろう。

他にもさまざまな応答変数に影響している効果が考えられる。これらを無視して GLM や GZLM を行うと，本当はデータの中にクラスターがあって，その分散を考慮しなくてはならないのに，観測値がお互いが独立で影響を受けていないという前提で分析を行ってしまうことになる。

ここで挙げた個人や時間，場所・空間の違いを考慮することで，知りたい固定変数の効果の大きさがより正確にわかるかもしれないし，変量変数自体の分散を知りたいということもあるかもしれない。

このような時に変量効果を組み込むのである。変量効果では変数の水

3) 変量効果と呼ぶか，ランダム効果と呼ぶかは領域や研究者の好みによって異なる。本書でも GLMM では変量効果，メタ分析の章ではランダム効果と表記するが，同じものである。

準を確率変数とみなす。水準自体が母集団から選ばれた標本の１つと考えるのである。変量効果は固定効果と違い，効果の大きさには影響しない。つまり，効果は０と仮定される。代わりに応答変数の分散に影響する。

例えば，大学の学生たちを対象に３つの教授法を用いて，成績を検討する実験を行った場合を考えよう。教授法は３つの水準を持つことになる。もし，その教授法が離散的で，例えば，講義，反転授業，協同学習とあるなら，これは固定効果と扱う方が適切だろう。ここでの３つの教授法が何かの教授法の母集団から抽出されたと見なすのは不自然だし，研究者の関心はまったく異なる３つの教授法を比較することだからである。

言い換えると研究者の関心は，この３つの水準が全てであり，そこに全てが含まれている。しかし，そこにＡ大学による授業，Ｂ大学による授業，Ｃ大学による授業という具合に大学の水準の変数が入ってくるとどうだろう。授業をしている特定の大学の教授法の効果を調べたいなら別だが，通常そんなことはないはずである。結果は一般化できないし，個々の大学を調べても意味がない。このような実験ではＡ，Ｂ，Ｃという大学は，大学という母集団からたまたま選ばれたと考えた方が適切である。それぞれの大学を一般化して教授法を比較したいのであるから，この場合には大学の水準は変量効果として扱うのが適切だろう。

固定効果と変量効果の区別は自動的に明確に決まるわけではなく，研究者が判断することになる。簡単に言えば，要因水準は単なるラベルであり，背後に母集団が仮定されるなら変量効果，要因水準，それ自体の効果の大きさが関心対象なら固定効果となる。詳しくは Crawley(2008) が指針を挙げているので参考にすると良い (p. 193)。

4. モデル指向

ここまで LM，GLM, GZLM，GLMM をざっと見てきた。他の章と比べて違和感があったかもしれない。例えば，GZLM は一般化線形モデルの略であるが，分散分析や回帰分析のように一般化線形分析ではないことを理解しておくのは重要である。GZLM とは新たな分析手法というよりも，データに対して当てはめられたモデルとその構築手法を指している。

他の章なら，分析法が紹介され，検定が説明されている。例えば，分散分析を行うなら，グループごとの母集団平均に差がないかを知りたいときに利用して帰無仮説が棄却されるかどうかを p 値で判断する。往々にして，分散分析はグループの母集団平均を比較して，検定する方法だという認識しかない。実際には分散分析の背後にモデルはある。それが分散分析の章の式 (8.2) なのであるが，それが意識されることはほとんどない。自分がどのような前提で，どのようなモデルのもとで検定をしているのか，そのモデルがどのように修正可能なのかなどは考えていない。自分のデータは分析手法に適合しているはずだという思い（込み?!）で，分析が実施されている。

これはデータを自分の体，統計モデルを服と例えるとわかりやすいかもしれない。従来は既成のサイズの服（分析）しかなく，体の大きさに関係なくそれを着るしかなかった。服が小さかろうと大きかろうと無理矢理それに体を押し込んでいたのである。それ以外の服があるという可能性は考慮されていなかったのである。しかし，それがオーダーメイド (GZLM) で自分の体に合わせてより柔軟に服が作れるようになった。これがモデル指向である。

このモデル指向は分析者に大きな自由を与えてくれる。本書では説明していないが，GZLM にベイズ統計を組み込むことも同様で，研究者の自由度がますます高まっているのが，現在の統計学の流れである。

分析者の自由が広がるというと，「自由」という言葉の響きから良いことのように思えるかもしれない。しかし，それは分析者の責任が大きくなる，そして分析の労力も大変になるということでもある。自分のデータがどんな性質を持ち，どんな分布に従うのかを詳しく調べ，数ある分布を学んで，より誤差が小さい，言い換えるとデータに当てはまるモデルを探していくことが問われる時代になったと言える。

これはベイズ統計が事前分布という主観的な情報を取り込むことで分析者の自由を広げていること，p 値の利用による 0 か 1 かという判断への批判なども考慮すると，従来の白か黒かを明確に判断してくれる統計から灰色も認めた上で，それをどう判断するのか分析者が総合的な説得材料を提供しないといけない時代が来たということである。

GZLMは分析対象のモデルを拡張してくれるが，絶対的なものではない。そこで扱われているモデルはやはり線形性という制約があるモデルである。今後さらに優れたモデルが考え出される可能性もある。

演習問題

モデルを自ら構築していくためには，多くの統計分布について知っている必要がある。二項分布，ポアソン分布，ガンマ分布について調べてみよう。

参考文献

馬場真哉 (2015). 平均・分散から始める一般化線形モデル入門　プレアデス出版.

Crawley, M. J. (2005). *Statistics : An Introduction using R* John Wiley & Sons, Ltd.（Crawley, M. J. (2008). 野間口謙太郎・菊池泰樹 (訳) 統計学：Rを用いた入門書　共立出版）

Dobson, A. J. (1990). *An Introduction to Generalized Linear Models* Chapman and Hall.（アネット J. ドブソン (1993). 田中豊・森川敏彦・栗原考次 (訳) 統計モデル入門 –回帰モデルから一般線形モデルまで– 共立出版）

堀 裕亮 (2017). ゼロからはじめる統計モデリング ナカニシヤ出版.

粕谷英一 (2012). 一般化線形モデル. 共立出版.

久保拓弥 (2012). データ解析のための統計モデリング入門. 岩波書店.

蓑谷千凰彦 (2013). 一般化線形モデルと生存分析　朝倉書店.

McCullagh, P., & Nelder, J. A. (1989). *Generalized, Linear Models.* 2nd. ed. Chapman & Hall/CRC.

McCulloch, C. E., Searle, S. R., & Neuhaus, J. M. (2008). *Generalized, Linear, and Mixed Models.* 2nd. ed. John Wiley & Sons, Inc.（土井正明他 (訳) (2011). 線形モデルとその拡張 –一般化線形モデル，混合効果モデル, 経時データのためのモデル– 遊文舎）

Nelder, J. A. & Wedderburn, W. M. (1972). Generalized Linear Models *Journal of the Royal Statistical Society*, Vol. 135, No.3, pp.370-384.

Rutherford, A. (2001). *Introducing ANOVA and ANCOVA –a GLM Approach–* SAGE Publications: London.

13 ベイズ統計

小野寺　孝義

近年，急速に広まりつつあるベイズ統計学の基礎について学ぶ。

1. ベイズ統計の台頭

従来，統計学テキストにベイズ統計学が載ることはほとんどなかったが，日本でもここ数年で無視できない存在になってきた。実際には海外ではずっと以前からベイジアン革命が進行しつつあり，実社会でもベイズ統計が利用されるようになってきている。サルツブルグ (2006) には20世紀の終わりには Annals of Statistics や Biometrika などの学術雑誌に載る論文の半数がベイズの方法を使っているほど容認されているとの記述も見られる (p.162)。かつては批判されて，相手にされていなかったベイズ統計をいまやアメリカの統計学者の多くが既に認めるようになっているのである。

広まりつつある理由の1つには従来の統計学の限界が挙げられる。従来の伝統的な統計学はピアソンの積率相関係数で有名な Karl Pearson の息子である Egon Sharpe Pearson とその弟子の Jerzy Neyman によって確立され，ピアソン・ネイマン統計学と呼ばれることがある。また，分散分析で有名な Ronald Aylmer Fisher も含めて**ピアソン・ネイマン・フィッシャー統計学**と呼ばれることもある。

記述統計には K. Pearson が大きな貢献をしており，推測統計に関しては E. S. Pearson と J. Neyman が有意水準の考え方を確立させ，R. A. Fisher が実験計画法を作り上げている。

検定の考え方は，1) データから統計量を求める，2) 帰無仮説（例えば

「2つの群に差はない」）の前提で想定される分布を考える，3）その分布のどの位置に統計量が位置するかを調べる，4）そこに位置するより極端な分布面積を確率とみなして 0.01 もしくは 0.05 未満なら帰無仮説を棄却して差があるとする，というものである。この方法は精密で客観的な科学的方法と思われているが，それは完全なデータがある場合だけある。

しかし，現実には，データがわずかな場合や前例がない場合，経験や勘しか利用できない場合も多い。シャロン・バーチュ・マグレインの「異端の統計学ベイズ」には，海に沈んだ，水爆搭載の爆撃機を探すために招集された統計学者の困惑が描かれている。頻繁に爆撃機がその海域に沈むわけはないので過去のデータは使えない。そんな中でたどり着いたのが，主観的情報を取り入れられる異端の統計学であるベイズ統計だったという。

2つ目の理由としては従来の統計学の仮説検定の p 値に関わる問題がある。例えば p 値には 0.05 や 0.01 が判定のための既定値として利用されているが，検定結果は棄却か採択か，すなわち白か黒かの判断になる。そこに灰色の結果は認められない。しかし，この p 値はデータ数に依存し，データ数が多いと検出力が高まる。言い換えるとわずかな差も検出するようになる。検出力が高まるということは一見，良いことのように思えるが，意味のないわずかな差も検出してしまうということである。この世に1つとして同じものはないとすれば，データ数を集めていけば確実に違いを検出してしまう。だが，その違いに意味があるかどうかは別な問題になる。

現在，この問題を解決するために p 値による検定結果だけではなく，その違いの大きさを示す効果量を報告することや適切なサンプル数を事前に決めて研究を行うことが常識となりつつある。

一方，ベイズ統計では p 値で判断するのではなく，分布全体を見て判断を行う。白黒つけたい人には心落ち着かないかもしれないが，現実はある値を境に急激に白と黒が変わるわけはなく，連続的に変化しているのが普通と考えると，灰色を認めて判断を下せるのがベイズ統計と言えるかもしれない。

ベイズ統計が台頭してきた3つ目の理由として理論的なブレイクスルーが挙げられる。分布の面積を求めるためには積分計算が必要になるが，複雑な分布の積分では計算が困難なことが多い。

これに対して**マルコフ連鎖モンテカルロ法**(MCMC) という手法が考え出された。モンテカルロ法は乱数をもとにコンピュータ・シミュレーションで解を求めようとする手法の総称で現在では広く知られている。乱数をもとにした抽出であってもシミュレーション回数を増大していけばいずれは近似的に真の値に近づくという考え方である。一方，マルコフ連鎖とは現在の状態が1つ前の状態にのみ影響を受ける連鎖のことである。言い換えると，どの状態も1つ前のステップの影響を受けるが，それ以外のステップからは影響されない連鎖になる。マルコフ連鎖はある条件の下で反復計算をしていくと安定した解に収束する。この MCMC を分布面積を求めることに応用することが考えられたのである。

4つ目の理由としてはコンピュータとプログラムの発達が挙げられる。理論や手法が知られていても，それが利用できるプログラムがないと広まらない。MCMC が利用できるコンピュータ・パワーが当たり前となり，ベイズ統計用の分析プログラムが各種開発され，フリーで公開されたことで，ベイズによる分析がずっと身近になったのである。

以上の理由からベイズ統計が身近で実用的な時代となり，爆発的に広まりつつあるのである。

(1) ベイズ統計学の歴史

ベイズ統計学のもともとをたどると，その名の通り Thomas Bayes(1702–1761) にさかのぼる。Bayes はイギリスの牧師で，確率に関する定理を論文として残した。彼の死後，遺産整理を頼まれた友人の Richard Price によって 1763 年に論文は発表され，その重要性を認識した高名な数学者 Pierre-Simon Laplace によって世に広く知られるようになった。

現在，ベイズ統計の考え方をとる立場の人は**ベイジアン**と呼ばれ，伝統的な統計学の立場の人は**頻度論者**と呼ばれる。両者は敵対しているわけでも，またいずれか一方の立場しかとれないという訳でもない。しかし，有名な統計学者 Fisher はベイジアンという言葉を唾棄すべきラベルとして使用し，ベイズの考え方が抹殺されるべき対象とみなされていた時代もあったのである。

先に挙げた「異端の統計学ベイズ」はベイズ統計の歴史を読みやすく扱っている。そこでは抹殺されかかっていたベイズ統計が，理論家からではなく，実務や応用の現場から息を吹き返したことが紹介されている。

保険事業への応用，大統領選挙の予測，海に沈んだ水爆の探索，そして現在では私たちの生活に密着した金融市場の予測，迷惑メール対策やネット検索技術，医療への応用，人工知能や機械学習とさまざまな方面でベイズが利用されている。

2. ベイズの定理

ベイズ統計学の元をたどると Bayes に行き着くと前節で書いたが，Bayes 自身がベイズ統計学を提唱したわけではない。**ベイズの定理**という確率理論を考えただけである。その確率理論を後世の人間が統計学へと拡張してベイズ統計学が生まれたのである。

ここでは，まずベイズの定理をみていこう。

$$P(A|B) = \frac{P(B|A)P(A)}{P(B)} \tag{13.1}$$

ベイズの定理はベイズの確率公式が出発点になる。ここで $P(\quad)$ とは確率 (probability) を意味する。従って，$P(A)$ や $P(B)$ はそれぞれ A が生じる確率，B が生じる確率という意味になる。

A が例えばサイコロで 1 の目が出るという事象なら，$P(A)$ は 1/6 ということになる。

次に $P(A|B)$ のように縦棒で区切ると，これは条件付き確率を表す。$P(A|B)$ なら B が生じたという条件のもとで A が生じた確率を意味する。

式 (13.1) の左辺には $P(A|B)$ があるので，B が生じたという条件のもとで A が生じた確率ということになる。一方，右辺の中には $P(B|A)$ があるので A が生じたという条件のもとで B が生じた確率になる。

ここで $P(A|B)$ は**事後確率** (posterior probability)，$P(A)$ は**事前確率**

(prior probability) と呼ぶ。

事後確率 $P(A|B)$ を，例えば，ある証拠が得られたという前提条件のもとでの容疑者が犯人である確率，海に沈んだ爆弾を探すときに既に探索済みの水域という情報が判明したうえでの爆弾がある場所の確率，受け取ったメールにスパムメールにありがちな単語が含まれていることがわかった時に，それがスパムメールである確率，病気と診断されて，本当にその病気にかかっている可能性と置き換えてみると，このベイズの定理が意思決定に役立つことがわかる。そこでは，得られた証拠，探索済みの水域，スパム的な単語，病気の診断結果などが事前確率 $P(A)$ になる。この事前確率 $P(A)$ は刻々と変わっていくかもしれない。新たな証拠がでるかもしれないし，探索水域は徐々に狭まる，また新たなメール内容が増える，追加の診断結果が加わるなどということもあり得る。しかし，新たな情報が得られたことで，確率を更新していくことができる。

3. ベイズ統計学の基本

ここまで述べてきたことは，ベイズの定理から得られた確率の話である。つまりベイズ確率の話であって，まだ，ベイズ統計学という話にはたどり着いていない。

しかし，事前確率や事後確率という言葉の確率を分布に置き換えてみると，これはデータから事前の分布がわかれば，事後の分布を推定できるということを意味していることになる。こうして，ベイズの定理を分布に応用すると統計学と結びつくことになるのである。

確率の話では，個々の値は離散的な 1 つの点を表している。それらを連続的な分布として扱うためには確率密度関数を利用する。1 点ではなく，幅をとって面積で確率を考えていくのである。

ここでは確率と区別するために事前確率 $P(A)$，事後確率 $P(A|B)$，A のもとで B が生じる条件付き確率 $P(B|A)$，B が生じる確率 $P(B)$ を統計学に対応した用語と記号に置き換えてみる。

D をデータ，θ を分布を示す母数 (パラメータ) とする。

そうすると $P(B)$ とは得られたデータ (標本) に対応するので $f(D)$,

$P(A)$ は**事前分布**となるので母数からなる関数 $f(\theta)$ となる。

事後確率 $P(A|B)$ は $f(\theta|D)$ となり，データ D が得られたときに，それが母数 θ の分布から得られた確率となる。また，$P(B|A)$ は $f(D|\theta)$ となり，これは母数 θ の分布を前提としたときに，データ D が得られる尤もらしさ（可能性の高さ）を表しているので尤度と呼ぶ。

記号もそれに合わせて変更すると表 13.1 のようになる。

表 13.1　ベイズ確率とベイズ統計学

ベイズ確率	ベイズ統計学
離散的	連続的
事後確率 $P(A\|B)$	事後分布 $f(\theta\|D)$
$P(B\|A)$	尤度 $f(D\|\theta)$
事前確率 $P(A)$	事前分布 $f(\theta)$
観測された確率 $P(B)$	観測されたデータの確率 $f(D)$
$P(A\|B) = \frac{P(B\|A)P(A)}{P(B)}$	$f(\theta\|D) = \frac{f(D\|\theta)f(\theta)}{f(D)}$

ここで分母の $f(D)$ は観測されたデータの確率で，周辺尤度 (marginal likelihood) とも呼ばれる。これは事後分布の面積が 1 になるように規格化（正規化）する働きがある。そして，θ が含まれないので θ に対して定数とみなすことができる。定数なら計算して求めればよいと思うかもしれないが，実際には求めるのが難しいことが多い。そこで，面倒を避けて定数に相当する $f(D)$ を省略し，等号 (=) をやめてしまうというアイデアがわく。

$$\text{事後分布} = \frac{\text{尤度} \times \text{事前分布}}{f(D)} \Rightarrow \text{事後分布} \propto \text{尤度} \times \text{事前分布} \quad (13.2)$$

ここで $\propto$ とは，比例するという意味の記号である。完全一致の = ではなくなったが，比例関係は保たれているということである。しかし，比例関係さえ保たれていれば，どのように拡大，縮小されようが分布の形はわかる。これで必要な情報は十分得られるのである。

こうして，もともとの確率を表したベイズの定理は統計分布へ拡張できたことになる。簡単にいえば，ベイズの定理の確率の要素を分布に置き換えたものがベイズ統計学ということである。

ここで事前分布から事後分布を求め，求まった事後分布を今度は事前分布に改めて代入して，新たな事後分布を求めることを反復している。何度反復計算しても，値がほとんど変化しなくなれば，計算が収束したことになる。

(1) ベイズ統計学の特色

ここでデータが与えられて，分布を推定するというのは従来の統計学と同じではないかと思うかもしれない。しかし，その根底にある発想はまったく異なる。従来の統計学では真の分布が存在し，データ (標本) はそこから抽出された可能性があるものという考え方をした。真の分布（母集団）の平均値や分散は固定された値である一方，標本は誤差を含み，変動しているという考え方であった。

ベイズ統計学の考え方は逆で，標本として得られたデータの方こそが真であり，背後にある分布は変動しているという考え方をとる。表 13.2 に考え方の違いを示している。

表 13.2　伝統的統計学とベイズ統計学の考え方

	母集団とは	標本とは
伝統的統計学	真の唯一の母集団分布 $\Longrightarrow$	ゆらいでいるデータ
ベイズ統計学	ゆらいでいる母集団 $\Longleftarrow$	確定したデータ

では，データが得られた場合に，それがどのような分布かを示す事前分布はどう決めればよいのだろうか。ここでベイズの問題点が 2 つ出てくる。

1 つ目は事前分布をどう仮定するかについて分析者の自由度が大きいということである。自由であるということは同時に客観性に疑問が生じるということにもなる。これこそが伝統的な統計学からベイズが攻撃された問題点である。主観的なものが，統計学に入り込むことで精密さや厳密さが失われることが危惧されたのである。

これについての 1 つの解決法は，事前分布がわからないなら生起確率は同じとみなすということである。ベイズ確率の場合なら，すべてを等確率とみなすことになる。

事前に情報がないので等確率とみなすということを分布に置き換えて考えると，それは**一様分布**ということになる。繰り返しサイコロを振って目の分布を作成すればフラットな分布になることが期待されるが，これは一様分布である。何も情報がないことから想定した分布は無情報分布とも呼ぶ。

また，無情報分布に想定する根拠を「**理由不十分の原則**」と呼ぶ。

ただし，これは，ベイズでは事前確率に等確率を設定しなくてはならないという意味ではない。ここの設定こそが，情報になりにくい情報を取り込めるベイズの特色なのである。ただし，何でも好きにしてよいと自由にすれば批判が生じるのも覚悟しておかなくてはならない。

２つ目の問題点は事前分布が複雑な分布だと計算が手に負えなくなるという点である。ただ，この点に関してはさまざまな計算アルゴリズムが考え出されるようになった。これについては，次の節で述べる。

さて，ベイズ統計では事前分布に尤度を掛けたものと比例関係にある事後分布を作成する。もし，ここで事前分布を構成するためのパラメータにさらに事前知識や経験的知識が利用できるとするとどうなるだろうか。ここでパラメータとは分布を規定する値のことで，例えば正規分布なら平均と分散がパラメータになる。

このように考えていくと事前分布の前にさらに事前分布，そしてさらにという具合に階層的な分析ができる。このときに下位の階層の事前分布を規定するパラメータのことを超パラメータ，あるいはハイパーパラメータと呼ぶ。このようなモデルを考えた分析はマルチレベル，あるいは階層ベイズモデルと呼ばれる。

(2) MCMC

ベイズ統計学で問題になるのは積分，すなわち分布の面積を求めることの困難さであった。

解決法の１つは**共役事前分布**を利用することである。共役事前分布とは，事前分布に想定した分布次第で事後分布が決まる分布のことである。具体的な例としては正規分布がある。事前分布が正規分布の場合，事後分布も正規分布に従うのである。共役する事前分布が想定できたなら，計算がとても簡単になる。既によく知られた分布に従うのなら，平均値や期待値，分散などの式が既知で簡単に求めることができる。分布の面積を求める積分の計算が必要な場合でも簡単になる。

ここでは共役事前分布を表 13.3 に示しておく。

表 13.3　共役事前分布

事前分布	尤度 (データの分布)	事後分布
ベータ分布	二項分布	ベータ分布
ガンマ分布	ポアソン分布	ガンマ分布
逆ガンマ分布	正規分布	逆ガンマ分布
正規分布	正規分布	正規分布

しかし，共役事前分布では限界がある。既知の分布なら平均や分散も形からわかるが，未知の分布の場合には平均も分散もわからない。そこで乱数を利用して分布を構成する方法として出てきたのが前述した MCMC である。MCMC はマルコフ連鎖モンテカルロ法の略であるが，モンテカルロ法は S. M. Ulam により開発された。第二次世界大戦中に既に物理学の分野で利用されていた。一方，マルコフ連鎖は，ロシア人の数学者 Andrey (Andrei) Andreyevich Markov(1856–1922) から名前をとっている。時系列で次の結果が現時点の結果のみに依存しているようなプロセスのことを指す。マルコフ連鎖の定義に当てはまるための条件はいろいろあるが，その条件が満たされていると，反復を繰り返すと定常分布に収束することが知られている。

モンテカルロ法 (MC) とマルコフ連鎖 (MC) が結びついて MCMC と呼ばれるが，最初に利用されたのは水爆開発の時であった。省略して MCMC と呼ばれるようになったが，MCMC といっても 1 つの方法というわけではなく，いろいろな手法が提案されており，その総称が MCMC といえる。

手法の違いは単純にいえば乱数を次にどう変化させていくかの工夫の違いである。純粋な乱数を使用していては効率がよくない。例えば，作成したい事後分布 (目標分布) について仮説があるなら，それに近くなるような乱数が発生するよう修正を加えることが考えられる。頂点が1つという情報があり，左右が対称というなら中心に近い乱数の発生は可能性を高く，端の方にあたる極端な値の発生は低く見積もった方がよいことになる。事前分布を決めて，計算して事後分布を構成する。次に，その事後分布を事前分布にして計算を行い，新たな事後分布を構成する。これを繰り返して行くと，やがていくら反復計算をしても変わらない，1つの分布に行き着くというのが，理想的な MCMC の計算と言えるだろう。

このようにベイズ統計で MCMC を使う場合には，たくさんの乱数を発生させ，分布を構成することが主眼になる。予想される目標分布に近づき，計算が収束して1つの分布に決まるのであれば，それは理想的な展開だということになる。

従来の統計学の考え方では代表値や検定統計量という単一の値を求めることが主眼だったのに対して分布自体を創り出そうとする点で，かなり違和感を感じるかもしれない。

4. 実際の分析と結果の解釈

さて，ベイズの考え方がわかったとして実際に分析を行うにはどうすればよいのだろうか。

従来の統計学では，計算式に当てはめて統計量を求めて唯一の解を求めるというのが一般的であったが，ベイズの場合には乱数を利用した反復計算を行い，分布を構成していくので唯一解が決まる計算式を示すというわけにはいかない。MCMC を行う計算プログラムが必要になる。

最も有名な古典的プログラムとしては WinBUGS がある。もともとの開発者の開発は終了し，オープンソースとして OpenBUGS と呼ばれて存在している。現在，有力なプログラムとしては Stan と呼ばれるものがあり，無料で公開されている。MCMC では反復計算を繰り返すので時間がかかるが，Stan はコマンドをコンパイルして実行ファイルを作成して計算を行うので，計算が速い。Stan 単独で利用できるだけではなく，統計開発環境の R と連携した RStan やプログラム言語 Python と連携する PyStan，MATLAB と連携する MatlabStan，統計ソフト Stata と連携する StataStan などがある。

MCMC のためのプログラムとは別に SPSS[1)] や Stata という代表的な統計ソフトにもベイズ分析は取り入れられるようになってきている。

また，商業的な統計ソフトのように直感的に操作でき，ベイズ統計分析に特に力を入れた JASP と呼ばれる無料のプログラムや従来の分析に加えてベイズ分析もできる jamovi も利用できる。

(1) MCMC の収束のチェック

ベイズ統計では乱数を利用した反復計算を行う。ある初期値からはじめて反復計算を行うが，計算が収束しないと，そもそも分析結果が得られないことになる。ここで言う収束とは計算を反復しても値が変化しないようになるということを意味する。ただし，結果は初期値に大きな影響を受ける。そこで初期値に影響を受ける最初の方は採用せずに捨てることにする。この捨てる期間を**バーンイン**(burn-in) と呼ぶ。ただ，どれくらいの反復数をバーンインとすべきかという明確な指標はないので，シミュレーション計算を何万回行うのか，最初の何割をバーンインとして捨てるのかは分析者が決めなくてはならない。

トレースラインと呼ばれるグラフ (横軸を反復，縦軸を乱数) などを検討してほぼ同じ幅の帯状になれば収束したと判断する基準や**累積和プロット**(cusum プロット) や**自己相関プロット**などの基準もある。自己相関プロットでは自己相関が小さくなれば前の値に影響されなくなって安定した結果となったと判断する。

計算が収束して得られるのは，従来の統計学の検定統計量のような 1 つの値ではない。ベイズ統計学では分布そのものが得られるからである。

---

1) オプションの Advanced statistics が必要。

その分布の統計量が求められることになる。

(2) 点推定：EPA，MAP，MED

事後分布が得られても既知の分布でない場合には，面積を求めなくては期待値が求められない。伝統的な統計学で標本から推定される母数の点推定値である平均値や最頻値，中央値などの代表値はベイズ統計では事後分布から求められる。1つはEPAと呼ばれ，**事後期待値** (expected a posteriori：EPA) の略である。もう1つはMAPと呼ばれる。これは**事後確率最大値** (maximum a posteriori) の略で，最頻値に相当する。最後はMEDで**事後中央値** (posterior median) で中央値を推定値する。分散や標準偏差も分布から計算できる。

(3) 仮説検定

ベイズ統計では研究仮説の正しさについても確率的に評価ができる。伝統的な統計学では事前に決められた有意水準からみて棄却されるか否かという判断だけであったが，ベイズ統計学では実際に研究仮説が正しい確率を求めることができる。

(4) 信頼区間と確信区間

伝統的な統計学で用いられる信頼区間 (confidence interval) に対してベイズ統計で相当するものは確信区間，あるいは信用区間 (credible interval) と呼ばれる。ベイズ統計では得られた値は母数と考えるので，求めたい値そのものが得られたという解釈になる。伝統的な統計学では得られた値は推定値と考え，データが繰り返し得られたならという想定で判断される区間を意味する。

(5) モデル比較

研究者が選択したモデル同士を比較したい場合がある。比較のための基準としては情報量統計量としてAIC，BIC，WAICなどが提唱されている (豊田, 2015)。また，**ベイズファクター** (ベイズ因子) と呼ばれるモデル間比較の統計量もよく利用される。

表 13.4　信頼区間と確信区間

伝統的統計学	ベイズ統計学
信頼区間 (confidence interval)	ベイズ確信区間・信用区間 (Bayesian credible interval)
推定量	母数
同じデータが繰り返し 得られた時に推定された値が その区間に入る確率	得られた値が その区間に入る確率
95%信頼区間：その実験で 得られた統計量は 100 回 同じ実験を行った時に 95 回は その区間に入ると期待できる	95%確信区間：その実験で 得られた統計量は 95%の確率で その区間に入る

演習問題

共役事前分布の中には伝統的統計学では見慣れない分布も登場する．ベータ分布，逆ガンマ分布について調べてみよう。

参考文献

古谷知之 (2008). ベイズ統計データ分析. 朝倉書店.

岩波データサイエンス刊行委員会 (編) (2015). 岩波データサイエンス Vol.1. 岩波書店.

小島寛之 (2015). 完全独習 ベイズ統計学入門. ダイヤモンド社.

久保拓弥 (2012). データ解析のための統計モデリング入門. 岩波書店.

松原 望 (2010). よくわかる最新ベイズ統計の基本と仕組み. 秀和システム.

シャロン・バーチュ・マグレイン (2013). 冨永星 (訳) 異端の統計学ベイズ. 草思社.

涌井良幸 (2009). 道具としてのベイズ統計. 日本実業出版社.

涌井良幸・涌井貞美 (2012). 図解これならわかるベイズ統計学. ナツメ社.

大久保街亜・岡田謙介 (2012). 伝えるための心理統計. 勁草書房.

デイヴィッド・サルツブルグ (2006). 竹内惠行・熊谷悦生 (訳) 統計学を拓いた異才たち. 日本経済新聞社.

豊田秀樹 (編著) (2015). 基礎からのベイズ統計学. 朝倉書店.

14 検定力と効果量

岡田　涼

心理学の研究においては，統計的仮説検定によって仮説の真偽を判断することが多い。しかし，統計的仮説検定の結果のみでは，データのもつ意味を十分に捉えることは難しい。この章では，統計的仮説検定の考え方を振り返った後，効果の程度を示す効果量の意味と種類について解説する。その後，統計的仮説検定を効果的に用いるための方法として，検定力分析の方法を紹介する。

1. 検定力とは

(1) 統計的仮説検定の考え方

心理学の研究では，データをもとに仮説の真偽を判断する。「協同的な学習は成績を高める」や，「教師との関係がよい生徒ほど学校に適応している」などの仮説について，実験や調査を行いデータを収集する。そして，たとえば実験群と統制群の平均値に対して t 検定を行ったり，変数間の相関係数に対して無相関検定を行ったりして，仮説が支持されるかどうかを確かめるのである。

統計的仮説検定の考え方については，既に4章で学んでいる。重要な考え方であり，本章の検定力分析を理解するために必要であるため，ここでもう一度振り返っておこう。考え方は大まかに次のようなものであった。群間の平均値の差を調べる場合で考える。まず，「母集団においては，実験群と統制群の間で平均値に差がない」という仮説（帰無仮説）を立てる。この帰無仮説が正しく，母集団においては平均値に差がなかったとしても，実際にデータを収集すれば，サンプリングによる誤差によって偶然的に差が生じる可能性はある。ここで，どれぐらいの確率までなら偶然だと言えるかを事前に決めておく。慣例としては，5%が判断の基準（有意水準）として設定される。つまり，母集団では差がないのに，偶然では5%でしか生じないような差がみられたら，それは偶然ではなく，母集団においても実際に差があるのだと判断しようということである。そして，実際に得られたデータをもとに群ごとの平均値や *SD* を計算し，それらを使って t 値を求める。サンプルサイズに応じた t 分布を用いて，この t 値を位置づけた場合に，棄却域に入るのであれば，確率的に偶然生じたとは考えにくいため「母集団でも差がある」と判断することになる。ちなみに，本章で述べている統計的仮説検定は，頻度主義に基づくNeyman-Pearson 流の帰無仮説を想定した検定である。

(2) 検定における 2 つの誤り

統計的仮説検定は，確実に「こうである」と結論をくだすものではなく，「この方が確からしい」というような確率的な判断であった。例えば，「丁か半かを 10 回も連続で当てるのは偶然にしては出来すぎているから，何かイカサマをしているに違いない」というのが統計的仮説検定の発想である。しかし，ものすごく低い確率であるが，たまたま丁か半かを 10 回連続で当てることがあり得ないわけではない。確率的な判断であるということは，判断が誤っている可能性も常にいくらかは残しているということである。

統計的仮説検定では，帰無仮説の真偽と有意か否かに関する判断の組合わせから，2 種類の判断の誤りを想定している。これも 4 章で，すでに学んでいるが，再度振り返っておこう。1 つは，第一種の過誤（type I error）である。これは，母集団では実際に差がない，つまり帰無仮説が正しい場合に，帰無仮説を棄却して「有意である」と判断する誤りである。もう 1 つは，第二種の過誤（type II error）である。これは，帰無仮説が正しくない場合に，帰無仮説を棄却せずに「有意ではない」と判断する誤りである。実際には差がないのに「有意な差がある」とするのが第一種の過誤，実際には差があるのに「有意な差がない」とするのが第二種の過誤である。

統計的仮説検定では，確率的な判断をするため，判断が誤っている確

表 14.1　統計的仮説検定における誤り

		真実	
		帰無仮説は誤り	帰無仮説が正しい
検定結果	有意	正しい判断：$1-\beta$	第一種の過誤：α
	有意でない	第二種の過誤：β	正しい判断：$1-\alpha$

率が残っていると述べた。有意水準を 5%に設定するということは，第一種の過誤を犯す確率を 0.05 に設定していることになる。この確率のことを危険率（α）という。何かしらの検定を行って 5%水準で有意になったら，「5%水準で有意な差がみられた」と結果を報告する。ただし，その報告には，「この結論は 0.05 の確率で誤っている可能性がある」という注意書きがついているのである。

表 14.1 を見てもらいたい。母集団において帰無仮説が誤りか正しいかと，検定結果が有意か有意でないかから 4 つの状態を示している。その中で，先に述べた第一種の過誤と第二種の過誤が示されている。残りの 2 つは，正しい判断であるということになる。2 つの正しい判断のうち，帰無仮説が正しくない場合に，きちんと帰無仮説を棄却できる確率（$1-\beta$）を検定力 (statistical power) という。母集団に差があるとき，データにおいて有意な差を検出できる確率が**検定力**である。

(3) 適切な検定力

当然ながら，母集団において実際に差があるのであれば，分析の結果としてその差を検出できた方がよい。その意味で，検定力が低い状態で研究を進めるのは望ましくない。検定力が低いままに研究を進めるということは，「差がない」という誤った結論を主張してしまう可能性が高い研究を行っていることになる。研究を実施するにはさまざまなコストがかかるし，得られた結果は社会に対して何かしらのインパクトをもっている。研究を行う以上は，実際に差があるのであれば，それを検出できるように努める必要がある。

しかし，検定力は高ければ高いほどよいというわけではない。仮に母集団で2つの群間には確かに差があるけれども，その差がものすごく小さいものであったとする。検定力が高いということは，そういったものすごく小さいわずかな差も「有意差あり」というように検出できるということを意味している。わずかな差を，「有意差あり」と主張してしまうことにも問題が伴うかもしれない。有意差があるかないかという統計的仮説検定の判断のみを用いるのであれば，検定力が高すぎることで，ミスリーディングな結論を出してしまう可能性がある。

では，どのぐらいの検定力が適切なのだろうか。検定力の目安として，**5–80 ルール**と呼ばれるものがある (Cohen, 1988)。これは，第一種の過誤の確率 (有意水準) を 0.05（5%水準）に設定するのであれば，検定力を 80%水準に設定するというルールである。検定力と第二種の過誤の関係を考えると，第二種の過誤の確率は 0.2（20%水準）になる。ただし，この基準は1つの目安であり，研究領域や研究目的によって必要な検定力は異なる。わずかな差でも確実に検出しないといけないような研究内容であれば，より高い検定力が求められる。状況に応じて，検定力をどの程度にすべきかを判断することが必要である。

2. 効果の大きさ

(1) 統計的仮説検定の限界

これまで心理学研究において，統計的仮説検定はデータを分析するうえで中心的な役割を担ってきた。現在，出版されている心理学関連の学術論文をみれば，そのほとんどで統計的仮説検定が用いられている。相関係数を算出したり，群間の平均値の差を調べた場合には，基本的には統計的仮説検定の結果が併記され，有意であるか否かをもとにして解釈がなされている。

統計的仮説検定は，仮説の真偽を判断したり，関連や差の有無を結論付けるうえで非常に便利なものである。その一方で，統計的仮説検定には，古くからいくつかの問題点も指摘されてきた (詳細については，大久保・岡田, 2012 を参照)。その中で重要なものとして，統計的仮説検定によって得られる結論が極端な二分法であるという問題がある。

統計的仮説検定の結論は，基本的にはある確率水準において「有意である」か「有意ではない」のいずれかである。データに基づく検定統計量が，帰無仮説のもとで得られる確率（p 値）は連続的にさまざまな値をとり得る。しかし，統計的仮説検定では，5%を基準にして「差がある」か「差がない」のいずれかにきっぱりと分けてしまう。極端な場合であるが，p 値が 0.04999 であれば「差がある」と主張することができるが，0.05001 であれば「差がない」と述べることになってしまう。

(2) 効果量の考え方と種類

統計的仮説検定によって得られる結論が極端な二分法であるということと関連して，効果の程度を無視しがちになるという問題がある。仮に有意になった場合，自信をもって「差がある」と主張することができる。しかし，有意な差があったとしても，どの程度の差があるかという点では，無限のバリエーションがある。平均値や標準偏差を見たときに，ものすごく差があると感じられるような場合もあれば，わずかな差だと感じられるような場合もあり得る。ただし，統計的仮説検定では，こうした効果や差の程度については一切情報をもたらさない。有意であるという結果は研究をする側にとってインパクトが大きいため，それ以上にどの程度の効果があったのかに注目しないままになってしまいがちになる。これは，統計的仮説検定がもつ弊害であるといえる。

統計的仮説検定では情報を与えてくれない「どの程度の効果があるか」ということについては，効果量 (effect size) という指標が役に立つ。効果量は，効果の程度を示す統計量の総称であり，いくつかの種類がある。大別すると，2 つの群間の差に関する効果量と，関連の強さを示す効果量の 2 つに分けることができる。前者を **d 族の効果量**，後者を **r 族の効果量**と言う (大久保・岡田, 2012)。その他に，修正済み推定値（自由度調整済み R^2 など）とリスク推定値（オッズ比など）も効果量に含まれる (Ferguson, 2009)。以下では，d 族の効果量として Cohen の d について，r 族の効果量として相関係数 r と η^2 について説明する。その他の効果量については，大久保・岡田 (2012) や Cumming(2012) を参照しても

表 14.2　報酬の効果に関する研究例（仮想データ）

	実験群			統制群		
	人数	平均値	標準偏差	人数	平均値	標準偏差
研究例 1	20	80	20	20	60	25
研究例 2	5	80	20	5	60	25
研究例 3	100	70	20	100	60	25
研究例 4	1000	62	20	1000	60	25

らいたい。

(3) *d* 族の効果量

d 族の効果量の代表的なものとして，Cohen の d がある。Cohen の d は，2 つの群間の平均値の差が標準偏差いくつ分にあたるかに換算したものである。具体的には，式 (14.1) で求めることができる。

$$d = \frac{M_1 - M_2}{S_p} \tag{14.1}$$

ここで，M_1，M_2 は 2 つの群の平均値であり，S_p は 2 つの群の標準偏差をプールしたものである。S_p は，以下のようになる。

$$S_p = \sqrt{\frac{n_1 S_1^2 + n_2 S_2^2}{n_1 + n_2}} \tag{14.2}$$

n と S^2 は各群のサンプルサイズと標本分散を示す。

数値例をもとに Cohen の d を計算してみよう。表 14.2 の研究例 1 の行には，金銭報酬を与えて課題を解かせた群（実験群）と，報酬を与えずに課題を解かせた群（統制群）の課題解答数の平均値と標準偏差を示している。式 (14.2) をもとに，プールした標準偏差を求めると，以下のようになる。

$$\text{プールした標準偏差} = \sqrt{\frac{20 \times 20^2 + 20 \times 25^2}{20 + 20}} = 22.64$$

この値と 2 群の平均値を式 (14.1) にあてはめると，$(80 - 60)/22.64 =$

表 14.3　報酬の効果に関する研究例の効果量と検定結果（仮想データ）

	Cohen の d	t 値	自由度	p 値
研究例 1	0.88	2.79	38	0.008
研究例 2	0.88	1.40	8	0.200
研究例 3	0.44	3.12	198	0.002
研究例 4	0.09	1.98	1998	0.048

0.88 となる。

ちなみに，研究例 1 の平均値について，t 値を算出すると 2.79 となる (t 値の式は 4 章参照)。自由度は，20+20−2=38 である。自由度 38 の t 分布に位置づけた場合，2.79 という値は 5%水準で有意となる。つまり，t 検定の結果は，群間に有意な差があるということになる。以上の結果をまとめたものが表 14.3 である。

効果量と統計的仮説検定の関係を考えるために，別の数値例を考えてみよう。表 14.2 と表 14.3 には，研究例 1 から研究例 4 が示されている。研究例 2 は，群ごとの平均値と標準偏差は研究例 1 と同じであるが，各群のサンプルサイズが小さくなっている。Cohen の d を求めると，研究例 1 とまったく同じ値 0.88 となる。しかし，t 値は 1.40 であり，t 検定の結果は研究例 1 と異なり，有意差なしとなる。また，研究例 3 は，実験群の平均値が研究例 1 と研究例 2 より小さく，Cohen の d は 0.44 となる。標準偏差が同じで，平均値差のみが小さくなったため，Cohen の d の値が小さくなったのである。ただし，各群のサンプルサイズが 100 と大きくなったことから，t 検定の結果は有意差ありとなる。さらに，研究例 4 では，群間の平均値差がより小さくなり，Cohen の d は 0.09 という小さい値になるが，各群のサンプルサイズが 1000 人とかなり大きいため，t 検定の結果は有意差ありとなる。

これらの例からわかるように，Cohen の d はサンプルサイズの影響を受けず，もととなる平均値と標準偏差が同じであれば同じ値になる。その一方で，t 検定の結果は，サンプルサイズの影響を受け，たとえ同じ効果量であっても，サンプルサイズによって有意になる場合とならない場合がある。

(4) *r* 族の効果量

r 族の効果量は，変数間の関連の強さを示すものであり，代表的なものは Pearson の相関係数 r である。6 章で解説されているように，相関係数 r は，式 (14.3) で求められる。

$$r = \frac{1}{n}\sum_{i=1}^{n}\frac{(x_i - \overline{x})(y_i - \overline{y})}{SD_x SD_y} \tag{14.3}$$

相関係数についても，その値と統計的仮説検定の関係をみてみよう。相関係数 r の場合は，「相関係数がゼロである」という帰無仮説について，t 値を用いて検定を行う。相関係数 r を，以下の式で t 値に変換する。

$$t = \frac{r \times \sqrt{n-2}}{\sqrt{1-r^2}} \tag{14.4}$$

ここで，n はサンプルサイズを示す。この t 値について，自由度 $n-2$ の t 分布をもとに検定を行う。

表 14.4 に 4 つの研究例を示した。いずれも，質問紙による動機づけ得点と学業成績との相関係数 r を示しているとしよう。基本的には，Cohen の d のところで確認したのと同じことが示されている。研究例 1 と研究例 2 では，相関係数 r の値は同じであるが，サンプルサイズの違いによって有意か否かの結果が異なる。また，研究例 3 や研究例 4 のように，相関係数 r の値が小さくても，サンプルサイズが大きければ，結果は有意となる。

他の r 族の効果量として，分散説明率を示す指標がある。分散説明率は，独立変数が従属変数にどの程度の影響を与えているかを示す効果量である。その 1 つとして，一元配置分散分析では，η^2 を用いることができる。一元配置分散分析においては，全体の平方和（SS_T）を，要因の効果を示す群間平方和（SS_B）と誤差による群内平方和（SS_e）に分割することを考える (8 章参照)。これらの平方和を用いて，式 (14.5) で効果量

表 14.4　動機づけ得点と学業成績に関する研究例（仮想データ）

	人数	相関係数	t 値	自由度	p 値
研究例 1	100	0.30	3.11	98	0.002
研究例 2	30	0.30	1.66	28	0.107
研究例 3	200	0.15	2.13	198	0.034
研究例 4	2000	0.05	2.24	1998	0.025

η^2 を算出する。

$$\eta^2 = \frac{SS_B}{SS_T} \tag{14.5}$$

式からわかるように，η^2 は全体の分散の中に独立変数とした要因による分散が占める割合を表すものである。ただし，2 要因以上の分散分析や実験参加者内要因を含む分散分析では，η^2 を用いることが必ずしも適切ではない。全体の平方和から他の要因の効果や個人差の効果が減じられることによって，当該の要因の効果が過大に見積もられるからである。この点を加味した効果量として，η_P^2 や一般化効果量 η_G^2 が提案されている (Bakeman, 2005)。

(5) 効果量の基準

効果量について，その値の大きさを解釈する基準が提唱されている。Cohen(1988) は，表 14.5 のように，いくつかの効果量について，効果の大きさの小，中，大に相当する値を示している。例えば，Cohen の d であれば，.20 が小さい効果，.50 が中程度の効果，.80 が大きい効果である。ただし，これらの値は 1 つの目安であり，絶対的なものではない。効果量は，統計的仮説検定による二分法的な判断とは異なり，効果の程度を連続的に判断できるのが利点である。そのため，効果量の値をカテゴリカルに大別してしまうと，その利点が失われてしまう。上記の基準を目安にしつつも，なるべく連続的に効果量の値をとらえることが必要である。

表 14.5　効果の大きさの目安 (Cohen, 1988 をもとに作成)

	効果の大きさ		
	小	中	大
d	.20	.50	.80
r	.10	.30	.50
η^2	.01	.06	.14

3. 検定力分析

(1) 検定力を構成する要素

2節で効果の程度を示す指標として効果量を紹介した。そのうえで，1節で紹介した検定力について再度考えてみたい。1節では，適切な検定力を設定することが必要であると述べた。では，どのように検定力を設定できるだろうか。

適切な検定力を設定するためには，検定力がどのように決まるのかを理解する必要がある。一般的に，検定力，効果量，有意水準，サンプルサイズの4つの要素は，お互いに影響し合う関係にある。どれか1つが変化すると，それに伴って他の要素も変化するのである。ここでいう効果量は，実際にデータから計算される効果量ではなく，対立仮説のもとでの母集団における効果量を指していることに注意が必要である。

検定力に注目するなら，効果量，有意水準，サンプルサイズの3つの要素によって検定力の値が規定されるということになる。つまり，効果量の値が変われば検定力は変化するし，有意水準の設定を変えたり，サンプルサイズを変えたりすれば検定力が違ってくるのである。

(2) 検定力分析

検定力，効果量，有意水準，サンプルサイズの関係をもとに，検定力に関する吟味を行うことを総じて検定力分析という。検定力分析には，いくつかのタイプがある。効果量，有意水準，サンプルサイズの3つの要素から，検定力がどの程度になるかを計算したり，ある程度の検定力を得るために 3 つの要素の値を決めるといった分析を行う。他にも，有意な結果を見出せる最低限の効果量の値を推定したり，第二種の過誤を一定に保つための有意水準を求めるなどの検定力分析もある (Faul et al., 2007)。

検定力分析の利用の仕方として，研究に必要なサンプルサイズを決定するために用いることができる。繰り返し述べているように，検定力は，効果量，有意水準，サンプルサイズに規定される。そのため，「母集団での効果量がある値だとして，5%水準で統計的仮説検定を行うなら，ある値の検定力を確保するために，一体どれぐらいのサンプルサイズが必要なのか」という問いを考えることができるのである。具体的な数値を含めて言うと，「母集団での効果量が Cohen の d で 0.5 であると想定されるとき，有意水準を 5%として t 検定を行うことを考えたら，検定力 80%にするためには群ごとに何人ずつのデータを収集すればよいか」を考えることになる。この検定力分析は，研究の計画段階で行われるものであるため，事前分析と呼ばれる。

検定力分析を用いてサンプルサイズを決定するためには，帰無仮説のもとでの分布と対立仮説のもとでの分布の重なりを考える。帰無仮説のもとでの分布における有意水準に相当する統計量の値と，対立仮説のもとでの分布において一定の検定力を保つために最低限必要な統計量の値を定め，前者の値が後者の値を超えないようにサンプルサイズの下限を決定する。表 14.6 には，Cohen の d と相関係数 r について，有意水準を 5%とした場合に Cohen(1988) のそれぞれの効果量の値の基準のもとで検定力 0.8 を得るために必要なサンプルサイズを示した。例えば，有

表 14.6　検定力 0.8 を得るために必要なサンプルサイズ

Cohen の d		相関係数 r	
効果量	サンプルサイズ	効果量	サンプルサイズ
0.20	787	0.10	782
0.50	128	0.30	84
0.80	52	0.50	29

意水準を 5%，母集団における効果量が $r=0.3$ と想定される場合に，検定力を 80%に保つためには，84 名からデータを得ることが必要である。なお，計算過程の詳細と，その他の効果量や検定力を設定した場合のサンプルサイズについては，芝・南風原 (1990) を参照してもらいたい。

4. これからの統計分析

心理学研究の歴史において，1990 年代から 2000 年代の初めにかけて統計革命が起こったと言われている (大久保・岡田, 2012)。改革の方向性は，統計的仮説検定に依存しすぎていた研究のあり方を変えようとするものであった。その中で，改めて重要性が指摘され，注目されたのが本章で紹介した効果量や検定力分析であった。1 つの例として，アメリカ心理学会が出版している論文の執筆マニュアル APA Publication Manual の最新版には，統計的仮説検定の結果に加えて，効果量や信頼区間，検定力分析などを記述すべきであることが明記されている (American Psychological Association, 2009)。

日本の心理学研究においても，統計革命が着々と進んでいる途上である。これから統計分析のスタンダードは刻々と変化していくことが予想される。従来の帰無仮説を設定する仮説検定に代わって，本書の 13 章で扱われたようなベイズ的なアプローチによる仮説検定が増えてくるかもしれない。また，従来の統計的仮説検定を用いるにしても，これまでのように有意か否かという結果のみを示すだけでは認められなくなってきている。効果量や検定力分析など，多面的に仮説の真偽を判断するための情報を提示することが必要である。

演習問題

実際に出版されている論文から，平均値，*SD*，サンプルサイズを取り出し，Cohen の d を計算してみよう。
例：「教授者の探究期待バイアス」（教育心理学研究第 65 巻）から（CiNii Articles で検索できる）。Table 1 の「何を学ぶか」の「応用」の回答は，学習者の平均値が 2.75，*SD* が 1.10，サンプルサイズが 129，教師の平均値が 2.44，*SD* が 0.90，サンプルサイズが 126。t 検定の結果は，t=2.50，自由度（df）=253 から，5%水準で有意となっている。

正解：式 (14.1) をもとに Cohen の d を算出すると，d=0.29 となる。

参考文献

American Psychological Association (2009). *Publication manual of the American Psychological Association (6th ed.).* Washington, DC: American Psychological Association.

Bakeman, R. (2005). Recommended effect size statistics for repeated measures designs. *Behavior Research Methods*, *37*, 379-384.

Cohen, J. (1988). *Statistical power analysis for the behavioral sciences (2nd ed.).* Hillsdale, NJ: Lawrence Erlbaum Associates.

Cumming, G. (2012). *Understanding the new statistics: Effect sizes, confidence intervals, and meta-analysis.* New York: Routledge.

Faul, F., Erdfelder, E., Lang, A. G., & Buchner, A. (2007). G*Power 3: A flexible statistical power analysis program for the social, behavioral, and biomedical sciences. *Behavior Research Methods*, *39*, 175-191.

Ferguson, C. J. (2009). An effect size primer: a guide for clinicians and researchers. *Professional Psychology: Research and Practice*, *40*, 532-538.

大久保街亜・岡田謙介 (2012). 伝えるための心理統計：効果量・信頼区間・検定力　勁草書房.

芝　祐順・南風原朝和 (1990). 行動科学における統計解析法　東京大学出版会.

15 メタ分析

岡田　涼

メタ分析は，研究レビューの方法の１つであり，複数の先行研究の結果を量的に統合して一般的な結論を得ようとするものである。この章では，心理学研究の近年の課題や統計分析に関する現在の動向を踏まえて，メタ分析がもつ意義について説明する。そのうえで，メタ分析を行うための具体的な方法や手順について学ぶ。

1. 研究レビューとしてのメタ分析

(1) 研究レビューの役割

自分で研究計画を立ててデータを収集する前段階として，関連する研究を調べることは重要である。自分が関心をもったテーマについて，これまで行われてきた関連する研究（これを先行研究という）を調べ，そこから情報を収集し，まとめていくプロセスを**研究レビュー** (research review) という。例えば，自分が学習意欲に興味をもち，学習意欲を高める要因を明らかにするための研究を行おうと思ったとする。その場合，最初に，学習意欲について調べた研究にはどのようなものがあるか，どのようなことがわかっているかを調べることになる。

研究レビューには，大きく２つの役割がある。１つは，自分の研究計画を立てるための情報を得るという役割である。これまでにどんなことが明らかになっているのか，どのような方法で実験や調査が行われてきたのかを整理して，新たな研究計画を立てることになる。

もう１つの役割は，過去の研究結果を統合して一般的な結論を導くという役割である。ある学問分野において，主要なテーマであったり，古くから注目されてきたテーマである場合には，非常に多くの先行研究が蓄積されている。ただし，同じ研究テーマについても，先行研究で一貫した結果がでているとは限らない。例えば，内発的動機づけに関して，金銭報酬が内発的動機づけを低めるとする研究もあれば，反対に高めるとしている研究もある。研究レビューを通して，研究間の違いを超えて一般的にはどういうことが言えるのか，また研究間の違いを生じさせているのは何なのかを明らかにするのである。

(2) 研究レビューの種類

大きく分けると，研究レビューには 2 つの方法がある。1 つ目は，**記述的レビュー**もしくは**ナラティブレビュー**であり，心理学において伝統的によく用いられてきた方法である。記述的レビューでは，ある 1 つのテーマについて，先行研究の特徴や結果を整理し，まとめていく。まとめ方としては，研究史を追うかたちで動向を示したり，新たな理論モデルを提案して先行研究を位置付けるなど，さまざまなものがあり得る。

2 つ目の方法がメタ分析 (meta-analysis) である。**系統的レビュー** (systematic review) と呼ぶこともある。メタ分析は，同一のテーマに関する先行研究の結果を統計的な手法を用いて統合する。その過程で，レビューに含める研究の基準を明確に定めたり，抽出する情報について信頼性を確認したりすることになる。そういったレビューの手続きの厳格さゆえに，「系統的」なレビューと言われ，レビューに含める文献の収集から統計的な分析までを含めた一連の流れがメタ分析である。

(3) メタ分析の特徴

メタ分析にはいくつかの特徴がある。最大の特徴は，先行研究の結果を数量的に統合しようとすることである。記述的レビューでは，「金銭報酬群で内発的動機づけが低下した」のように，それぞれの研究論文での記述をもとにレビューしていくことが多い。一方，メタ分析では条件間の差や関連の程度などを示す効果量 (14 章参照) に注目する。複数の先行研究で報告されている効果量をもとに，一般的に「どの程度の効果があるのか」を統計量によって表現することを目指す。

もちろん，研究によって報告されている効果量の値は異なる。同じ研究テーマについて，ある研究では d=.20 という小さい効果を報告し，別の研究では d=.50 という中程度の効果を報告しているということがあり得る。この違いを生じさせているのは，対象者の年齢の違いかもしれないし，用いた測定具の違いかもしれない。メタ分析では，効果の違いを生じさせている要因についても，統計的分析によって明らかにすることができる。

メタ分析のもう 1 つの特徴は，レビューの手続きが明確に定められるところである。レビューを行う者の主観で研究を取捨選択するのではなく，予め定めた基準をもとに，研究が掲載されている文献を検索し，メタ分析に含めるかを判断する。そのため，結論が得られるまでの道筋が明確であり，メタ分析で得られた結論について他の研究者が検証しやすいようになっている。

2. メタ分析の基本的な手続き

(1) メタ分析の 7 段階モデル

先に述べたように，研究の収集から分析まで，メタ分析の手続きは厳密に定められている。多くのメタ分析は，Cooper(2017) が提案する 7 段階モデルに沿うかたちで行われている。7 段階とは，(1) 問題を定式化する，(2) 文献を検索する，(3) 研究から情報を収集する，(4) 研究の質を評価する，(5) 研究の結果を分析し，統合する，(6) エビデンスを解釈する，(7) 結果を公表する，である。

この手続きの流れは，通常の研究と大きく異なるものではない。研究目的や仮説を明確に定め，適切なデータを収集し，統計的な分析を行って結論を出すという流れは同じである。ただし，メタ分析ではデータの源が個人ではなく研究であり，素データではなく加工された統計量を分析の対象とする。そのため，データ収集の過程や分析において，いくつかメタ分析に特有の注意点がある。

(2) 問題の定式化

メタ分析を始めるにあたって，どのような問題を扱うかを明確にしておく必要がある。どのような研究であっても，最初はリサーチ・クエスチョンをもつことから始まる。ただし漠としたリサーチ・クエスチョンでは研究が進まないため，どんな変数を取り上げるのかやどんな母集団を対象とするのかなど，メタ分析によって明らかにする問題を定式化する必要がある。実際には，先行研究において結果が一貫していないテーマに注目することが多い。そのうえで，比較する条件や関連を調べる変数を明確にすることで，検証可能なかたちに問題を整えていく。

例えば，「勉強するときに報酬は有効なのだろうか？」という疑問をもったとする。しかし，このままではメタ分析に取り掛かることはできない。まず，「有効」というのが何を意味するのかが曖昧である。「学業成績を高める」ということかもしれないし，「動機づけを高める」ということかもしれない。1 つの視点として，「報酬が内発的動機づけを高めるか？」というように扱う変数を絞っていく必要がある。また，報酬には，金銭などの物的な報酬もあれば褒めや賞賛のような言語的報酬もある。そこで，「報酬は内発的動機づけを高めるのか？」という問題を設定し，物的な報酬と言語的な報酬の効果を比べるということができる。このように，先行研究をもとに扱う概念を明確化し，検証可能なかたちにテーマを整えていくことが必要である。

(3) 文献の収集

メタ分析は研究結果をデータとして扱う。そのため，関連する研究が掲載されている文献を検索することがデータ収集となる。

メタ分析では，関連する先行研究を網羅的に収集することが重要である。そのために，複数の方法を組み合わせて綿密に文献を検索する必要がある。メインとなる方法は，データベース検索である。海外の文献については，PsycINFO や Education Resources Information Center(ERIC) が利用できる。日本語の文献については，CiNii や J-STAGE が役立つ。これらのデータベースで，キーワードを設定して検索を行う。その際，1

つのキーワードだけではなく，複数のキーワードを用いた方が関連する研究を探し出せる可能性が高くなる。例えば，内発的動機づけに関する研究を探したい場合，「intrinsic motivation」だけでなく，「intrinsic interest」のような類似のキーワードを試してみるとよい。

他の検索方法として，ハンドサーチや引用文献検索などがある。ハンドサーチは，研究テーマに関する研究が掲載されている代表的な学術雑誌について，一定期間に掲載された論文をしらみつぶしにチェックしていく方法である。引用文献検索は，収集した文献や関連する分野の代表的なレビュー論文を見つけ，その引用文献をチェックする方法である。

(4) 情報の収集

文献を検索して研究を収集したら，そこから必要な情報を取り出すコーディングの作業を行う。Lipsey ら (2001) は，「研究の特徴に関する情報」と「研究の結果に関する情報」の 2 つをコーディングしておくことを推奨している。研究の特徴に関する情報は，研究のタイトルや出版年，対象者の平均年齢や男女比，研究の方法，研究が行なわれた年などである。研究の結果に関する情報は，効果量やサンプルサイズ，検定に用いられた統計量，尺度の α 係数，使った尺度の名前などである。

効果量をコーディングするうえでは，基本として，効果量の独立性を保つ必要がある。効果量の独立性とは，1 つのサンプルから 1 つの効果量だけが得られている状態になっていることを指す。研究によっては，ある概念について複数の指標が用いられており，効果量が複数報告されていることがある。その場合には，それらの平均値を用いたり，どれか 1 つを選択するなどの工夫が必要である。

(5) 統計的分析

統計的分析では，同一のテーマに関する複数の効果量をもとに，母集団での効果量を推定する。個々の研究の結果から，一般的にどれぐらいの関連や差があるのかを考えるのである。基本的な手続きとしては，サンプルサイズで重み付けをしたうえで効果量の平均値を算出し，それを

表 15.1　言語的報酬の効果に関する研究の結果（仮想データ）

研究 ID	対象者	賞賛された回数	報酬あり条件 人数	報酬あり条件 *Mean*	報酬あり条件 *SD*	報酬なし条件 人数	報酬なし条件 *Mean*	報酬なし条件 *SD*	効果量 (*d*)
1	小学生	3	25	4.4	0.6	25	3.8	0.8	0.849
2	小学生	1	30	4.1	0.5	30	4.0	0.6	0.181
3	小学生	3	20	4.2	0.6	20	3.6	0.6	1.000
4	小学生	1	65	4.0	0.6	65	3.6	0.9	0.523
5	小学生	2	40	4.3	0.4	40	3.9	0.7	0.702
6	大学生	2	70	4.1	0.9	70	3.8	0.8	0.352
7	大学生	2	65	3.4	0.7	65	3.3	0.5	0.164
8	大学生	1	100	3.9	0.7	100	3.8	0.6	0.153
9	大学生	2	15	4.4	0.5	15	4.1	0.4	0.663
10	大学生	3	30	3.6	0.6	30	3.2	0.8	0.566

母集団での効果量の推定値とする。

分析の手続きについて，仮想データをもとに考えてみよう。表 15.1 は，言語的報酬が内発的動機づけに及ぼす影響を調べた研究の結果である。言語的報酬を与える条件と与えない条件ごとに，質問紙で測定した内発的動機づけの要約統計量を示した。併せて，効果量として Cohen の d も示した (14 章参照)。とりあえず平均値と効果量に注目してみると，どの研究でも報酬あり条件の方が高いことがわかる。ただし，研究によって差の程度が違うことにも注目してもらいたい。

メタ分析を行う際には，まず効果量を算出する必要がある。ここでは，14 章の式 (14.2) とはやや異なり，サンプルサイズをそのまま用いるのではなく，$n-1$ とする式で効果量を計算する。研究 1 の効果量は，次のようになる。

$$\text{研究 1 の効果量} = \frac{4.4 - 3.8}{\sqrt{\dfrac{(25-1) \times 0.6^2 + (25-1) \times 0.8^2}{25 + 25 - 2}}} = 0.849$$

続いて，母集団からのサンプリングに伴う変動を反映する指標として，式 (15.1) で効果量の分散 (V_d) を算出する。

$$V_d = \frac{n_1 + n_2}{n_1 n_2} + \frac{d^2}{2(n_1 + n_2)} \tag{15.1}$$

研究 1 の場合は次のようになる。

$$\text{研究 1 の } V_d = \frac{25 + 25}{25 \times 25} + \frac{0.849^2}{2 \times (25 + 25)} = 0.087$$

効果量 d について，サンプルサイズが小さい場合に効果量を過大推定してしまうというバイアスがある。そのため，式 (15.2) と式 (15.3) によって，効果量と分散のバイアスを修正する。修正された効果量を Hedges の g という。

$$g = J \times d \tag{15.2}$$

$$V_g = J^2 \times V_d \tag{15.3}$$

ここで，J の値は式 (15.4) で求めることができる。

$$J = 1 - \frac{3}{4(n_1 + n_2 - 2) - 1} \tag{15.4}$$

研究 1 について J を計算すると次のようになる。

$$\text{研究 1 の } J = 1 - \frac{3}{4 \times (25 + 25 - 2) - 1} = 0.984$$

そのため，効果量 g は，$0.984 \times 0.849 = 0.835$，その分散は，$(0.984)^2 \times 0.087 = 0.084$ となる。表 15.1 の 10 個の研究について，同様に効果量 g とその分散を求めたものを表 15.2 に示す。

母集団における効果量の推定値である平均効果量を求めるためには，研究ごとのサンプルサイズの違いを考慮しなければならない。そのために，式 (15.5) のように，分散を用いて各研究の重み (W_i) を求める。分

表 15.2　メタ分析の結果の計算過程（固定効果モデル）

研究 ID	効果量 (g_i)	分散 (V_i)	重み (W_i)	重み×効果量
1	0.835	0.084	11.905	9.941
2	0.179	0.065	15.385	2.754
3	0.980	0.109	9.174	8.991
4	0.520	0.032	31.250	16.250
5	0.695	0.052	19.231	13.366
6	0.350	0.029	34.483	12.069
7	0.163	0.031	32.258	5.258
8	0.152	0.020	50.000	7.600
9	0.645	0.133	7.519	4.850
10	0.559	0.067	14.925	8.343

散の記号 (V_i) は，g の添え字を省いているが，式 (15.3) で求めた各研究の分散である。

$$W_i = \frac{1}{V_i} \tag{15.5}$$

研究 1 の場合は，1/0.084=11.905 となる。平均効果量は，式 (15.6) のように，研究ごとに重みと効果量を掛け合わせたものを算出して合計し，それを重みの合計で割った値になる。

$$\hat{g} = \frac{\sum(W_i \times g_i)}{\sum W_i} \tag{15.6}$$

表 15.2 では，重みと効果量を掛け合わせたものの合計は 89.422，重みの合計は 226.130 であるため，平均効果量は，$89.422/226.130 = 0.395$ となる。この値が，母集団における効果量の推定値である。

母集団における効果量について，信頼区間を算出することができる。まず，式 (15.7) で標準誤差 SE を算出する。

$$SE = \sqrt{\frac{1}{\sum W_i}} \tag{15.7}$$

表 15.2 の場合は，$\sqrt{1/226.130} = 0.066$ となる。
95%信頼区間は，4 章をもとに次のようになる。

$$95\%CI \text{ 上限：} 0.395 + 1.96 \times 0.066 = 0.524$$
$$95\%CI \text{ 下限：} 0.395 - 1.96 \times 0.066 = 0.266$$

また，帰無仮説を「母集団における真の効果量は 0 である」として検定を行うこともできる。式 (15.8) で検定統計量 z を求め，標準正規分布をもとに検定を行う。

$$z = \hat{g}/SE \tag{15.8}$$

今回の場合は，$0.395/0.066 = 5.985$ となり，5%水準の臨界値 1.96 を超えているため，5%で有意となる。表 15.1 に立ち戻って考えると，言語的報酬を与えた場合には，与えなかった場合よりも内発的動機づけが有意に高く，その程度は効果量にして 0.395 であるといえる。計算過程の詳細については，山田・井上 (2012) を参照されたい。

3. 研究間の違いを含めたモデル

(1) 固定効果モデルとランダム効果モデル

表 15.2 の効果量をもう一度よくみてもらいたい。2 節で推定したように，10 個の研究の背景には，0.395 という母集団効果量が想定される。しかし，個々の研究の効果量をみると，0.152 から 0.980 までかなり幅がある。このようなばらつきがある研究の背後に唯一の共通の効果量を想定してよいのだろうか。

メタ分析を行ううえでは，真の効果量をどのように考えるかによって 2 つのモデルがある。1 つ目は**固定効果モデル**である。固定効果モデルでは，真の効果量の値は一定であり，研究ごとの効果量はサンプリングによってばらつくと考える。実は，2 節ではこの固定効果モデルを想定して計算を行った。2 つ目は**ランダム効果モデル**である。ランダム効果モデルでは，真の効果量の値は固定された 1 つの値ではなく，ある値を中心に一定の幅をもつと考える。研究ごとに効果量の値が異なるのは，母集団からサンプリングしたことによるばらつきが生じることに加えて，もともと真の効果量自体がばらついているからだと考えるのである。前者のサンプリングによるばらつきを研究内分散，後者の真の効果量がもつばらつきを研究間分散と呼ぶ。

固定効果モデルとランダム効果モデルのどちらを想定すべきかは，メタ分析の目的による。ただし，多様な研究の背景に共通の効果量を想定する固定効果の想定はかなり強いものであるため，ランダム効果を想定した方が自然であることが多い。

固定効果モデルの想定を数値的に検証することもできる。式 (15.9) で示す Q という統計量を用いて，効果量の**等質性の検定**を行う。

$$Q = \sum [W_i \times (g_i - \hat{g})^2] \tag{15.9}$$

統計量 Q は，自由度=研究数 -1 の χ^2 分布に従う。この値が有意であれば，「効果量は等質である」という帰無仮説が棄却され，母集団においても効果量がばらついていることになる。

表 15.2 をもとに統計量 Q を算出すると，14.011 となる。この値は，自由度 10−1=9 の χ^2 分布において棄却域に入るため，5%水準で有意となる。そのため，固定効果モデルを想定することは妥当とはいえず，研究内分散だけでなく，研究間分散を想定した方が妥当であるといえる。

(2) ランダム効果モデルにおける計算

では，表 15.1 の仮想データについて，ランダム効果モデルを想定して分析をしてみよう。計算過程を表 15.3 に示す。考え方は，基本的に固定効果モデルと同じであるが，各研究の効果量の分散の値とそれに伴って重みの値が違ってくる。ランダム効果モデルでは，効果量の分散を研究内分散と研究間分散の合計として考える。研究内分散は，固定効果モデルの場合に求めたものと同じである。研究間分散は，式 (15.10) で求める。

$$\text{研究間分散} = \frac{Q - df}{C} \tag{15.10}$$

表 15.3　メタ分析の結果の計算過程（ランダム効果モデル）

研究 ID	効果量 (g)	研究内分散 (Vg)	研究間分散	分散 (V_g^*)	重み ($Wi*$)	重み×効果量
1	0.835	0.084	0.026	0.110	9.091	7.591
2	0.179	0.065	0.026	0.091	10.989	1.967
3	0.980	0.109	0.026	0.135	7.407	7.259
4	0.520	0.032	0.026	0.058	17.241	8.965
5	0.695	0.052	0.026	0.078	12.821	8.911
6	0.350	0.029	0.026	0.055	18.182	6.364
7	0.163	0.031	0.026	0.057	17.544	2.860
8	0.152	0.020	0.026	0.046	21.739	3.304
9	0.645	0.133	0.026	0.159	6.289	4.056
10	0.559	0.067	0.026	0.094	10.753	6.011

df は自由度であり，メタ分析に含めた研究数 -1 である。Q は式 (15.9) で求めたものである。C は，固定効果モデルで用いた重みを用いて，式 (15.11) で計算する。

$$C = \sum W_i - \frac{\sum W_i^2}{\sum W_i} \tag{15.11}$$

C は，表 15.2 から計算すると，195.980 となる。

これらの値を使うと，研究間分散は，$(14.011-9)/195.980 = 0.026$ となる。各研究の重みは，各研究の固有の研究内分散と研究に共通の研究間分散を足した値の逆数となる。研究 1 の場合は，$1/(0.084+0.026) = 9.091$ である。

そして，式 (15.6) と同じように，研究ごとに重みと効果量を掛け合わせたものを重みの合計で割った値が平均効果量となる。表 15.3 では，重みと効果量を掛け合わせたものの合計は 57.288，重みの合計は 132.056 であるため，平均効果量は，$57.288/132.056 = 0.434$ となり，これがランダム効果モデルでの母集団における効果量の推定値である。

標準誤差は式 (15.7) と同じように計算できるため，$\sqrt{1/132.056} = 0.087$

となる。そのため，信頼区間は次のようになる。

$$95\%CI\text{ 上限：}0.434 + 1.96 \times 0.087 = 0.605$$
$$95\%CI\text{ 下限：}0.434 - 1.96 \times 0.087 = 0.263$$

検定は式 (15.8) と同様のやり方で，$0.434/0.087 = 4.989$ となり 5%で有意である。

4. 研究間の違いに関する分析

(1) 調整変数の分析

表 15.1 で示した例では，等質性の検定の結果が有意であり，母集団において研究間で効果量にばらつきがあることが示された。次に考えるのは，そのばらつきを生じさせている要因が何かということである。

効果量のばらつきを生じさせている要因を調べる方法の 1 つに，分散分析的アプローチがある。分散分析的アプローチでは，その名の通り分散分析の考え方を援用する。効果量のばらつきについて，研究がもつ何かしらの特徴によっていくつかの研究群に分ける。そして，「研究群間のばらつき」と「研究群内のばらつき」に分解し，前者の研究群間のばらつきの大きさを吟味するのである (8 章参照)。

表 15.1 をみてみると，研究 1 から研究 5 は小学生を対象とした研究であり，研究 6 から研究 10 は大学生を対象とした研究である。効果量に注目すると，小学生を対象とした研究の方が大学生を対象とした研究よりも，その値が大きい傾向があるようにみえる。そのため，対象者という特徴によって，効果量のばらつきを説明できるかを考え，小学生を対象とした研究群と大学生を対象とした研究群の間のばらつきと，それぞれの研究群内のばらつきの比を吟味することになる。

ばらつきの指標としては，統計量 Q を用いる。分散分析の考え方から，次のようにばらつきを分割する。

$$Q_{\text{全体}} = Q_{\text{研究群間}} + Q_{\text{研究群内}} \tag{15.12}$$

このうち，$Q_{全体}$ と $Q_{研究群内}$ は実際の効果量から計算できるため，それらの値を用いて $Q_{研究群間}$ を計算し，自由度=群の数 −1 の χ^2 分布に位置づけて検定を行う。有意であれば，研究群間で効果量が異なることになる。

表 15.1 について $Q_{研究群間}$ を計算してみると 5.350 となり，自由度 1 の χ^2 分布において棄却域に入るため，5%水準で有意となる。つまり，小学生を対象とした研究と大学生を対象とした研究では，言語的報酬の効果が異なるといえる。続いて，研究群ごとに平均効果量を求めると，小学生が 0.590，大学生が 0.274 となる。手続きの詳細については，岡田・小野寺 (2018) を参照されたい。

(2) メタ回帰分析

効果量のばらつきに影響する要因として，研究がもつ複数の特徴を同時に考慮することもできる。その場合，**メタ回帰分析** (Thompson & Higgins, 2002) を行うことができる。メタ回帰分析では，式 (15.13) で示されるような重回帰式を想定する。効果量に対して，研究上の諸特徴を説明変数とし，その効果を検証する。

$$y_i = \beta_0 + \beta_1 x_{i1} + \beta_2 x_{i2} + \beta_3 x_{i3} + e_i \qquad (15.13)$$

表 15.1 をみてみると，同じ言語的報酬条件でも，研究によって賞賛された回数が異なっている。この賞賛された回数によって効果量が異なるかどうかを検討する。対象者（小学生=0，大学生=1）と賞賛された回数を説明変数とし，研究ごとの分散で重みづけたうえで重回帰分析を実行する。結果を表 15.4 に示す。対象者の効果が −0.325，賞賛された回数の効果が 0.218 となり，いずれも 5%水準で有意であった。つまり，大学生に比べて小学生の方が，また賞賛された回数が多い研究ほど，効果量の値が大きいといえる。手続きの詳細については，Viechtbauer(2010) を参照されたい。

表 15.4　メタ回帰分析の結果

	推定値	SE	p 値	95%信頼区間
切片	0.218	0.191	0.254	[−0.157, 0.593]
学校段階	−0.325	0.137	0.017	[−0.593, −0.057]
賞賛された回数	0.218	0.093	0.019	[0.036, 0.400]

5. メタ分析が抱える問題

(1) リンゴとオレンジ問題

メタ分析に対する批判として古くからよくなされるものとして，「**リンゴとオレンジ問題**」がある。これは，リンゴとオレンジを混ぜるように，メタ分析ではさまざまな特徴をもつ研究をごちゃ混ぜにしてしまっているという批判である。最初は，Smith and Glass(1977) が行った心理療法の効果に関するメタ分析に対して，さまざまな疾患をもつ対象や異なる技法を扱った研究をまとめている点が問題視された (Eysenck, 1978)。

確かに，質の異なるものを混ぜた際の平均的な効果量が何を指しているかはわかりにくい。そのため，メタ分析を行う側は，メタ分析に含める基準を明確に定めてそれを明示することが必要であるし，結果を読む側もどのような範囲の研究が含まれているのかを踏まえて，平均効果量を読み解くことが求められる。また，4 節で紹介したように，単一の平均効果量を求めるだけでなく，効果量のばらつきに注目し，そのばらつきを説明する要因を探っていくことが必要である。

(2) 引き出し問題

メタ分析を行う際には，テーマに関連する先行研究を網羅的に収集することが必要である。しかし，実際には限界もある。その原因として，行われた研究がすべて公表されていないことが挙げられる。データを収集し，分析を行ったとしても，その研究がすべて公表されるわけではない。特に，仮説に沿うような有意な結果が得られなかった場合には，その研究自体が公表されないままにされやすい。このことを指して，「引き出し問題」という。また，有意な結果ほど公表されやすいという特徴を「**公表バイアス**」ということもある。公表バイアスが生じているか否かについてチェックする方法や，バイアスを修正して効果量を推定する方法も考案されている (岡田・小野寺, 2018 参照)。文献検索の段階で網羅的に先行研究を収集することを目指しつつ，公表バイアスの可能性に対処することが必要である。

演習問題

「日本人における自尊感情の性差に関するメタ分析」(パーソナリティ研究第 24 巻) から (CiNii Articles で検索できる)。日本人の中高生もしくは大学生を対象に，自尊感情の男女差を調べた研究 (表 15.5)。

表 15.5　自尊感情の男女差に関する研究)

研究 ID	対象者	平均年齢	男性 人数	男性 *Mean*	男性 *SD*	女性 人数	女性 *Mean*	女性 *SD*
1	中学生	-	218	33.31	9.86	188	29.88	9.00
2	高校生	-	89	24.06	5.00	93	22.33	4.83
3	高校生	-	223	31.35	8.33	245	29.56	6.51
4	高校生	15.90	1163	24.40	5.80	1343	22.20	5.70
5	高校生	17.24	151	24.49	5.69	213	23.41	5.37
6	大学生	20.80	90	35.19	7.41	107	33.54	7.42
7	大学生	20.90	118	34.83	8.16	167	34.54	7.14
8	大学生	19.40	260	29.88	6.58	482	28.87	6.68
9	大学生	19.55	214	27.30	7.57	382	24.89	7.29
10	大学生	20.34	104	34.12	6.85	240	33.27	7.50

表 15.5 の研究について，固定効果モデルを想定して，平均効果量とその 95%信頼区間を求めてみよう。

解答例：本章の式 15.1 から式 15.6 をもとに計算すると，平均効果量は 0.290 となる。95%信頼区間は，式 15.7 をもとに計算した標準誤差を用いると，0.239～0.342 となる。

参考文献

Cooper, H. M. (2017) *Research synthesis and meta-analysis: A step-by-step approach (fifth edition).* Thousand Oaks, CA: Sage.

Eysenck, H. J. (1978). An exercise in mega-silliness. *American Psychologist, 33,* 517.

Lipsey, M. W., & Wilson, D. B. (2001) *Practical meta-analysis.* Thousand Oaks, CA: Sage.

岡田　涼・小野寺孝義 (編) (2018). 実践的メタ分析入門：戦略的・包括的理解のために　ナカニシヤ出版.

Smith, M. L., & Glass, G. V. (1977). Meta-analysis of psychotherapy outcome studies. *American Psychologist, 32,* 752-760.

Thompson, S. G., & Higgins, J. P. (2002). How should meta-regression analyses be undertaken and interpreted? *Statistics in Medicine, 21,* 1559-1573.

Viechtbauer, W. (2010). Conducting meta-analyses in R with the metafor package. *Journal of Statistical Software, 36,* 1-48.

山田剛史・井上俊哉 (編) (2012). メタ分析入門：心理・教育研究の系統的レビューのために　東京大学出版会.

統計数値表

表.1　t 値の棄却値（両側検定）

自由度	5 %水準	1 %水準	自由度	5 %水準	1 %水準
1	12.70621	63.65674	38	2.02439	2.71156
2	4.30265	9.92484	39	2.02269	2.70791
3	3.18245	5.84091	40	2.02108	2.70446
4	2.77645	4.60410	41	2.01954	2.70118
5	2.57058	4.03214	42	2.01808	2.69807
6	2.44691	3.70743	43	2.01669	2.69510
7	2.36462	3.49948	44	2.01537	2.69228
8	2.30600	3.35539	45	2.01410	2.68959
9	2.26216	3.24984	46	2.01290	2.68701
10	2.22814	3.16927	47	2.01174	2.68456
11	2.20099	3.10581	48	2.01064	2.68220
12	2.17881	3.05454	49	2.00958	2.67995
13	2.16037	3.01228	50	2.00856	2.67779
14	2.14479	2.97684	51	2.00758	2.67572
15	2.13145	2.94671	52	2.00665	2.67373
16	2.11991	2.92078	53	2.00575	2.67182
17	2.10982	2.89823	54	2.00488	2.66999
18	2.10092	2.87844	55	2.00405	2.66822
19	2.09302	2.86094	56	2.00324	2.66651
20	2.08596	2.84534	57	2.00247	2.66487
21	2.07961	2.83136	58	2.00172	2.66329
22	2.07387	2.81876	59	2.00100	2.66176
23	2.06866	2.80734	60	2.00030	2.66028
24	2.06390	2.79694	61	1.99962	2.65886
25	2.05954	2.78744	62	1.99897	2.65748
26	2.05553	2.77872	63	1.99834	2.65615
27	2.05183	2.77068	64	1.99773	2.65485
28	2.04841	2.76326	65	1.99714	2.65360
29	2.04523	2.75639	66	1.99656	2.65239
30	2.04227	2.75000	67	1.99601	2.65122
31	2.03951	2.74404	68	1.99547	2.65008
32	2.03693	2.73848	69	1.99495	2.64898
33	2.03452	2.73328	70	1.99444	2.64791
34	2.03225	2.72839	100	1.98397	2.62589
35	2.03011	2.72381	120	1.97993	2.61742
36	2.02809	2.71949	150	1.97591	2.60900
37	2.02619	2.71541	∞	1.95996	2.57583

表.2　χ^2 分布の棄却値

自由度	5 %水準	1 %水準	自由度	5 %水準	1 %水準
1	3.84146	6.63490	38	53.38354	61.16209
2	5.99147	9.21034	39	54.57223	62.42812
3	7.81473	11.34487	40	55.75848	63.69074
4	9.48773	13.27670	41	56.94239	64.95007
5	11.07050	15.08627	42	58.12404	66.20624
6	12.59159	16.81189	43	59.30351	67.45935
7	14.06714	18.47531	44	60.48089	68.70951
8	15.50731	20.09024	45	61.65623	69.95683
9	16.91898	21.66599	46	62.82962	71.20140
10	18.30704	23.20925	47	64.00111	72.44331
11	19.67514	24.72497	48	65.17077	73.68264
12	21.02607	26.21697	49	66.33865	74.91947
13	22.36203	27.68825	50	67.50480	76.15389
14	23.68479	29.14124	51	68.66930	77.38596
15	24.99579	30.57791	52	69.83216	78.61576
16	26.29623	31.99993	53	70.99345	79.84334
17	27.58711	33.40866	54	72.15322	81.06877
18	28.86930	34.80531	55	73.31150	82.29212
19	30.14353	36.19087	56	74.46832	83.51343
20	31.41043	37.56623	57	75.62375	84.73277
21	32.67057	38.93217	58	76.77780	85.95018
22	33.92444	40.28936	59	77.93052	87.16571
23	35.17246	41.63840	60	79.08194	88.37942
24	36.41503	42.97982	61	80.23210	89.59134
25	37.65248	44.31410	62	81.38102	90.80153
26	38.88514	45.64168	63	82.52873	92.01002
27	40.11327	46.96294	64	83.67526	93.21686
28	41.33714	48.27824	65	84.82065	94.42208
29	42.55697	49.58788	66	85.96490	95.62572
30	43.77297	50.89218	67	87.10807	96.82782
31	44.98534	52.19140	68	88.25016	98.02840
32	46.19426	53.48577	69	89.39120	99.22752
33	47.39988	54.77554	70	90.53123	100.42520
34	48.60237	56.06091	80	101.87950	112.32880
35	49.80185	57.34207	90	113.14530	124.11630
36	50.99846	58.61921	100	124.34210	135.80670
37	52.19232	59.89250	120	146.56740	158.95020

表.3　F 分布 5 %水準の棄却値

自由度	f1:分子									
f2:分母	1	2	3	4	5	6	7	8	9	10
1	161.45	199.50	215.71	224.58	230.16	233.99	236.77	238.88	240.54	241.88
2	18.51	19.00	19.16	19.25	19.30	19.33	19.35	19.37	19.38	19.40
3	10.13	9.55	9.28	9.12	9.01	8.94	8.89	8.85	8.81	8.79
4	7.71	6.94	6.59	6.39	6.26	6.16	6.09	6.04	6.00	5.96
5	6.61	5.79	5.41	5.19	5.05	4.95	4.88	4.82	4.77	4.74
6	5.99	5.14	4.76	4.53	4.39	4.28	4.21	4.15	4.10	4.06
7	5.59	4.74	4.35	4.12	3.97	3.87	3.79	3.73	3.68	3.64
8	5.32	4.46	4.07	3.84	3.69	3.58	3.50	3.44	3.39	3.35
9	5.12	4.26	3.86	3.63	3.48	3.37	3.29	3.23	3.18	3.14
10	4.96	4.10	3.71	3.48	3.33	3.22	3.14	3.07	3.02	2.98
11	4.84	3.98	3.59	3.36	3.20	3.09	3.01	2.95	2.90	2.85
12	4.75	3.89	3.49	3.26	3.11	3.00	2.91	2.85	2.80	2.75
13	4.67	3.81	3.41	3.18	3.03	2.92	2.83	2.77	2.71	2.67
14	4.60	3.74	3.34	3.11	2.96	2.85	2.76	2.70	2.65	2.60
15	4.54	3.68	3.29	3.06	2.90	2.79	2.71	2.64	2.59	2.54
16	4.49	3.63	3.24	3.01	2.85	2.74	2.66	2.59	2.54	2.49
17	4.45	3.59	3.20	2.96	2.81	2.70	2.61	2.55	2.49	2.45
18	4.41	3.55	3.16	2.93	2.77	2.66	2.58	2.51	2.46	2.41
19	4.38	3.52	3.13	2.90	2.74	2.63	2.54	2.48	2.42	2.38
20	4.35	3.49	3.10	2.87	2.71	2.60	2.51	2.45	2.39	2.35
21	4.32	3.47	3.07	2.84	2.68	2.57	2.49	2.42	2.37	2.32
22	4.30	3.44	3.05	2.82	2.66	2.55	2.46	2.40	2.34	2.30
23	4.28	3.42	3.03	2.80	2.64	2.53	2.44	2.37	2.32	2.27
24	4.26	3.40	3.01	2.78	2.62	2.51	2.42	2.36	2.30	2.25
25	4.24	3.39	2.99	2.76	2.60	2.49	2.40	2.34	2.28	2.24
26	4.23	3.37	2.98	2.74	2.59	2.47	2.39	2.32	2.27	2.22
27	4.21	3.35	2.96	2.73	2.57	2.46	2.37	2.31	2.25	2.20
28	4.20	3.34	2.95	2.71	2.56	2.45	2.36	2.29	2.24	2.19
29	4.18	3.33	2.93	2.70	2.55	2.43	2.35	2.28	2.22	2.18
30	4.17	3.32	2.92	2.69	2.53	2.42	2.33	2.27	2.21	2.16
31	4.16	3.30	2.91	2.68	2.52	2.41	2.32	2.25	2.20	2.15
32	4.15	3.29	2.90	2.67	2.51	2.40	2.31	2.24	2.19	2.14
33	4.14	3.28	2.89	2.66	2.50	2.39	2.30	2.23	2.18	2.13
34	4.13	3.28	2.88	2.65	2.49	2.38	2.29	2.23	2.17	2.12
35	4.12	3.27	2.87	2.64	2.49	2.37	2.29	2.22	2.16	2.11
36	4.11	3.26	2.87	2.63	2.48	2.36	2.28	2.21	2.15	2.11
37	4.11	3.25	2.86	2.63	2.47	2.36	2.27	2.20	2.14	2.10
38	4.10	3.24	2.85	2.62	2.46	2.35	2.26	2.19	2.14	2.09
39	4.09	3.24	2.85	2.61	2.46	2.34	2.26	2.19	2.13	2.08
40	4.08	3.23	2.84	2.61	2.45	2.34	2.25	2.18	2.12	2.08
41	4.08	3.23	2.83	2.60	2.44	2.33	2.24	2.17	2.12	2.07
42	4.07	3.22	2.83	2.59	2.44	2.32	2.24	2.17	2.11	2.06
43	4.07	3.21	2.82	2.59	2.43	2.32	2.23	2.16	2.11	2.06
44	4.06	3.21	2.82	2.58	2.43	2.31	2.23	2.16	2.10	2.05
45	4.06	3.20	2.81	2.58	2.42	2.31	2.22	2.15	2.10	2.05
46	4.05	3.20	2.81	2.57	2.42	2.30	2.22	2.15	2.09	2.04
47	4.05	3.20	2.80	2.57	2.41	2.30	2.21	2.14	2.09	2.04
48	4.04	3.19	2.80	2.57	2.41	2.29	2.21	2.14	2.08	2.03
49	4.04	3.19	2.79	2.56	2.40	2.29	2.20	2.13	2.08	2.03
50	4.03	3.18	2.79	2.56	2.40	2.29	2.20	2.13	2.07	2.03
51	4.03	3.18	2.79	2.55	2.40	2.28	2.20	2.13	2.07	2.02
52	4.03	3.18	2.78	2.55	2.39	2.28	2.19	2.12	2.07	2.02
53	4.02	3.17	2.78	2.55	2.39	2.28	2.19	2.12	2.06	2.01
54	4.02	3.17	2.78	2.54	2.39	2.27	2.18	2.12	2.06	2.01
55	4.02	3.16	2.77	2.54	2.38	2.27	2.18	2.11	2.06	2.01
56	4.01	3.16	2.77	2.54	2.38	2.27	2.18	2.11	2.05	2.00
57	4.01	3.16	2.77	2.53	2.38	2.26	2.18	2.11	2.05	2.00
58	4.01	3.16	2.76	2.53	2.37	2.26	2.17	2.10	2.05	2.00
59	4.00	3.15	2.76	2.53	2.37	2.26	2.17	2.10	2.04	2.00
60	4.00	3.15	2.76	2.53	2.37	2.25	2.17	2.10	2.04	1.99
61	4.00	3.15	2.76	2.52	2.37	2.25	2.16	2.09	2.04	1.99
62	4.00	3.15	2.75	2.52	2.36	2.25	2.16	2.09	2.03	1.99
63	3.99	3.14	2.75	2.52	2.36	2.25	2.16	2.09	2.03	1.98
64	3.99	3.14	2.75	2.52	2.36	2.24	2.16	2.09	2.03	1.98
65	3.99	3.14	2.75	2.51	2.36	2.24	2.15	2.08	2.03	1.98
66	3.99	3.14	2.74	2.51	2.35	2.24	2.15	2.08	2.03	1.98
67	3.98	3.13	2.74	2.51	2.35	2.24	2.15	2.08	2.02	1.98
68	3.98	3.13	2.74	2.51	2.35	2.24	2.15	2.08	2.02	1.97
69	3.98	3.13	2.74	2.50	2.35	2.23	2.15	2.08	2.02	1.97
70	3.98	3.13	2.74	2.50	2.35	2.23	2.14	2.07	2.02	1.97
80	3.96	3.11	2.72	2.49	2.33	2.21	2.13	2.06	2.00	1.95
90	3.95	3.10	2.71	2.47	2.32	2.20	2.11	2.04	1.99	1.94
100	3.94	3.09	2.70	2.46	2.31	2.19	2.10	2.03	1.97	1.93
120	3.92	3.07	2.68	2.45	2.29	2.18	2.09	2.02	1.96	1.91
∞	3.84	3.00	2.60	2.37	2.21	2.10	2.01	1.94	1.88	1.83

表.4　F 分布 1 %水準の棄却値

自由度	f1:分子									
f2:分母	1	2	3	4	5	6	7	8	9	10
1	4052.18	4999.50	5403.35	5624.58	5763.65	5858.99	5928.36	5981.07	6022.47	6055.85
2	98.50	99.00	99.17	99.25	99.30	99.33	99.36	99.37	99.39	99.40
3	34.12	30.82	29.46	28.71	28.24	27.91	27.67	27.49	27.35	27.23
4	21.20	18.00	16.69	15.98	15.52	15.21	14.98	14.80	14.66	14.55
5	16.26	13.27	12.06	11.39	10.97	10.67	10.46	10.29	10.16	10.05
6	13.75	10.92	9.78	9.15	8.75	8.47	8.26	8.10	7.98	7.87
7	12.25	9.55	8.45	7.85	7.46	7.19	6.99	6.84	6.72	6.62
8	11.26	8.65	7.59	7.01	6.63	6.37	6.18	6.03	5.91	5.81
9	10.56	8.02	6.99	6.42	6.06	5.80	5.61	5.47	5.35	5.26
10	10.04	7.56	6.55	5.99	5.64	5.39	5.20	5.06	4.94	4.85
11	9.65	7.21	6.22	5.67	5.32	5.07	4.89	4.74	4.63	4.54
12	9.33	6.93	5.95	5.41	5.06	4.82	4.64	4.50	4.39	4.30
13	9.07	6.70	5.74	5.21	4.86	4.62	4.44	4.30	4.19	4.10
14	8.86	6.51	5.56	5.04	4.69	4.46	4.28	4.14	4.03	3.94
15	8.68	6.36	5.42	4.89	4.56	4.32	4.14	4.00	3.89	3.80
16	8.53	6.23	5.29	4.77	4.44	4.20	4.03	3.89	3.78	3.69
17	8.40	6.11	5.19	4.67	4.34	4.10	3.93	3.79	3.68	3.59
18	8.29	6.01	5.09	4.58	4.25	4.01	3.84	3.71	3.60	3.51
19	8.18	5.93	5.01	4.50	4.17	3.94	3.77	3.63	3.52	3.43
20	8.10	5.85	4.94	4.43	4.10	3.87	3.70	3.56	3.46	3.37
21	8.02	5.78	4.87	4.37	4.04	3.81	3.64	3.51	3.40	3.31
22	7.95	5.72	4.82	4.31	3.99	3.76	3.59	3.45	3.35	3.26
23	7.88	5.66	4.76	4.26	3.94	3.71	3.54	3.41	3.30	3.21
24	7.82	5.61	4.72	4.22	3.90	3.67	3.50	3.36	3.26	3.17
25	7.77	5.57	4.68	4.18	3.85	3.63	3.46	3.32	3.22	3.13
26	7.72	5.53	4.64	4.14	3.82	3.59	3.42	3.29	3.18	3.09
27	7.68	5.49	4.60	4.11	3.78	3.56	3.39	3.26	3.15	3.06
28	7.64	5.45	4.57	4.07	3.75	3.53	3.36	3.23	3.12	3.03
29	7.60	5.42	4.54	4.04	3.73	3.50	3.33	3.20	3.09	3.00
30	7.56	5.39	4.51	4.02	3.70	3.47	3.30	3.17	3.07	2.98
31	7.53	5.36	4.48	3.99	3.67	3.45	3.28	3.15	3.04	2.96
32	7.50	5.34	4.46	3.97	3.65	3.43	3.26	3.13	3.02	2.93
33	7.47	5.31	4.44	3.95	3.63	3.41	3.24	3.11	3.00	2.91
34	7.44	5.29	4.42	3.93	3.61	3.39	3.22	3.09	2.98	2.89
35	7.42	5.27	4.40	3.91	3.59	3.37	3.20	3.07	2.96	2.88
36	7.40	5.25	4.38	3.89	3.57	3.35	3.18	3.05	2.95	2.86
37	7.37	5.23	4.36	3.87	3.56	3.33	3.17	3.04	2.93	2.84
38	7.35	5.21	4.34	3.86	3.54	3.32	3.15	3.02	2.92	2.83
39	7.33	5.19	4.33	3.84	3.53	3.30	3.14	3.01	2.90	2.81
40	7.31	5.18	4.31	3.83	3.51	3.29	3.12	2.99	2.89	2.80
41	7.30	5.16	4.30	3.81	3.50	3.28	3.11	2.98	2.87	2.79
42	7.28	5.15	4.29	3.80	3.49	3.27	3.10	2.97	2.86	2.78
43	7.26	5.14	4.27	3.79	3.48	3.25	3.09	2.96	2.85	2.76
44	7.25	5.12	4.26	3.78	3.47	3.24	3.08	2.95	2.84	2.75
45	7.23	5.11	4.25	3.77	3.45	3.23	3.07	2.94	2.83	2.74
46	7.22	5.10	4.24	3.76	3.44	3.22	3.06	2.93	2.82	2.73
47	7.21	5.09	4.23	3.75	3.43	3.21	3.05	2.92	2.81	2.72
48	7.19	5.08	4.22	3.74	3.43	3.20	3.04	2.91	2.80	2.71
49	7.18	5.07	4.21	3.73	3.42	3.19	3.03	2.90	2.79	2.71
50	7.17	5.06	4.20	3.72	3.41	3.19	3.02	2.89	2.78	2.70
51	7.16	5.05	4.19	3.71	3.40	3.18	3.01	2.88	2.78	2.69
52	7.15	5.04	4.18	3.70	3.39	3.17	3.00	2.87	2.77	2.68
53	7.14	5.03	4.17	3.70	3.38	3.16	3.00	2.87	2.76	2.68
54	7.13	5.02	4.17	3.69	3.38	3.16	2.99	2.86	2.76	2.67
55	7.12	5.01	4.16	3.68	3.37	3.15	2.98	2.85	2.75	2.66
56	7.11	5.01	4.15	3.67	3.36	3.14	2.98	2.85	2.74	2.66
57	7.10	5.00	4.15	3.67	3.36	3.14	2.97	2.84	2.74	2.65
58	7.09	4.99	4.14	3.66	3.35	3.13	2.96	2.83	2.73	2.64
59	7.08	4.98	4.13	3.65	3.34	3.12	2.96	2.83	2.72	2.64
60	7.08	4.98	4.13	3.65	3.34	3.12	2.95	2.82	2.72	2.63
61	7.07	4.97	4.12	3.64	3.33	3.11	2.95	2.82	2.71	2.63
62	7.06	4.96	4.11	3.64	3.33	3.11	2.94	2.81	2.71	2.62
63	7.06	4.96	4.11	3.63	3.32	3.10	2.94	2.81	2.70	2.62
64	7.05	4.95	4.10	3.63	3.32	3.10	2.93	2.80	2.70	2.61
65	7.04	4.95	4.10	3.62	3.31	3.09	2.93	2.80	2.69	2.61
66	7.04	4.94	4.09	3.62	3.31	3.09	2.92	2.79	2.69	2.60
67	7.03	4.94	4.09	3.61	3.30	3.08	2.92	2.79	2.68	2.60
68	7.02	4.93	4.08	3.61	3.30	3.08	2.91	2.78	2.68	2.59
69	7.02	4.93	4.08	3.60	3.29	3.08	2.91	2.78	2.68	2.59
70	7.01	4.92	4.07	3.60	3.29	3.07	2.91	2.78	2.67	2.59
80	6.96	4.88	4.04	3.56	3.26	3.04	2.87	2.74	2.64	2.55
90	6.93	4.85	4.01	3.53	3.23	3.01	2.84	2.72	2.61	2.52
100	6.90	4.82	3.98	3.51	3.21	2.99	2.82	2.69	2.59	2.50
120	6.85	4.79	3.95	3.48	3.17	2.96	2.79	2.66	2.56	2.47
∞	6.63	4.61	3.78	3.32	3.02	2.80	2.64	2.51	2.41	2.32

索引

●配列はA，B，C，…が最初で，それ以降は五十音順。

●さ　行

●た　行

分担執筆者紹介

（執筆の章順）

岡田　涼（おかだ・りょう）

・執筆章→ 1・14・15

1981 年　三重県に生まれる
2008 年　名古屋大学大学院教育発達科学研究科博士課程後期課程修了
現在　香川大学教育学部　准教授
主な著書　友だちとのかかわりを促すモチベーション：自律的動機づけからみた友人関係（北大路書房）
実践的メタ分析入門：戦略的・包括的理解のために（共編　ナカニシヤ出版）
学校に還す心理学：研究知見からともに考える教師の仕事（共編　ナカニシヤ出版）

大藤　弘典（おおとう・ひろのり）

・執筆章→ 3・4・8

1980 年　茨城県に生まれる
2012 年　北海道大学大学院人間システム科学専攻博士課程単位取得退学
現在　広島国際大学健康科学部心理学科講師
主な著書　心理学を学ぶハード＆ソフト（共著　ナカニシヤ出版）
心理学概論（共著　ナカニシヤ出版）

編著者紹介

小野寺　孝義（おのでら・たかよし）

・執筆章→ 2・5・6・7・9・10・11・12・13

1959 年　北海道に生まれる
1988 年　大阪大学人間科学部博士後期課程単位取得退学
現在　広島国際大学教授
専攻　社会心理学
主な著書　SPSS 事典（共編著　ナカニシヤ出版）
文科系学生のための新統計学（共編著　ナカニシヤ出版）
心理学概論（共編著　ナカニシヤ出版）
実践的メタ分析入門（共著　ナカニシヤ出版）

放送大学大学院教材　8950695-1-2111（ラジオ）

改訂新版　心理・教育統計法特論

発　行　　2021年3月20日　第1刷
編著者　　小野寺孝義
発行所　　一般財団法人　放送大学教育振興会
〒105-0001　東京都港区虎ノ門1-14-1　郵政福祉琴平ビル
電話　03（3502）2750

市販用は放送大学大学院教材と同じ内容です。定価はカバーに表示してあります。
落丁本・乱丁本はお取り替えいたします。

Printed in Japan　ISBN978-4-595-14147-8　C1311